高校英语教育多元化教学模式研究

李贵君 / 编著

中国商业出版社

图书在版编目（CIP）数据

高校英语教育多元化教学模式研究 / 李贵君编著. -- 北京 : 中国商业出版社 , 2021.12
ISBN 978-7-5208-2004-2

Ⅰ . ①高… Ⅱ . ①李… Ⅲ . ①英语 - 教学研究 - 高等学校 Ⅳ . ① H319.3

中国版本图书馆 CIP 数据核字 (2021) 第 261977 号

责任编辑：陈　皓　常　松

中国商业出版社出版发行
010-63180647　www.c-cbook.com
（100053　北京广安门内报国寺 1 号）
新华书店经销
定州启航印刷有限公司印刷
*
710 毫米 ×1000 毫米　16 开　14.5 印张　253 千字
2021 年 12 月第 1 版　2021 年 12 月第 1 次印刷
定价：76.00 元
*　*　*　*
（如有印装质量问题可更换）

PREFACE / 前言

随着我国英语普及程度的提高，在高等教育国际化的背景下，社会对大学阶段英语教学的要求越来越高。自我国教育部正式启动大学英语教学改革以来，各高校的教学改革都卓有成效，但是社会用人单位和大学毕业生对这些改革成果是否满意，改革成果能否满足社会需求等问题还值得商榷。随着大学英语教学改革的进一步深入，应该深化和细化对教学模式的研究，对教学模式的概念和内涵进行认真的思考和探索，把握其核心要素和主要功能，掌握教学模式运用的基本原则与方法。教学模式的改革对深化我国大学英语教学改革具有重要的现实意义。选用恰当科学的教学模式有利于从整体上了解教学过程中各因素之间的相互作用及多样化的表现形态，以动态的观点把握教学过程的本质和规律，对加强教学设计、优化教学过程有一定的促进作用，能有效地提高教学成效。当前高校英语教学模式的改革主要是为了改变以教师为中心的教学模式，实现现代信息技术与大学英语课程的有机整合，创建既能发挥教师主导作用，又能充分体现学生主体地位的新型教学模式，以激发学生的主动性、积极性与创造性，从而使培养高素质、复合型人才的目标落到实处。

高校英语教学改革势在必行，在改革进程中会出现各种各样的问题，有很多问题尚且没有找到清晰、直接的解决办法。本书旨在通过多方面的研究理论证明，开展大学英语教学改革必须贴近实际教学情况，不断积累经验，通过事件研究促进大学英语教学改革。本书从多元化视角对英语教学进行了深入研究，总结了当前高等教育领域中先进的教学理论和教学方法，这些研究成果有较高的参考价值，为我国大学英语教学改革提供了宝贵的经验，为我国高校英语教学的长远发展带来了有力的帮助，也有助于从事大学英语教学的工作人员客观地审视自身的教学改革工作。

CONTENTS / 目录

第一章　高校英语教学概述

第一节　教学模式概述

一、教学模式的概念

美国两位著名的比较政治学者比尔和哈德格雷夫在研究一般模式时，给“模式”所下的定义有三个要点：第一，模式是现实的再现，是对现实的抽象概括，来源于现实，不是凭空捏造或闭门设想的；第二，模式是理论性的，它是一种理论的表达，代表着一种理论内容，不是简单的某种方法，如果把模式等同于方法，就降低了它的理论层次与价值；第三，模式是简化的形式，是对理论的精心简化，是最经济明了的表达。比尔和哈德格雷夫对模式的定义是比较有影响并被广为接受的。

我国在 1984 年以后才开始重视对教学模式的研究，对其的定义众说纷纭，见仁见智。比较而言，笔者认为华南师范大学教科院李方先生概括得较为精准。他说：“教学模式是正确反映教学客观规律、有效指导教学实践的教学行为范型。”这一界定简明扼要，正确反映了教学模式的本质特征。所谓“教学行为范型”，是指在一定的教学思想或理论的指导下，所建立的比较典型的、稳定的课堂结构框架和教学活动程序。它源于教学实践，又反过来指导教学实践，是影响教学质量的重要因素之一。教学模式的推广和应用，可以避免教师（特别是青年教师）走弯路。因此，教学模式的出现应当说是教学的进步。

教学模式不是教学理论，尽管它受教学理论的指导。教学理论是思想体系，是系统知识，是教学行为的指南和方向；而教学模式不仅仅指明教学活动的方向，还提供教学活动的结构、程序、步骤、方式等。可见，它远比教学理论具体、丰富，具有可操作性。

教学模式也不是教学方法。它比教学方法概括、抽象。教学方法侧重解决教学活动中的具体问题，带有个性色彩，是“这一个”；教学模式解决的是教学活动中某种类型的问题，带有共性色彩，是“这一群”。教学模式包含着教学方法的若干要素，教学方法体现教学模式的某些侧面，两者难以等同，不能混淆。

教学模式是教学理论与教学实践相结合的产物，有的是直接从教学实践经验中概括和提炼出来的，有的是在一定理论指导下先提出一种假设，经过多次实验后形成的，所以教学模式既是理论体系的具体化、现实化，又是教学实践经验的概括化、抽象化。一种有生命力的教学模式，从产生到逐步完善，先进的教学理论是它的灵魂，丰富的实践经验是它扎根的土壤。每位教师无论是否意识到，实际上总是在某种教学模式的框架下来开展教学活动的。

任何教学模式都具备它特有的性能，有它特定的适用范围，放之四海而皆准的教学模式是不存在的。正如美国教育家埃根等人所著的《教师的策略》一书中指出的：教学中不存在一种可以适合所有教学情境的模式或结构，不同的教学目标需要有不同的教学策略相适应，世界上不存在一种万能的教学模式。因此，在选用某种教学模式时，必须熟悉它特定的性能，不能随意照搬，要创造性地加以应用。

二、教学模式的特点

（一）教学模式的中介性

教学模式，推上，有理论基础；推下，有操作程序，所以教学模式具有中介性的特点。它是理论的物化，又是实践的升华，在理论与实践之间起着承上启下的作用。如果把教学模式看作科学的思维方法，可以表示为：

$$理论\rightleftharpoons模式\rightleftharpoons实践$$

上式中，既有从理论到模式再到实践这一程序，也有从实践到模式再到理论这一程序。显然，教学模式能沟通理论与实践，既能促进理论的深化，又能促进实践的发展。

教学模式的中介性呼唤教育理论与教学实践的紧密结合。一个有生命力的教学模式之树的生长，必须以丰富的教学实践为土壤，以深厚的教育理论为根系。当前，有些理论工作者虽然同教学实践有所接触，但对深入实践往往浅尝辄止，其理论研究对教学缺乏实际的指导作用。工作在一线的广大教师又因忙于教学，无暇深入学习和研究理论，他们建构的教学模式实践性较强，但科学依据和理论阐述不足。为此，我们提倡教育专家、教研员、一线优秀教师组成教研队伍，广泛开展教改实验，共同探索具有中国特色的教学模式。

（二）教学模式的简约性

教学模式具有简约性的特点。它极其精要地反映了教学结构中各要素之间的关系，并以简约的形式作为载体。教学模式的简约性从本质上说，就是要概括最具普遍意义的教学规律。简约的过程就是对事物进行由此及彼、由表及里、去粗取精、去伪存真的过程。每位教师的具体教学无不具有个性特征，但作为反映一般规律的教学模式，要考虑适合大多数教师的实际水平，因而创设教学模式时需要从大量的个别中寻求“一般”，体现教学规律的共性特色。

江苏某中学的教学模式共八个字“先学后教，当堂训练”，充分体现了简约性的特点。该中学的校长对其“先学后教，当堂训练”的理论图示如下：

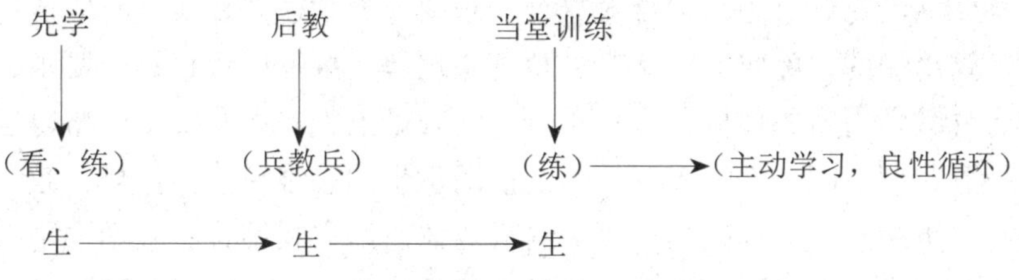

图 1-1　“先学后教，当堂训练”理论图

这个图示的核心是教师以“做学习知识的引路人”的角色定位，引导学生学会学习，这正是当代教学论所提倡的。

（三）教学模式的可操作性

教学模式是一种教育思想或理论的具体化，必然有便于操作的表现形式，而不是空洞的思想形式。教师、学生、教材的交互作用总是在一定的时空范围内进行的，必然形成一定的时态序列。一个典型的教学模式应揭示教学的时态序列，设计出可以控制的比较稳定的操作程序。但这种程序往往是简化的粗线条的勾画，灵活度较大，一般教师还难以掌握。需要在这个基础上设计更为具体的程序，以增强可控性。以语文教学为例，教学模式的设计应考虑其本身丰富多彩的特点，既要有反映一般教学过程的基本模式，还要有反映不同教学内容的分模式，要因文本而异。总之，如果没有一个模式和程序，就不知道先怎么做，再怎么做。教师不掌握这个程序，就无法推行这种教学理论，进而把握教学的客观规律性。

（四）教学模式的完整性

教学模式所涉及的各种因素和它们之间的相互关系，提供了一种前后一贯、自圆其说的解释，反映了一个相对完整的教学过程。例如，美国教育心理学家格拉瑟的基本教学模式：教学目标→起点行为→教学活动→教学评鉴。上述四个环节环环相扣，有机统一，不能割裂，不能顾此失彼。没有目标或目标不明的模式犹如茫茫大海中迷失方向的航船；只有起点行为切合教学目标，教学活动才能行之有效，事半功倍；教学评鉴是对前三者的检验、评价和调节。通过教学评鉴可以查漏补缺，形成完整的知识系统。可见，上述各环节是相互联系、不可分割的，它们有机地结合在一起，构成了一个完整的课堂教学体系。

（五）教学模式的虚实性

教学活动有张有弛，符合对立统一规律。教学模式在实施时应体现其虚实性。这里说的“虚实”应从广义角度来理解。根据课程目标的要求，精心设定各种教学内容的地位，强化重点，突破难点，有虚有实，详略得当；同时，设置梯度空间，由浅入深，不断推动学生的思维演进。例如，教学语言应注意轻重缓急，抑扬顿挫，口头语言与体态语言相结合；教学中坚持教师启发引导与学生思考演练相结合；学生接受式学习与探究式学习相结合；实验感知与抽象分析相结合；定性描述与定量演算相结合；理论学习与实际应用相结合；间接知识与直接经验相结合；加强“双基”与培养能力相结合；开发智力因素与发展非智力因素相结合。这些“结合”充分体现了课堂教学模式的虚实相间、错落有致。

三、教学模式的分类

（一）以教学模式的概念特征为出发点

美国学者乔伊斯和韦尔最早对教学模式做了界定，他们认为教学模式是试图系统地探讨教育目的、教学策略、课程设计和教材，以及社会和心理理论之间的相互影响的、以设法考察一系列可以使教师行为模式化的各种可供选择的模型。巴班斯基认为，教学模式是在“教学实践中基于教学形式和方法的系统结合而产生的一种综合性形式”，他将其称之为“教学形式”。我国因各位学者的研究视角不同而呈现出多样性的教学模式内涵界定。以教学模式的概念特征为出发点，大致可以将教学模式划分为过程模式、结构模式和方法模式。[①]

1. 过程模式

教学过程模式，是一种有关教学活动顺序的“策略体系”或“教学样式”。关于教学过程的模式，有以下定义：其一，教学过程的模式，简称教学模式，它作为教学论里的一个特定的科学概念，指的是根据客观教学规律和一定的教学指导思想而形成的，师生在教学过程中必须遵循的、比较稳固的教学程序及其实施方法的策略；其二，教学过程的模式是指具有独特风格的教学样式，是就教学过程的结构、阶段、程序而言的，长期的、多样化的教学实践，形成了相对稳定的、各具特色的教学模式。从这些概念的表述可以看出，过程模式论者并不特别注重教学本质和教学规律的探讨，而是将认识基点定位于教学活动的顺序上。

2. 结构模式

教学结构模式，是反映特定教学理论逻辑轮廓的、为保持某种教学任务的、相对稳定而具体的教学活动结构。把模式一词引用到教学理论中来，旨在说明一定教学思想或教学理论指导下建立起来的各种类型的教学活动的基本结构或框架，虽然学者们对“结构”和“教学结构”的理解不同，产生了不同的观点，但他们的基本认识基点都是定位在教学活动的结构化上的。

3. 方法模式

教学方法模式即教学方法。教学模式俗称教学大法，它不仅是一种教学手段，还是从教学原理、教学内容、教学目的和任务、教学过程直至教学组织形式的整体、系统的操作样式，这种操作样式是加以理论化的。教学模式是在教学实践基础上建立起来的一整套组织、设计和调控教学活动方法论体系，它由教育（哲学）主题、功能目标、结构程序及操作要领组成。这是一种教学的理论化的操作样式，是从教学原理、教学内容、教学目的和任务、教学过程直至教学组织形式的整体、系统的操作样式。其特点是通过结构的程序化和方法的可操作性可以认识和理解教学模式所涉及教学过程、教学结构、教学方法之间的相互关系。近来有研究者认为，教学过程、教学结构、

① 胡定荣．论教学模式的校本学习指导转向 [J]. 教育研究，2020，41(7)：75–83.

教学方法都是教学模式的基本构成要素，这里的教学模式是指在一定教育教学思想、理论或原理的指导下，教学系统内基本构成要素（主要指教学过程、教学结构与教学方法）之间彼此联系、相互作用、协调运行，静态与动态相统一的有机整体。以教学过程、教学结构或教学方法中任何一个要素为切入点，均可形成对教学模式的独特认识，但仅仅局限于某一要素而形成的教学模式都不可避免地存在着不足，唯有立足整体论的高度俯视教学模式之全貌方可获得深层次认识。

（二）以教学模式的主要理论依据为出发点

人们在介绍与研究教学模式的过程中发现，教学模式的建立和发展离不开一定的理论依据。以教学模式的主要理论依据为出发点，可将教学模式划分为哲学模式、心理学模式、管理学模式和社会学模式。

1. 哲学模式

第二次世界大战以前，占主导地位的教学模式基本上都是哲学模式，其中比较典型的是赫尔巴特模式、杜威模式和苏联（凯洛夫）模式。赫尔巴特虽然竭力主张要在心理学的基础上建立教学方法论，但在他那个时代，心理学并没有从哲学中独立出来，故而他仍然是按照自己的哲学思想来构筑心理学和教学论体系，他的“明了—联想—系统—方法”的教学过程四阶段论，虽然开创了形式化教学模式的先河，但基本上仍然是他的认识论观念的反映。同样，杜威的教学过程理论也是以他的实用主义认识论为基础的。他认为人对环境的反应不是被动地去接受外界刺激，而是能动地通过寻求事物来满足自己的需要，因而他的认识论也称为“经验主义”或“实用主义”。再如，社会主义国家对旧教育学的改造是在辩证唯物主义认识论的指导下进行的，感性认识和理性认识、直接认识和间接认识的关系，是凯洛夫《教育学》中教学论的基础，从而提出了“感知—理解—巩固—运用”的模式。今天，虽然心理学等实验科学有了惊人的发展，但教学模式仍不可避免地要受到哲学的影响，如皮亚杰的发生认识论、西方分析哲学的一些思想和方法乃至存在主义等在教学领域中都有直接的表现。

2. 心理学模式

一种教学模式若主要是遵照心理学的理论、概念和方法来构筑或拓展，我们就称其为心理学模式。教学的心理学模式从数量上说占所有教学模式的一半以上。这不仅因为心理学是教育学最直接、最现实的基础，还因为心理学本身的发展在某种程度上也必须以学生的学习活动作为实验的依据。另外，随着心理学的发展，其分支和流派越来越多，不仅在教学活动的认知方面，在情绪、动机、人格、智力测量等方面对教学也有着深刻的影响，可以说心理学分支和流派的多样性决定了当代教学模式的多样性。

3. 管理学模式

教学管理学模式，主要是从课堂学习和教学的组织管理出发来构思的。虽然管理学模式也具有哲学和心理学基础，但这类模式更关心如何通过合理安排教师的教和学生的学，来提高单位时间内的教学效率。例如，巴班斯基的“教学过程最优化”体系和美国卡罗尔、布卢姆的“掌握学习”模式等，现代管理学中涌现出的新的管理思想和方法，尤其是计算机管理的思想和方法在教学领域中得到了积极的实践和普及，这样就从管理学模式中派生出一种技术学或工艺学模式，从而使教学过程逐步工程化。20世纪下半叶西方出现的教学技术学，实际上是建立在教育哲学和心理学基础之上的管理学模式与技术学模式的结晶和统一。随着人们对教学过程的认识日益深化，管理学和技术学模式在整个教学模式体系中必将会有越来越重要的地位和作用，因为它们的重心恰恰是在教学的“技术”上，而不仅仅是在理论上或观念上。

4. 社会学模式

国外教育社会学中有一个分支——教学社会学，它通过分析影响教学活动的社会因素和社会环境，来探讨提高教学效率的社会学途径。教学过程理论的社会学模式，就是通过研究课程教学中的各种社会因素或直接运用一般社会过程和团体动力学的理论构筑而成的教学方式方法体系。英国的艾雪黎等人在其所著的《教育社会学导论》中，以帕森斯的班级社会体系理论为基础，综合地归纳出一个班级教学理论模式的体系。应当说明的是，教学的哲学模式、心理学模式、管理学模式和社会学模式都不是截然分开的，各种教学模式必然有其哲学、心理学、管理学和社会学基础或背景，各种教学模式都是长于教学活动的某一方面，强调教学中的某一特征，因而具有不同的理论基础或背景。当代教学模式已不再单纯以哲学认识论为基础，其理论基础非常广泛而且更加科学化。当代教学模式的心理学色彩越来越浓，国外许多教学模式都是心理学的产物。随着生理学，特别是脑科学研究的深入发展，心理学必将更加清晰客观地阐明人类的学习机制。从心理机制的角度设计和叙述教学模式，将使之更加科学化。

（三）以建构教学模式的逻辑起点为出发点

有关教学模式概念的不同界定，主要是由于人们思考问题的角度不同，或是建构教学模式的路径不同。教学模式的建构可以有两种路径：一种是建构教学的理论模式——从理论到实践，另一种是建构教学的实践模式——从实践到理论。

1. 建构教学的理论模式

所谓建构教学的理论模式是根据一定的教学理论建构起来的理想教学模型。从教学结构看，教学的理论模式是在一定的教学理论指导下建立起来的各种教学活动的基本结构或理论框架；从教学程序看，教学的理论模式是根据一定的教学原理建立起来的比较典型和比较稳定的教学基本阶段以及多种教学因素的复合程序；从教学策略看，教学的理论模式是根据一定的教学方法论建立起来的，师生在教学过程中必须遵循的比较稳定的教学方式或多种方法的策略体系。

乔伊斯和韦尔等人按照教学模式的理论来源，将教学模式分以下四类：

第一类是信息加工教学模式。该类模式以认知心理学有关信息加工理论为基础，着眼于知识的获得与智力的建构，将教学视为一种创造性的信息加工的过程，并按照电子计算机、人工智能的运行规律来确定教学的程序，如皮亚杰的认知发展教学模式、奥苏贝尔的有意义言语接受学习教学模式、加涅的累积学习教学模式和布鲁纳的“结构—发现”教学模式等。

第二类是个别化教学模式。这类教学模式依据的是个别化教学理论和人本主义心理学，注重教学中的非理性因素，体现了人本主义心理学注重人的潜力挖掘和全人格发展观念的一面。罗杰斯的非指导性教学模式是这类教学模式的典型，此外还有弗瑞兹·坡尔斯的意识训练教学模式。

第三类是社会互动教学模式。该类模式以社会心理学的互动理论为基础，着眼于学生的社会性和品德发展，如西伦的小组研究教学模式、苏联戈盖巴维利等一批学者创立的合作教学模式。

第四类是行为控制教学模式。这类教学模式以行为主义心理学为依据，认为学习过程是作用于学者的刺激和学习者对它做出的反应之间联结的形成过程，侧重学生行为习惯的控制和培养。斯金纳的程序教学模式是这类教学模式的典型代表，此外还有美国布卢姆的掌握学习教学模式、心理学家加里培林的智力行为分阶段训练教学模式。

2. 建构教学的实践模式

所谓建构教学的实践模式是在教学实践中形成的有独特风格的教学范式。教学实践模式是根据一定的主客观教学条件建立起来的体现教学主体特点的教学样式；从教学进程看，教学实践模式是在教学实践中形成的比较典型和比较稳定的教学步骤或教学环节的合理组合；从教学实施看，教学实践模式是教学实践中的师生为达到一定的教学目标所采取的教学方式或多种教学方法的有机结合。

笔者通过比较建构教学的理论模式与建构教学的实践模式发现，两种教学模式的路径相对而行，但殊途同归。一种路径是从理论到实践，另一种路径是从实践到理论。但它们所建构的教学模式，都是教学理论与教学实践的中介和桥梁，都是达到教学目标的基本途径，都体现了一定的教学思想，都有一定的教学程序结构，都有一定的操作方式和实施条件。正因为如此，教学理论工作者可以通过教育理论研究建构教学的理论模式；教学实践工作者可以通过教育实践研究建构教学的实践模式。

（四）以教学模式的应用范围为出发点

以教学模式的应用范围为出发点，教学模式可分为一般教学模式和学科教学模式。

1. 一般教学模式

一般教学模式就是一般意义上的教学模式，它具有一定的概括性，可以应用于各科教学。一般教学模式的概念，目前在国内学术界尚未达成共识，但大家对教学模式结构的认识基本趋于一致。一般认为，一个完整的教学模式是由理论基础、功能目标、实现条件、活动程序、评价等要素构成的，与教学本质、教学方法、教学组织形式等范畴相比具有操作性、整体性、简约性、开放性、针对性等特点。随着教学模式研究的深入，世界各个国家在继承的基础上力求创新，形成了一些比较可行且具有新意的一般教学模式。我国著名教学论专家王策三先生将一般教学模式概括为三种，即师生系统地传授和学习书本知识的模式、教师辅导学生从活动中自己学习的模式和介于两者之间的教学模式。但是，一般教学论著作都是从国内和国外两个纬度进行概括的，如国内有的学者将国内教学模式概括为五种，即传递—接受教学模式、自学—指导教学模式、引导—发现教学模式、情境—陶治教学模式、示范—模仿教学模式；将国外教学模式也概括为五种，即程序教学模式、概念获得教学模式、掌握学习教学模式、“非指导性”教学模式、“合作教学”教学模式。当然，这些概括是动态的，随着教学改革和教学研究的深入，又将出现新的更合理的概括。

2. 学科教学模式

学科教学模式是“在一定教学思想或理论指导下，对某一学科领域中特定的教师、学生、媒体互动状态和过程加以概括而形成的，正确反映学科教学客观规律并适用于本学科或其他学科教学实践的，以系统的有序的简明的形式表达其结构关系的一种教学行为范型”①，如学科单元教学模式、学科课堂教学模式、学科教学培训模式等。学科教学模式具有一般教学模式的特点，但又不同于一般教学模式，它是在某一学科领域的教学实践中所运用的教学模式。如果说一般教学模式是抽象层面上的模式，学科教学模式就是具体层面上的模式。

教学的一般模式源于并根植于学科教学实践，当它在新的教学实践中得到有效运用时，便成了学科教学模式。离开学科教学实践去研究抽象的一般教学模式，就会失去其应有的应用价值。因此，既要注重一般教学模式的研究，又要重视学科教学模式的研究。

（五）以实施教学模式的主要手段为出发点

以实施教学模式的主要手段为出发点，教学模式可分为传统教学模式和现代教学模式。

1. 传统教学模式

传统教学模式是一种以“教师”为中心的教学模式，其强调教师的主导地位和支配作用。教师是教学活动的中心，是知识的拥有者和传递者，教师通过系统的讲解向学生传递教学信息。学生是被灌输的对象，是被动的学习者，必须依靠教师的组织、安排和要求进行学习。在教学中，教学大纲的制定、教学计划的实施、教学信息的反馈、学生成绩的评定等一切教学活动都是围绕教师运转的，学生只是知识的存储器。北京师范大学何克抗教授对传统教学模式的优缺点进行了概括：“优点是有利于教师主导作用的发挥，便于教师组织、监控整个教学活动进程，便于师生之间的情感交流，有利于系统的科学知识的传授，并能充分考虑情感因素在学习过程中的重要作用；缺

① 何聚厚 . 高校教学模式创新与实践研究 [M]. 西安：陕西师范大学出版总社，2019:120.

点是完全由教师主宰课堂，忽视了学生的认知主体作用，不利于具有创新思维和创新能力的创造型人才的成长（按照这种模式培养出的绝大部分是知识型人才而非创造型人才）。”[①]

2. 现代教学模式

现代教学模式是一种“以学生、媒体为中心”的教学模式。这种教学模式是进入 20 世纪 90 年代以后随着多媒体和网络技术的日益普及（特别是基于互联网的教育网络的广泛应用），才逐渐发展起来的。在这种模式下，学生是主体和中心，学生的学习方式由被动地接受知识，转变为主动地学习知识，学生借助教学媒体可以任意选定学习内容。随着电子教材、视听媒体、互联网等现代教学技术的发展，学习地点也可以从学校转移到家中。在这种教学模式下，学生在学习知识的同时，还会提高学习的能力，这与现代社会对人才的培养目标是相一致的，无疑是一种比较好的模式。但是，对现代教学技术和现代媒体的过度依赖也是存在弊端的。这种“媒体至上”的教学模式，首先是完全忽略了教师的作用，忽视了教师除传授知识外还扮演着多种社会角色并承担着相应的责任；其次，学生通过人机交互进行学习，使教师在人格、精神方面的影响减少了，师生之间缺乏心理上的交流与共识，对学生的思想、个性、合作诸方面品质以及心理的健康成长也产生了一些负面影响；最后，这种模式对教学环境要求较高，必须有强有力的现代科学技术作支撑，必须加大对教育的投资力度，这也是我国目前大多数高校无法达到的。

可见，两种教学模式各有其优势与不足，不能简单地用现代教学技术模式取代或否定传统教学模式，也不能反过来用传统教学模式否定或取代现代教学模式，而是应当彼此取长补短，相辅相成，要努力做到既发挥教师的主导作用，又能充分体现学生的认知主体作用，既注意教师的教，又注意学生的学，把教师和学生两方面的主动性、积极性都调动起来。教学的最终目标是要通过这种新的教学思想来优化学习过程和学习效果，以便培养出具有高度创新能力的社会主义建设者和接班人。

通过以上分析，我们可以清晰地看出教学模式研究的最新发展趋势：教学模式概念的界定趋向过程、结构和方法的融合；教学模式理论基础趋向多样化；教学模式形成路径趋向理论—实践的“双向性”；教学模式应用趋向

① 赵可云，何克抗 . 由教育技术学的学科性浅谈教育技术学研究 [J]. 现代教育技术，2021，20（01）：10–13.

"学科性"；教学模式手段的运用趋向信息化。这些认识有助于我们深入理解、正确选择和科学运用教学模式，使教学模式的功能发挥得更好。

第二节　高校英语教学概述

一、高校英语教学的内涵

（一）教学概述

高校英语教学是整体教学的重要组成部分。在进行系统分析之前，首先有必要了解一些与教学相关的定义。

我国学者胡春洞认为，"教学"应该包含两个层面的关系。教与学是一种并列的关系。教学是一种教授学习的使动关系。通过对上述定义进行分析可以看出，教与学息息相关，二者有着双向的互动关系。学习是教学的基础，教学是学习的目标。

《英汉双解现代汉语词典》给出的教学的定义是：教师把知识、技能传授给学生的过程。这是对教学的狭义定义。《朗文词典》（*Longman Dictionary of Contemporary English*）将"teaching"定义为："the work or profession of a teacher"，就是"教书""教学"的意思。此外，它还对"teachings"进行了阐述："that which are taught，esp，moral，political，religious beliefs taught by a person of historical importance"，也就是"教导""学说""教义"的意思。可见，"teaching"与"teachings"是两个完全不同的概念。

上述对教学定义的表述各有侧重，笔者认为教学应该包含三个方面的特性：一是教学（teaching）；二是"教"与"学"（teaching and learning）；三是教如何学习（teaching how to learn）。

（二）高校英语的属性

高校英语教学既是一种语言教学，又是文化教学。下面对这两种属性进行说明。

1. 英语教学的语言属性

英语是世界通用语言，对其的教学是一种语言教学，这是英语教学的本质属性。语言教学，顾名思义，就是为了培养和提高学习者的语言能力而进行的教学。高校英语教学是我国重要的外语教学。进行外语教育，需要对外语基础知识进行教学，从而夯实学生语言学习的根基，对语言应用能力的提高也大有裨益。高校英语教学作为重要的语言教育方式，其本质应该是提高学生的英语语言综合应用能力。

需要特别说明的一点是，一部分专门进行语言知识研究的语言教学工作并不以语言应用为目的，因此其并不属于语言教学的范畴。例如，古希腊语研究、古汉语研究、古英语研究等。这些语言在当今社会不再广泛使用，对英语教学的理解需要与语言的研究和学习进行区分。

2. 英语教学的文化属性

文化孕育语言，语言反映文化。语言和文化有着密切的关系。在英语教学的过程中，培养学习者的文化思维也十分重要。英语教学的文化属性启示教学者应该重视文化的影响，从而便于提升学习者跨文化交际的能力。

（三）高校英语教学的定位

对高校英语教学定位的了解对教学的实施有着根本性的决定作用。只有定位得当，高校英语教学才能发挥其社会需求的作用，如果定位不当，人才培养就不能紧跟时代步伐，人才的实用性差必然会被社会淘汰，高校英语教学的意义也就难以突出。

高校英语教学是我国外语教育的重要组成部分，因此在整体上也带有传统英语教学的共性，主要包括三个方面：一是教学规模大；二是教学多元化；三是教学规划不足，布局不够合理。

这种模式下的高校英语教学出现了费时低效、哑巴英语等问题，所培养出来的学生不足以应对跨文化交际中的语言问题。鉴于此，高校英语教学在进行教学定位过程中应该注意三个问题：一是注重教学的地域性与学科性，二是注重教学的需求性与前行性，三是注重教学中的师资建设。

高校英语教学是师生共同作用的教育活动，需要教师对学生进行引导，也需要学生进行主动的学习。检验英语教学的成果需要以教学目标的实现为标准。总体来说，高校英语教学是师生共同完成预定任务的双边统一活动。具体来说，高校英语教学的内涵主要包括以下几方面的内容。

1. 大学英语教学具有目的性

高校英语教学根据不同的教学阶段，划分出不同的教学目标。具体的教学目标又带有层次性和领域性。

2. 大学英语教学具有系统性和计划性

高校英语教学的系统性体现在教学的管理者和制定者上，主要包括行政机构、教研部门和教学管理者。高校英语教学的计划性指的是对英语基础知识进行的计划性教学。

3. 大学英语教学的实施需要采用科学的教学方法和技术

英语教学历史悠久，在实施过程中形成了大量的教学方法。随着现代科学技术的发展，高校英语教学科研借助的教学技术也相应增加。

鉴于此，高校英语教学可以被概括为：教师在教学目的和教学目标的指引下，在有计划的系统性过程中，借助科学的教学方法和技术，对英语基础知识和英语文化进行的教学，以期促进学习英语的学生的整体素质和语言能力的提高与发展。

二、高校英语教学的目标

（一）明确文化定位

在高校英语教学中，需要明确母语文化和目的语文化的定位。

中华文化是世界文化中的珍宝，在人类文明中占据着重要的地位。高校英语教学在内容的安排上也应该以中国文化为基础。在跨文化交际过程中，交际者不了解自身母语文化是无法进行长久交谈的。可以说，母语文化是进行跨文化交际的根本。但是，在具体高校英语教学中进行中国文化的教学似乎有点本末倒置，鉴于此，教师可以通过母语文化英译、文化对比等内容展开母语文化的学习，同时也能在一定程度上提升学生的文化对比能力。

在许多国家，英语是官方公认的通用语言，并已成为全球性的国际通用语言。随着英语使用范围的扩大，其在交际中的传播与媒介作用也愈加凸显。鉴于此，高校英语教学必须紧跟时代发展的步伐，扩展具体高校英语教学的内容。对于相关英语国家文化的教学是高校英语教学的重要内容，需要培养学生的文化身份意识，定位自身的文化属性。

只有了解了英语国家的文化，学生才能反过来更加深刻地理解母语文化。从这个意义上说，高校英语教学在文化传承上也有重要的媒介作用，需要学生在认识本国文化的基础上，积极吸收不同国家文化的精华，从而为日后的跨文化交际打下良好的基础。

（二）培养学生能力

文化的学习是为语言的应用服务的。高校英语教学在培养人才的过程中还需要注重对学生语言能力的培养。具体来说，高校英语教学需要让学生达到以下三个层次，具备相应能力。

1. 使用英语表述母语文化的能力

高校英语教学的人才培养的第一层次是使学生能够使用英语对母语文化进行表述。

中国文化在国际上的传播需要提升本国文化的发言数量与质量。在国际舞台上，交际者能够使用英语对母语文化进行阐释和表述便增加了文化的传播性与宣传性。这种母语文化的表述也在一定程度上提升了我国的文化软实力。

2. 深刻理解英语文化的深层内核

高校英语教学的人才培养的第二层次是使学生了解目的语文化的深层内核。这种对目的语文化的了解需要学生具备一定的目的语文化理解能力，在交际中能够有意识地减少或避免文化交流障碍。

3. 成为跨文化交际的具体参与者

高校英语教学的人才培养的第三层次是使学生成为跨文化交际的具体参与者，从而能够以客观的态度审视目的语文化和母语文化。在交际中做到不卑不亢，争取自己的话语权。

这种文化态度带有“旁观性”，能够提升交际者对文化的审视能力，既能了解目的语文化中的优秀部分，也能以客观的态度分析本国文化。哈佛大学前校长德雷克·博克指出：“教会学生如何在多元社会中生活，是大学义不容辞的责任。”高校英语教学应该明确自身的桥梁作用，培养具有文化批判力与创造力的英语人才。

三、英语教育教学组织原则与教学方法的思考

在不同的历史时期，英语专业教育为我国外交、外贸、文化、新闻、教育、军事等部门培养了一大批校高质量的英语专门人才，适应了我国经济与社会发展的需求。特别是在改革开放后的20多年中，我国高校英语教育教学取得了很大的成绩，学生的英语水平有了很大程度的提高。更重要的是，经过几十年的努力，我国的英语教学在人才培养模式、课程设置、教材

建设、实践环境、教学方法与手段、教师队伍等方面都有了长足的进步与发展，为今后进一步搞好我国的英语教育教学工作，提高我国的英语教育教学水平打下了良好、坚实的基础。我国高校在英语教育教学工作方面所取得的巨大成绩，是与我国大学英语教学指导委员会的专家们的辛勤劳动、广大英语教师的努力工作、社会各界的大力支持分不开的。英语教育教学水平的提高、英语专业人才的培养，除了设置科学的课程体系与教学内容外，还必须按照教育教学规律和英语专业的内在要求，用先进的教育教学理念，科学地、循序渐进地组织教学，并运用与之相适应的教学手段与方法，以及科学高效的教育教学管理方式，实现我国英语专业的教育教学目的和人才培养的目标，全面提高我国高校英语教育教学水平和英语人才的质量，以适应新时代对我国高校英语人才培养的要求。

（一）终身教育理论对我国高校英语教育改革的意义

教育发展到今天，人类社会已进入一个加速更替的开放时代，科学技术日新月异，网络信息瞬息万变，知识更新速度在日益加快，终身教育、终身学习成为人们生活中的重要组成部分。终身教育思想是 20 世纪 60 年代产生于西方的一种教育思潮。在过去的 30 多年里，尤其是最近 10 年，该思想对世界各国的高等教育及课程体系改革均产生了极为广泛的影响，并已成为许多国家高等教育和课程改革所遵循的一条基本原则。终身教育观念对我国英语教育改革的意义主要体现在以下四个方面：

一是终身教育理论反对把正规学校教育和非正规学校教育完全对立起来，它强调的是高等教育不再意味着某一特定年龄的人在特定时间段内接受教育的活动，不是一个人人生中接受教育的最后环节，也不是一个人学业的最后训练场。相反，高等教育更应该注重教会学生学习的方法，即教师的主要职责不仅仅在于传统意义上的“传道、授业、解惑”，更重要的是在于“授之以渔”，而不是“授之以鱼”。我们这里所说的“鱼”是指一般的学科知识，而“渔”则是指学习的方法、思考问题以及解决问题的方法，这是教育的根本目的所在。

二是终身教育理论使高等学校的英语课程设置不再是单纯地追求某一学科知识的系统性和完整性，而是应该强调学校教育本身的综合性和整体性。在这种思想的指导下，打破传统的学科知识结构，将相近的学科知识内容重新进行优化整合，形成新的课程标准和课程体系，不再过分强调学科与学科之间的界限，从而最大限度地减少过分专业化所带来的缺陷。特别是在当前竞争日趋激烈的形势下，学校教育更应该注重和加强文理科知识的相互渗透，以促进学生逻辑思辨能力的发展。

三是终身教育是一种着眼于学生持续性发展的教育观念。为了使学生能够应付变化极快而又日趋复杂的社会与经济生活环境，不断更新自己的知识体系，终身教育注重对学生能力的培养，强调学生应该在接受高等教育期间集中掌握工具性的知识，掌握继续学习的方法与技能。所以，在整个课程体系中应增加英语教育教学实习课程的比重，鼓励学生尽早参加社会调查及学科科研活动，以发展和培养他们的工作方法与能力，使他们在学习与工作方面尽快地成长起来。

四是终身教育既是我国的高校英语教育要“面向未来”的要求，更是知识经济时代的要求。在当今“知识爆炸”的时代，知识更新的时间间隔越来越短，由原来的30年、20年更新一次到现在的10年、5年、两三年甚至是一年更新一次。这就迫使人们不断地去学习和补充新的知识，以适应时代与社会经济不断发展的需要。“面向未来”是现代教育的一个本质性的内涵体现，其实质就是教育要终身化、学习要终身化。终身教育理论更加突出了学生的可持续发展。

（二）切实贯彻素质教育原则，处理好传授知识、培养能力和提高素质三者之间的关系，全面更新教育观念

所谓素质教育，是指根据人的发展和社会发展的实际需要，遵循教育教学规律，以全面提高学生的基本素质为根本目的，以尊重学生主体及其主动精神，注重开发学生的智慧潜能，形成以学生健全的个性与能力为根本特征的教育。素质教育不再仅仅是把学生视为知识的接收器，而是要求培养学生的认知能力、发现能力、生活能力、发展能力和创新能力；同时，注重培养学生的独立意识，张扬他们的个性，全面发展学生的心理素质、生理素质、文化素质和道德素质。此外，素质教育还是面向全体学生的教育，是使每一个人能在其天赋允许的范围内充分发展的教育。素质教育的根本要求是“既开发人的智慧潜能，又适应社会发展的需要”。它还要求教师在组织教学的过程中要面向全体学生，注意因材施教，即要“一切为了学生，为了一切学生，为了学生的一切”，要使每个学生都有一个平等、公正的学业成功的机会。

英语教育的根本目的是培养有知识、有能力、高素质的英语专业人才，即使学生具备英语交际能力。培养英语交际能力就意味着不仅仅要使学生知

道如何运用所学的英语语言知识去生成语法规范的句子，还要使学生学会如何得体地运用英语进行思想感情的沟通与信息的交流。在英语教学中，教师必须把语言知识的传授与交际能力的培养有机地结合起来。同时，教师从一开始就应该注意语言环境对语言运用的制约，从而增强学生的英语语用意识，提高他们运用英语进行交际的实际能力以及英语交际的得体性。教师要把学习语言与运用英语进行交际自然地结合起来，使学生既学到丰富的语言知识，又能有更多的机会投入运用语言进行交际的实践活动中，使他们在掌握语言知识和锻炼语言运用能力两方面都得到协调和持续地发展。而面对当今时代复杂而又多变的社会发展与经济环境，衡量英语专业教育教学质量的水平，并不仅仅局限于学生掌握了多少英语方面的语言知识与文化知识，更重要的是学生毕业走上工作岗位后能否在各种情况下随机应变、灵活自如地运用这些英语知识以满足工作上的需要，是否具有较强的语言判断能力和交际能力以及解决现实生活中各种各样问题的能力。这就要求我们在组织教学中，切实贯彻素质教育原则，在重视语言知识传授的基础上，注重培养学生富有创造力地吸收和应用所学知识的能力，从而全面提高学生的综合素质与创新能力。

（三）树立和实施“以学生为本，关注学生的发展”的第一教育理念，以全面提高学生素质为目标，优化我国高校新的人才培养模式

“以学生为本”的教育理念是“以人为本”的科学思想的具体体现，其内涵十分丰富。总括起来，其内涵具体表现在以下几个方面：①要把学生看成学校教育的生存之本；②要把促进学生发展看成学校教育发展之本；③要把“一切为了学生，为了一切学生，为了学生的一切”作为推动学校教育教学改革的动力之本。高等教育是因大学生而设的，是为培养高层次、高质量的人才服务的。高等教育要把促进学生发展作为高等学校教育发展的根本。教育要发展，其关键在于它所培养的学生是否有质量、有特色，而学生的质量与特色又主要取决于学生的发展水平，其中既包括个性发展，也包括全面发展；既包括现在的发展，也包括未来的发展。高等教育的目标不能只求学生“学会”，更要教学生“会学”；不能只教学生“适应”，更要教学生“创新”；要培养学生学习的积极性、主动性与创造性。

在现代社会，知识更新与科技成果转化的周期越来越短，职业更替与社会流动在加快，“以学生为本”的教育发展理念在高等教育中就显得更加重要。高等教育应建立“以学生为中心”的新视角和新模式，把学生及其发展

需要作为关注的重点，促进学生全面素质的发展。

“以学生为本"的教育理念更是马克思主义关于“人的全面发展”思想的弘扬。马克思主义认为，人的发展既是社会发展的动力源泉，又是社会发展的最终目的，要把“每个人的自由发展”摆在极为重要的位置。教育只有促进人的发展，才能真正推动社会向前发展。因此，我们要在弘扬马克思主义关于人的发展的思想中形成“以学生为本，关注学生的发展”的教育理念，提高学生综合素质，促进学生全面发展。

实施“以学生为本”的教育理念，必须做到以下几点：①要确立有利于学生全面、持续、协调发展的培养目标。既要把学生培养成为能适应当前社会需要和个人就业需要之“才”，又要把学生培养成为在体力、智力、创造力、活动能力与道德素质等方面协调发展之“人”。②随着高等教育大众化进程的推进，为适应学生多样化发展的要求，学校要构建适应学生差异发展需要的课程体系。③要以教育教学管理体系的多样性，如人才培养规格、层次、类型的多样性，专业与课程设置的多样性，培养途径的多样性，教学方法的多样性，学习方式的多样性，教学评价方式的多样性以及教学管理方式的多样性，来优化高校英语人才培养模式。④在强调“教育终身化”“学习个性化”的今天，英语教育特别应明确“学生是主体”这一理念，要形成以教师为主导，以学生为主体，师生平等、教学自由的宽松的教学氛围和教育环境。

（四）贯彻教师为主导、学生为主体的教育思想，处理好教与学的关系，全面改革我国高校英语教育教学方法与手段

1.改革英语教学方法

从目前的情况看，在教学方法上，我国英语专业的教育教学基本上还是以教师为主体来开展教学活动的。教师过分强调知识传授，进行单向“填鸭式”的知识灌输；学生则是单纯地获取知识，进行机械被动式的知识吸收。这就使课堂气氛沉闷；学生缺乏进行创造性思维的时间和空间；缺乏培养学生专业发展能力、文字和语言表达能力、人际交往和组织协调能力的场合和机会；教师缺乏“引导”和“激发”学生关注自身能力与素质培养的艺术。这样做的结果就是知识的传授代替了语言运用能力的培养和综合素质的提高，从而造成学生只会死记硬背，缺乏实际的英语运用能力和英语交际能力，甚至导致“高分低能”。为此，在教学活动中，学校应该主张“教师

为主导，学生为主体”的课堂教学思想。教师应从单纯地注重“教”向突出“导”转化，即引导学生在学习和吸收知识的过程中，以其主体的身份注重自身能力和素质的培养和提高。在课堂教学方法上，应全面推行启发式、互动式教学，教师提出问题，引导学生积极主动地去思考、讨论和归纳，反过来，学生提出问题，促使教师去解释分析、论证和解惑；在课堂教学形式上，应积极采取课堂提问、交互探讨、虚拟现实、专题研究等形式多样的教学方式，让出一部分时间给学生，促使他们进行创造性的思考，培养他们的创造性思维能力。同时，教师要加强对学生进行分析问题和解决问题的课堂训练，以提高他们分析问题和解决问题的能力。在教学活动中，教师要充分发挥其指导者和促进者的作用。在教学时，教师要使学生真正地、深刻地理解知识，在引导学生思考问题时不要过早下结论，急于把现成答案告诉学生，而应该就所学习的内容精心设计出有思考价值的、有意义的问题，引导学生通过持续的概括、分析、推论、假设、检验等思维活动，启发自身思考和总结，哪怕所得出的结论是奇怪的思想和错误的结论；教师应尊重学生的不同观点和意见，允许学生自由讨论，有意识地表扬那些见解独到的学生，形成有利于发展学生求异思维、多向思维、发散性思维的氛围，而不要总是要求学生按照自己早已设计好的思路走，否定学生富有个性的答案。这样就会遏制学生的创新思维，不利于张扬学生的个性。因此，教师要鼓励学生自由讨论、大胆思维、敢于创新。

2. 改革英语教学手段

在教学手段上，虽然目前我国已有很多院校使用现代化的多媒体教学手段开展英语教学，但是仍然有一部分还是保留在原有的教材、粉笔和黑板的传统教学模式上。早在 20 世纪 80 年代，我国教育界就已经开始考虑在我国高校英语教学中应用计算机等现代化的教学设施与先进的教学手段，但是由于教育观念滞后以及教育经费的制约，使计算机辅助教学等先进的教学手段在我国英语教学中没有得到广泛的应用与推广。因此，在今后的英语教学中，高等院校还应当注重教学方式与教学手段的改革与完善，在传统教学手段的基础上，积极开发国内的英语教育局域网，建立计算机网络及多媒体教室，广泛开发和推广使用英语教学软件，推行多媒体教学、网络化教学、远程教育等多种现代化教学方式，充分利用丰富的网络资源为改善我国的英语教育教学服务，积极探索现代化多媒体教学与网络教学的新路子，逐步构筑我国高校英语教育教学手段的新模式，使我国高校的英语教育教学水平再上一个新台阶。总而言之，就是要使我国高校英语教学在教学手段上实现现代化。

（五）充分发挥教学过程中“教”与“学”两方面的积极性与主动性，优化教法与学法

教学过程是师生双方双向互动的过程。在教学过程中，有必要树立“教师是主导，学生是主体”的教育思想与观念。学生是学习的主体，要充分发挥学生在教学中的主观能动性；教师是教学的主导，教师在教学中既要引导更要服务。教学方式要从以课本、以教师为中心转移到以学生为中心上。要积极引导和激发学生的求知欲、学习兴趣，为学生个性发展提供条件，创造环境。因此，高校必须在建立宽松、开放的教学环境和教学模式，调动师生双方的积极性，充分发挥教学过程中“教”与“学”两个方面的主体性作用，建立新型、平等的师生关系，营造一个平等、民主、自由、开放的学习氛围的基础上，加大英语教育教学方法与模式的改革力度。

（六）教师在教学过程中应注重加强对学生进行学习者策略的训练，增强学生的主体意识，促进学生自主性学习

以学习者（即学生）为中心的教学观念的确立，培养学生的自主性，已成为近20年来英语教学界许多教育工作者和研究人员的共识。自20世纪60年代以来，英语教学大力提倡以学习者为中心，英语教学研究的重点也从研究教师如何教转到研究学生如何学上，对学习过程和影响学习者学习的因素的研究也越来越广泛和深入。大量的学术研究和行为研究集中在探讨教师与学习者该做什么、能做什么，以促进独立负责的学习和教学上。许多研究表明，要想提高学习效率，学习者必须具有主动的学习态度和对学习负责的责任感。因此，对学生的自主学习态度和自主学习能力的培养在英语教学中就显得越来越重要。自主性学习已经成为当今现代教育的主要目标和根本要求。现代教育的目标越来越倾向于人的能力的提高和全面素质的增强。在信息化时代，人们要处理大量的信息，要适应迅速变化的环境，在学校接受的教育已不能满足学生离校后的发展需要。未来的社会是一个继续学习的社会，一个要求人们必须终身受教育、不断自我发展与提高才能适应生存的社会，而终身教育又要求人们能够培养可以独立于教师与课堂的自主学习能力。传统的英语教育教学只重视知识的灌输和技能的培养，这已远远不能满足当今现代教育目标的要求。因此，今天的教育，特别是英语教育教学，必

须提供终身学习所需的自主学习能力。此外，教育不仅要注重学生对某些领域的知识和技能的掌握，还应该注重培养学生独立思考的能力。英语学习和教学作为整个教育过程的一部分，也应该致力这一更广泛的教育目标。英语的教与学也可以促进学生自主性学习能力的发展。在英语教学过程中，锻炼学习者通过练习做出决定、与小组成员合作解决问题并达成双向解决方案等对其学习负责的一系列行为，其自主学习的能力势必会得到增强和提高。

由于英语学习者的学习能力有差异，学习速度有快慢之分，对语言知识的掌握程度也不同，如果忽视学习者的能力差异而采用统一的教材、教法、教学进度并且对学习者的英语语言能力提出同样的要求，那么无疑会挫伤英语学习者的学习积极性和主动性，从而导致英语学习者学习低效。此外，学习者不同的认知风格和认知策略也要求教师为学习者提供更多的自主时间和空间，给予更多必要的指导，使他们更加清楚地认识和了解自己的认知特点，以充分发挥其认知优势并弥补其由于认知上的不足而带来的英语学习劣势。教师在进行教学的同时，还应该为学生提供必要的学习策略指导和训练。学习策略是指促成学习的实践活动和技能，在学习过程中任何学习者都会有意或无意地采用自己喜欢的学习策略。学习策略是促成学习者自主学习的关键所在，这就要求教师在教学过程中采用更为灵活的教学方法与手段，尽可能地为学生提供更多的自由和选择，如学习材料、音像设施、时间安排、学法指导等，这就意味着要为学生提供自主性学习的机会。

第三节　高校英语教学的理论基础

一、高校英语教学的教育学基础

（一）教育学

教育学主要是用来进行知识教育和研究、探索语言现象、总结语言规律的学科。教育学有着悠久的历史。英语教学是语言教学的重要分支，属于教育的范畴。因此，教育学的相关原则、原理、方法对英语教学也有着一定的指导和启示作用。

教学的一般原则包括科学性、思想性、量力性、直观性、巩固性、自觉性、系统性。

教学的一般方法则包括归纳法、启发式、演绎法以及讲解、练习、复习与课堂教学的环节和课型等。

除此之外，教育目的、教育方针和培养目标从宏观方面影响着现代英语教学。英语课的开设、开设的时数、开设的目的和要求都受到教育学因素的影响和制约。

（二）教育经济学

教育经济学是从经济的角度研究教育的学科，其主要关注教育中的经济效益。在高校英语教学中，教育经济学主要研究开设哪些课程会使教学受益。

英语课程开设还有其他方面的益处，如英语是促进学生全面发展的重要学科之一，学习英语有利于个人良好的性格、品格、意志和交往合作精神的发展等。除了要从宏观上把握外语开设的效益外，教育还要从微观的经济角度对必要的费用和效益进行评估，在评价时要考虑下面一些问题。

（1）教学时间。

（2）班级人数。

（3）教师培训费用。

（4）教材及其他资源费用。

（5）管理人员及非专业助手的费用，如操本族语助手、语言实验室的技工等。

（6）教学场地等的费用。

（7）教师及管理人员的薪酬。

将微观方面的费用评价与课程开展教学活动的收益评价进行对比之后，应做到获取最大的效益。

（三）教育心理学

教育心理学主要研究的是学习者、学习过程和学习情境间的作用，侧重研究学生的个体心理活动规律对总体教学效果的影响，并探讨学生的生理心理个性与教学和学习的关系。作为心理学的一个学科分支，教育心理学与外语学习的理论、语法、外语语音、词汇知识的传授、学习动机的激发、口头和书面表达技能的形成等都有着直接的、密不可分的联系。

教育心理学与英语教学的密切结合也成为现代英语教学发展的趋势。在现代英语教学实践中，教师在传输知识的同时研究学生的心理，有利于使英语教学达到事半功倍的效果。

（四）外语教育技术学

外语教育技术学是在外语教学实践中，以教育信息技术为手段，以教育学、心理学、语言学等理论为指导，以语言教学为目标，通过创造、使用、管理适当的技术性的外语教学过程和教学资源，以及提高外语教师和学生的教育信息技术素养等手段，来促进外语学习和改善外语学习绩效的理论研究和实践探索活动的技术学科。

外语教育技术学是一门关于外语教育技术研究的学问，由关于外语教育技术的一系列概念、原理和方法等构成，它集中反映外语教育技术内在规律，是一门具有严密逻辑性的新兴学科，是一种教育学性质的综合性应用学科和应用语言学性质的综合学科。

基于信息技术的外语教学目前已经作为一种新的教学范式成为高等学校外语教学的主要实践方法。信息技术与外语教育的内在共生性、本体性和封闭性，使信息技术与外语教学（课程）产生了交融与整合的学理基础和逻辑基础。

教学范式的转变使外语教育技术学具备自身基本的学科构成要素以及新兴学科的基本表现要素，并基本形成了学科框架体系。外语教育技术学在学科交叉研究方法的推动下将教育学、教育技术学、信息技术学和语言教学等各门学科进行交叉、渗透、融合，是一门被催生出的新兴分支学科，并将传统语言教育研究中科学性与技术性进一步得以整合。例如，图 1–2 是教育专家罗伯特·塔尔伯特教授基于外语教育技术学研究下的现代英语教学翻转课堂实施模型。

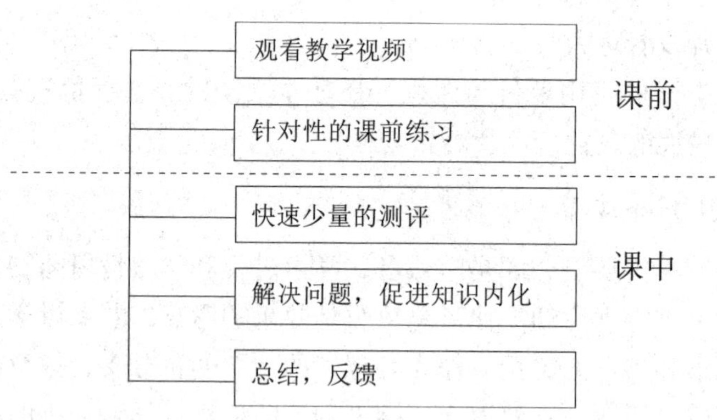

图 1–2　翻转课堂实施模型

对上述教学模式进行分析可以看出，课前学生可以在家观看教师或第三方创建的教学视频和资料；课上可通过加深概念、解决题、合作学习等方式做作业，教师则在旁提供指导和协助。和传统的高校英语教学模式相比，这种教学模式带有创新性，能够通过信息技术对教学目标、教学计划、教材编写、课程设计、教学过程、教学模式、教学管理、教学评价等体系内容的所有环节进行加工处理，完成信息转换和传达过程。

探索完善以计算机网络为核心的现代信息技术与外语课程的整合来促进大学外语教育质量的提高也是目前英语教学的重中之重。计算机和网络信息技术应用到英语课程教学实践中是英语教学改革的重大贡献。这种模式符合教育精品资源共享课建设的目标与任务要求，也是外语教育技术学应用于英语教学的伟大尝试。

二、高校英语教学的语言学基础

高校英语教学是一种语言教学，具体可以借鉴交际能力理论、认知主义理论、合作学习理论的相关内容。

（一）交际能力理论

1. 乔姆斯基交际能力理论的提出

美国哲学家乔姆斯基在《句法理论面面观》一书中把“能力”和“表现”两个概念引入了语言学的研究，并对语言能力和语言行为两个概念做了进一步分析。

乔姆斯基认为语言能力是指特定的语言社团中说话的人，行为则是指在具体语境中语言的使用。按照乔姆斯基的解释，说话人—听话人的语言知识就是“能力”，而具体情境中语言的实际使用即为“表现”。他认为个人的语言能力与语言的实际运用和语言行为无关。

这种排除语言社会功能的问题激发了一些语言学家对语言社会功能的关注。其中最具代表性的是美国社会语言学家海姆斯提出的“交际能力”的概念。此外，社会语言学家卡纳尔和斯温也对交际能力学说进行了详细的论述。

2. 海姆斯对交际能力理论的扩展

海姆斯从语言的社会交际功能出发，探讨语言使用者和语言使用的理论。在海姆斯看来，乔姆斯基“能力”概念的不足之处在于没有系统考虑人们在社交中对语言的恰当运用。为此，海姆斯提出了“交际能力”的概念以示区别。海姆斯认为，一个人的交际能力是一个综合的概念，除语法知识和语言能力外，还包括心理（可行）、社会文化（得体）和使用概率（实际出现）等方面。

3. 卡纳尔和斯温的交际能力学说

卡纳尔和斯温的交际能力学说源于海姆斯的交际能力学说，但充实、丰富并发展了后者。海姆斯的交际能力学说是针对乔姆斯基的语言能力观点而言，两者都是理论上的思考和探讨，并不涉及具体的语言教学。而卡纳尔和斯温的交际能力学说是因加拿大国内沉浸式双语强化教学的需要而产生的，是用于解释和指导第二语言或外语教学和测试的，属于应用语言学范畴。海姆斯的学说比较抽象、内容比较广泛，卡纳尔和斯温的学说则比较具体，内容针对语言教学和语言测试。

卡纳尔和斯温的交际能力学说融合了海姆斯的交际能力学说和海姆斯以后扩展了的交际能力概念。他们认为交际能力至少有四个方面的知识和技能。它们分别是：

（1）语法能力。所谓语法能力，就是语音、词汇和语法等知识。卡纳尔和斯温的“语法能力”与乔姆斯基所说的“语言能力”所指没有区别。

（2）社会语言能力。众所周知，说话人在不同的环境中总是以一定的社会身份出现的。环境不同，身份不同，使用的语体与目的语也不同。因此，社会语言能力是一个人在一定的社会情境下得体使用语言的能力，即在不同的语境下使用不同语体和不同言语来达到不同交际目的的能力。此外，使用言语功能的能力也是社会语言能力的内容。言语功能包括工具功能、指称功能、个人功能、保持接触功能、想象功能、语境功能、元语言功能等。

（3）篇章能力。篇章能力是指能够依据一定的上下文理解句子之间的关系和句子的意义并能组句成篇的能力。例如，“那个人是从北京来的”这句话，可以在不同的语境或上下文中表示建议、暗示、鼓励等不同的意义。

（4）策略能力。策略能力也称“补偿能力”，它是一种运用语言或非语言手段达到交际目的的策略。具体而言，就是在交际中懂得怎样开始谈话，进行谈话，承接、转换话题和结束谈话的能力。

按照卡纳尔和斯温的观点，由于交际能力是由上述四种能力组成的，因此，在具体的语言教学中，就应当加强对这四种基本能力的培养。

（二）认知主义理论

1. 苛勒的顿悟说

德国心理学家苛勒是格式塔心理学的创始人之一。格式塔的含义是完形，指被分离的整体或组织结构。格式塔理论认为，在学习中要解决问题必须对情境中事物的关系加以理解，从而构成一种完形，使学习得以实现。苛勒以格式塔理论为基础，在《人猿的智慧》一书中提出了顿悟说。顿悟说有以下两个主要观点：

（1）学习不是刺激与反应的简单联结，而是通过有目的地、主动地了解和顿悟而组织起来的一种完形。

（2）学习是由顿悟来实现的，并不是通过尝试错误来实现的。

2. 皮亚杰的发生认识论

瑞士心理学家皮亚杰的理论核心是发生认识论，主要研究人类的认识。具体来说，其内容主要包括概念、推理、注意、记忆、表象、决策、语言、感知觉、问题解决、认知发展和人工智能等。

在皮亚杰看来，无论一个人的知识多么高深、复杂，都可以追溯到他的童年，甚至是胚胎时期。人出生以后如何形成认识、发展思维，受哪些因素制约，各种不同水平的智力及思维结构是如何先后出现的等问题都值得研究。因此，他将自己的研究集中在认知发展的阶段性问题和认知发展的机制两个问题上。

皮亚杰将原先无法探测的大脑活动过程抽象为可以直接观察的心理模型，通过客观方法研究更加高级和复杂的认知活动，加速了人类对自身的认识。

3. 布鲁纳的发现学习理论

根据教育心理学家、认知心理学家布鲁纳发现学习理论的观点，学习的实质在于主动形成认知结构。认知结构是用来感知和概括新事物的一般方式。它是在过去经验的基础上形成的，并在学习过程中不断变动，是进一步学习和理解新知识的重要内部因素和基础。

布鲁纳将学习分为知识的获得、转化和评价三个几乎同时发生的过程。由于学习任何一门学科都有一连串的新知识，每一种知识的学习都要经过获得、转化和评价。因此，发现学习法是最佳的学习方式。所谓发现学习，就是以学生为中心，以教师激发学生的学习兴趣和学习动机为前提，以引导学生进行观察、分析、归纳等逻辑思维活动为方式，以培养学生独立分析问题和解决问题的能力为目的的一种学习方法和教学方法。

发现学习理论是布鲁纳对学习论和教学论的结合做出的一大贡献。

4. 奥苏贝尔的认知—同化学习理论

美国认知教育心理学家奥苏贝尔对学习进行了如下两个维度的划分：

（1）按学习进行的方式，可将学习分为接受学习与发现学习。接受学习是指将学习的主要内容以定论的形式传授给学生。发现学习与接受学习不同，不是将学习内容现成地给予学生，而是安排学生自己去发现这些内容，然后再内化到认知结构中。

（2）按照学习材料与学习者的原有知识结构的关系，可将学习分为机械学习和意义学习。机械学习是指学习者虽然记住某些符号的词句或组合却不能理解符号所代表的知识。意义学习是指将符号所代表的新知识与学生认知结构中已有的适当观念建立起非人为的和实质性的联系。

两个维度的结合可将学习分为四种类型，即有意义的接受学习、有意义的发现学习、机械的接受学习与机械的发现学习。在奥苏伯尔看来，有意义的接受学习可以在短时期内使学生获得大量的系统知识，是教学的首要目标。

（三）合作学习理论

1. 建构主义学习理论

（1）建构主义学习理论的主要观点。20 世纪后期，认知理论的一个重要分支，建构主义学习理论（Constructivism Learning Theory）在西方逐渐流行。建构主义的最早提出者可追溯至皮亚杰以及苏联心理学家维果斯基。内因和外因是认识事物的关键。皮亚杰和维果斯基认为，人的认知是在与周围环境相互作用的过程中逐步建立起相关的知识概念，从而使自身的认知能力得到发展。随后，这一观点被用于解释和探讨语言学习的过程。

（2）建构主义学习理论的影响。建构主义学习理论对现代英语教学和学习都产生了直接或间接的影响，主要体现在以下几个方面：

①认识方面的影响。建构主义认为学生是学习的中心，是进行语言知识和信息加工的主体，同时是意义的主动建构者。通过和环境的相互作用，学生能够获取知识。在高校英语中，教师是学生学习的帮助者和指导者，在教学过程中，教师需要重视学生的中心地位，采用全新的教学模式，发挥学生

学习的积极性和主动性。

②学习方式方面的影响。建构主义学习理论强调学习者的互动和协作关系，在此基础上形成了教学中的“互动式教学模式”。该模式遵循了建构主义的原则，强调学习者的能动性和参与性，尽可能避免机械性地灌输，其主要教学模式可概括为：引导—组织语言活动—协作学习—指导及归纳—巩固。

③学习内容方面的影响。在建构主义学习理论的指导下，语言教学更加强调学习内容的意义和趣味性，并与实际生活、热点话题等密切相关，这些内容都有利于学习者的意义建构。

④测试内容及形式上的影响。受到建构主义学习理论的影响，目前的英语测试开始重视对学习者交际能力的考核，尤其是在口语考试中。两人一组就某个情景和话题进行交流式的对话。口语考官根据考生的交流内容、流利程度等进行打分。

2. 社会互赖学习理论

（1）社会互赖学习理论的内涵。社会互赖学习理论旨在研究个体间在合作性和竞争性社会情境中相互影响时的行动效率、内在心理过程、互动方式及结果。

社会互赖学习理论源于 20 世纪初的格式塔心理学。此理论的创始人之一考夫卡认为，群体是成员之间的互赖性可以变化的动力整体，各成员之间的互赖有其差异性。考夫卡的同事勒温对上述观点进行了阐发，他认为群体的本质是其成员基于共同目标而形成的互赖，由此促使群体成为一个整体。若群体中任何成员或次群体的状态发生改变，将会影响其他成员或其他次群体产生改变，群体成员内在的紧张状态能够引发完成共同目标的动机。

（2）社会互赖学习理论对合作学习设计的影响。社会互赖学习理论通过积极的或消极的互赖对合作学习具有重要作用。合作学习有积极互赖、责任到人、促进性互动、社交技能和小组反思五个相关的基本要素。教师应在教学实践中合理地运用这些要素来进行合作学习设计，解决其中碰到的问题，有效促进合作，使合作学习适用于不同的学生和不同模块的教学。

在具体实施的过程中应确保学生之间产生积极互赖。教师在进行教学设计时要以积极互赖为首要条件，依据结果互赖、方法互赖和边界互赖三个维度进行设计。结果互赖是指在合作学习情境下，教师可依赖共同目标和共同奖励来实现学生之间的互赖，如教师还可运用个人奖励与小组奖励相结合，来实现学生之间的互赖。方法互赖包括任务、资源和角色互赖等的设计。边界互赖是指将大群体分为各个不连续的有明显界限的小群体。

个人化责任感设计保证责任能落实到每一位学生。研究表明，人们越是受到小组同伴的喜爱和尊重，他们对同伴的责任感越强。在合作学习小组中，教师应让学生认识到承担责任的重要性，打破传统小组学习中存在着的责任不清或搭乘便车的弊病。

教师教授合作技能设计，确保学生恰当运用合作技能。成员合作技能掌握得越好，越能取得较好的合作效果。因而教师应帮助学生掌握合作技能。

定期开展小组反思设计，确保学生进行有效的合作学习。在反思阶段，教师应从学生的参与态度、合作意识和任务完成情况等方面进行总结和反馈。同时有效制止一些无效行为的重复发生，鼓励一些良好的合作行为，从而促进生生间的有效互动，激发学生持续进行合作学习。教师在合作学习的教学中可以灵活运用不同的反思手段，如教师反思、学生自我反思，学生互评、小组互评、分数评价、等级评价、评语评价等多种方式，有效地保证学生个体与学习小组成员的共同发展。高校英语教学是为社会输送英语人才的重要渠道，应该紧跟时代发展步伐，对自身教学加以改进与发展，从而提高人才培养的应用性和实用性。

第四节　高校英语教学的影响因素

高校英语教学中的因素有很多，这里主要指影响高校英语教学的因素，在此不可能对每一个因素都一一详述，但我们会围绕高校英语教学所涉及的一些主要因素，如教师、学生、教学内容、教学方法、教学环境等进行分析。

一、教师

教师是高校英语教学的重要因素，在英语教学中起主导作用。在英语课堂上，教师主要充当两种角色，即掌控者和引导者。一名合格的英语教师应该具有纯正的发音，然而，并非所有的英语教师都具有纯正的发音，所以，教师可借助广播、多媒体等手段来弥补自己的不足，以确保学生在课堂上所听的内容都是纯正的。同时，教师在讲解单词、句子、课文时，应该穿插一些解释，对难懂的词语要不断地重复讲解。

在大多数英语课堂上，教师的讲话占据课堂大部分的时间，不可否认，教师的讲话有利于学生的语言习惯的形成，但也不能因此牺牲学生的练习时间。同时，教师还要注意不断变化教学的形式，以增强课堂的趣味性。教师还应具有一定的应变能力，能预测课堂活动中出现的状况，能很好地处理课堂上的突发事件，确保课堂活动的有序开展。

此外，教师应该随时调整自己的提问方式、语言运用方式、提供反馈的方式。在英语课堂中，提问是教师常用的一种教学手段。通过提问，可以有效激发学生的学习兴趣，促使学生积极思考，帮助教师对某些知识结构进行引导。另外，语言运用的方式也很重要，为了让学生对所讲述的知识有一个充分的了解，教师在教学中可以采用重复话语、降低语速、增加停顿、改变发音、调整措辞、简化语法规则、调整语篇等措施。学生是英语教学的重要反馈者，同样，教师的反馈也是十分重要的。所谓提供反馈，就是指教师为学生的学习情况提供反馈。教师的反馈可以是对学生话语的回答，如表示学生问答正确或错误，赞扬鼓励、扩展学生的答案，重复学生所答，总结学生回答，批评，等等。总之，教师的目的就是采用不同形式的教学方法，调动学生的积极性，扩展学生的知识面，培养学生的学习能力，提高整体教学的效果。

二、学生

（一）角色定位

在英语教学中，学生主要扮演以下几个角色。

1. 主人

学生是英语教学中的主人。学生对知识的探索、发现、吸收以及内化等实践活动都有利于其知识体系的构建。

2. 参与者

作为英语教学活动的重要参与者，学生应积极主动地参与到各项活动中，积极思考，勇于表达自己的观点，展示个人的才能。

3. 合作者

英语教学是在师生之间及学生之间共同进行的，因而团队合作是不可缺少的。在合作中，他们可以相互学习，相互帮助，共同提高。

4. 反馈者

在英语教学中，学生的反馈信息是教师改进教学的一个重要依据，学生可以结合自身学习经历，就教学法的实用性向教师提出建议或意见，并协助教师改进和完善教学内容和教学方法，从而提高教学效果。

（二）个体差异

学生之间的差异主要体现在以下三个方面。

1. 语言潜能的差异

语言潜能最简单的定义就是：潜能是一种固定的天赋。某些人较其他人先天就有更高的水平。有这种能力的人，在语言学习方面可能会取得更快的进步。语言学家卡洛尔认为，语言潜能包括以下几点：

（1）语音编码能力，即关于输入处理的能力。

（2）归纳性语言学习的能力，它是有关语言材料的组织和操作的能力。

（3）语法敏感性，它是从语言材料中推断语言规则的能力。

（4）联想记忆能力，它是关于新材料的吸收和同化能力。

每个学生的语言潜能都存在差异。在英语教学过程中，教师应了解学生的语言潜能，从而因材施教，使之针对不同的学习任务在不同场合发挥各自的长处，以收到事半功倍的效果。

2. 认知风格的差异

认知风格又称认知方式，是指个体在认知过程中所表现出来的习惯化的行为模式，它既包括个体知觉、记忆、思维等认知过程方面的差异，也包括个体态度、动机等人格形成和认知功能及认知能力方面的差异。每个学生都有各自不同的认知风格。然而，不同的认知风格又有优劣之分，但这并不体现在学生的学习成绩上。每个学生都有自己偏爱的信息加工方式，在学习不同材料时也会各有所长。

3. 情感因素的差异

情感因素差异主要涉及以下三个方面：

（1）学习动机。学习动机是指激发个体进行并维持已引起的学习活动，并使其行为朝向一定的学习目标的一种内在过程或内部心理状态。它是直接推动学生进行英语学习的内部动力，是影响英语学习成绩的一个关键因素。学习动机来源于学习活动，也是学习活动得以发动、维持、完成的重要条件，并由此影响学习效果。

（2）性格。性格是指一个人对现实的态度和行为方式表现得比较稳定但又可变的心理特征，是学生重要的情感因素，也是决定其英语学习成功与否的关键因素之一。人的性格大体可以分为外向型和内向型两种。教育学家埃利斯认为，外向型的学生善于交际方面的学习，因其喜欢交际，不怕出错，能积极参与英语学习活动，并在活动中寻求更多的学习机会；而内向型的学生在发展认知型学术语言能力上更占优势，因其善于利用沉静的性格从事阅读和写作。对教师来说，研究学生在性格上差异的最终目的是充分了解学生的个体差异和不同的心理状态，发挥不同性格学生的优势，因材施教，以获得更理想的教学效果。

（3）态度。态度就是个体对他人或事物的稳定的心理倾向或为达到某种目的而做出的努力。它是影响学习效果的重要因素之一。学习态度一般包括情感成分、认知成分和意动成分。所谓情感成分，就是对某一个目标的好恶程度；认知成分是对某一个目标的信念；意动成分是对某一个目标的行动意向以及实际行动。

三、教学内容

（一）语言知识

英语语言知识是综合英语运用能力的有机组成部分。语言知识是语言学习和语言运用的重要内容之一。英语语言能力的形成是以语言知识为基础的。

（二）语言技能

英语语言技能主要包括听、说、读、写四个方面，它们是形成综合语言运用能力的基础。“听”的技能就是分辨和理解话语的能力，“说”的技能就是运用口语表达思想、输出信息的能力，“读”的技能是指辨认和理解书面语言的能力，“写”的技能主要指运用书面语表达思想、输出信息的能力。在大量听、说、读、写等专项及综合性训练中，学生将会逐步提高这几种技能的综合运用能力，为真实的语言交际奠定基础。

（三）情感态度

情感态度是指兴趣、动机、自信、意志和合作精神等影响学生学习过程和学习效果的相关因素。积极的情感态度有利于发挥学生的各种潜在技能；相反，消极的情感态度会阻碍语言学习能力的养成。因此，教师在教学中应不断激发并强化学生的学习兴趣，引导他们逐渐将兴趣转化为稳定的学习动机，从而形成积极的情感态度。

（四）文化意识

文化意识是指所学语言国家的地理、历史、风土人情、传统习俗、生活方式、文学艺术、行为规范、价值观念等。对于英语学习者来讲，接触和了解英语国家的文化可以加深其对英语语言的理解和使用，提高其人文素养，培养其世界意识。因此，教师在英语教学中要注重对学生文化意识的渗透，根据学生的年龄特点和认知能力，传授文化知识，培养其文化和世界意识。

（五）学习策略

学习策略是指学生为有效地学习和发展而采取的各种行动和方法。英语学习策略主要包括认知策略、调控策略、交际策略和资源策略等。培养学生的学习策略可以促使他们有效学习，并能为其终身学习奠定基础。好的学习策略可以改进学习方式，提升学习效果，还能使学生学会学习，从而形成自主学习的能力。因此，教师要帮助学生形成自己的学习策略，对自己的学习过程和效果进行监控和反思，培养学生根据学习风格调整学习策略的能力，并引导学生善于观察他人的学习策略，乐于尝试不同的学习策略。

四、教学方法

教学方法是教师和学生为了实现共同的教学目标，完成共同的教学任务，在教学过程中运用的方式或手段的总称。从古至今，英语教学中出现过不少教学方法，并且它们都在英语教学中发挥过作用。然而，事实证明，教学方法没有最好的，只有最有效的。具体地说，英语教学中采用固定的、一成不变的方法，将会引起学生的反感，也就会降低英语教学的效率。即使在一堂课使用一种教学方法，学生也会感到单调、乏味。因此，英语教学所采用的方法应具有灵活、多样等特点，要对各种语言技能都有所侧重，这样才能全面提高学生英语学习的能力。

五、教学环境

（一）教学环境的要素

1. 社会环境

社会环境是影响和制约外语教学的重要因素，它主要涉及社会制度、国家的教育方针、科学技术水平、经济发展状况、人文精神、外语教育政策、社会群体对英语学习的态度以及社会对英语的需求程度等。英语教学发展的主要动力就是社会环境，它对英语教学有着极强的导向作用。

2. 学校环境

为学生提供学习场所和学习手段的最佳环境就是学校。学校环境对英语教学的影响是最重要和最直接的，它决定着多数学生英语学习的成败。学校环境主要涉及课堂教学、接触英语的时间频率、班级的大小、教学设施、教学资料、英语课外活动、英语教师和其他教职工对英语的态度及其英语水平、校风班风和师生人际关系等。

3. 个人环境

个人环境也会对学生的英语学习产生一定的影响。个人环境一般包括学生的家庭成员、同学、朋友的社会地位，物质生活条件，文化水平，职业特点和对英语学习的态度、经验、水平及学习方式，成员之间的关系及感情，学生的经济状况，拥有的英语学习设备和工具等。

（二）教学环境对英语教学的影响

教学环境对英语教学有以下几个方面的影响：

第一，教学环境能够使教师在教学中更加努力地营造良好的课堂环境，充分利用现代化教学设备，优化教学环境，提高学生对英语语言的运用能力。

第二，教学环境可以帮助教师正确认识环境对学生英语学习的影响，结合我国英语教学的现状，理性地分析、判断和选择其他国家英语教学的理论和方法。

第三，教学环境可以帮助教师有效地加工语言输入材料，科学地设计语言练习，创造良好的课堂英语使用环境。

第四，教学环境有利于教师在不断学习和实践优化课堂教学环境的策略，以及在创设良好的英语教学环境的过程中，提高其自身的教学素质。

第五节　高校英语教学改革

一、高校英语教学改革的目的

（一）高校英语教学改革的背景

社会的发展是高校英语教学改革的重要推动力。随着经济全球化、全球经济一体化程度的加深，世界范围内的经济合作和文化交流日益频繁，社会对高质量的跨文化交流人才的需求增加。但是，当前高校英语教学下的高校毕业生的英语能力还远远不能满足社会的需求。此外，随着社会的进步和生活水平的提高，人们对知识的渴求也越来越迫切，对自身受教育的期望值也在不断提高。高等教育越来越大众化，高校扩招已是不争的事实。这样的发展趋势带来的结果便是高校英语教学师资力量的紧缺、基础教学设施的不平均分配等问题。除了加大教师队伍的培训力度外，教学内容、教学方法、教学目标、教学手段、教学评估等方面的改革也势在必行，只有这样，才能适应新的教育形势。

（二）高校英语教学改革的目的

在了解了高校英语教学改革的背景后，我们就要思考这样一个问题：高校英语教学改革的目的是什么？人们既已对教学改革的必要性达成共识，之后便会涉及教学改革的目的问题。下面就对高校英语教学改革的目的进行分析。

《国家中长期教育改革和发展规划纲要（2010—2020 年）》中指出，适应国家经济社会开放的要求，培养大批具有国际视野、通晓国际规则、能够参与国际事务与国际竞争的国际化人才。因此，高校英语教学改革的首要目的就是要提高高等教育人才的培养质量，将中国的高等教育国际化。所谓的“国际化”是指课程的国际化、师资的国际化和学生的国际化。这一目标的提出与我国的国情密切相关。随着经济的全球化，教育的国际化步伐也在逐渐加快，我国正致力于建设人力资源强国，在如此关键的转型时期，更需要教育提供强有力的推动力。

高校英语教学改革的目的是为大学生的个体发展服务，如今社会对高素质的具有创新能力的国际化人才的需求剧增，英语能力已成为学生综合能力的重要组成部分。

（三）高校英语教学改革的理念

在进行高校英语教学改革时遵循什么理念是改革者必须要考虑的问题。我国的英语教学经过“西学东渐”的历史发展而来，是为了挽救民族危机而学习西方的先进文化技术，达到国富民强的目的。但是，在当今社会，我国致力于建设创新型国家和人力资源强国，为适应这种发展趋势，高校英语教学要将培养国家需要的高素质人才作为教育思想，在高校英语教学中传播中华文化，同时学习世界先进的知识与技术，增强中国的软实力。因此，高校英语教学的指导思想便是“传播”与“借鉴”。为了更好地实现这一教育目标，高校英语教学改革要进行全方位的整改，使英语教学朝着特殊化、学术化方向过渡，这就要求改革一方面要强调学生的主体地位，另一方面要提高学生的学习技能。

1. 强调学生的主体地位

知识型时代已经全面到来，社会对应用型英语人才的需求与日俱增。受传统教育模式的影响，学生的思维多受到限制，很难适应灵活多变的市场竞争的要求。因此，高校英语教学改革要全面关注英语应用的细节内容，以学生的发展为中心，强调学生的主体地位，依照学生不同的身心发展特征和学习水平，设定相应的职业、人生发展目标，并对应提高其在相应领域的英语综合应用能力和竞争实力。这是高校英语教学改革的基本理念之一。

2. 提高学生的学习技能

英语是传播中华文化、借鉴与吸收西方先进文化与技术的工具，因此，高校英语教学要培养学生跨文化交流和学术交流的能力。为与这一教育理念相适应，高校英语教学改革必须改变其教学内容，通过加强阅读教学培养学生“借鉴”的学习技能，通过加强写作教学培养学生“传播”的学习技能。

（四）实现高校英语教学改革目的与理念的策略

1. 改变英语课堂的传统教学模式

传统的英语教学模式是以教师为课堂主导的，而新的英语教学模式应该是以学生为课堂主导的。教师作为课堂的主导，会导致学生的学习积极性下降，丧失对英语学习的兴趣。在高校英语教学中，以教师为主导往往导致教与学的分离，与此同时，学生容易陷入被动的局面，他们只是在课堂上被动地接受教师教授的英语单词、词组、语法，久而久之，就会丧失思考能力。然而，在现实的教学实践中，大部分学生在初中以及高中阶段就已经能够熟练运用基础的语法知识，所以，在大学英语教学课程设置安排上，应该更多地开设有关锻炼、提高学生口语交际能力的课程，从而提高学生的沟通表达能力。从实际运用的角度讲，英语是国际通用语言，是国与国之间沟通思想、表达理念的重要手段，众所周知，提高语言运用能力的重要的方法之一，就是不断地重复训练，然而，以教师为主导的传统教学方式并不能满足这样的需求。以学生为主导的新型的英语教育模式，较之传统的模式有很大的进步与改善。由于学生是课堂的主导，他们在课堂上的表现就会相对积极，并且会自主或不自主地进行独立的思考，然后通过独立的思考加强对英语文化交流的理解。与此同时，在以学生为主导的课堂中，学生会有更多的机会进行英语交流，通过这些机会，学生能够加强对英语口语交流能力的锻炼，进而提高他们的口语交流能力。这样一来，学生就由课堂的“配角”转变成了课堂的“主角”，学生学习的自主性加强后，对知识的吸收也就加深了。

2. 丰富英语课堂的教学方式

教师在进行课文讲解的时候，A 同学负责划分段落；B 同学就要对文章的段落大意进行分析；C 同学负责文章的文化背景联系，主要是对文章中的文化背景中西文化进行分析；D 同学作为讨论小组的 leader 要组织小组讨论。同时，这四个角色并不是固定的，每次讨论后，小组成员就要进行工作的再分配，使每个同学都有机会体验不同的角色。这样的方式就充分调动了学生的积极性，从而提高了每个学生的英语综合水平，以及口语交际能力。在这种教学模式中，教师起到引导和主持的作用，经过每个小组的展示，教师给予一定的评价，提出相关的建议，使小组活动更加完善。同时，小组之间的互评，不仅提高了学生的英语运用能力，还提高了他们的英语评判能力。通过增加教学模式的方式，可以提高学生们自主获取英语知识的能力，最终培养出新形势下的综合型人才。

3. 改革现阶段高校英语的评价方式

现阶段，我国大多数高校英语评价方式仍然采用考试的方式，根据四、六级考核制度可以看出，各大高校的英语评价更侧重英语的应用能力，而非交流沟通能力。在这样的评价制度下，学生也更加重视写作能力和应试阅读能力，这样就使学生忽略了英语口语交际能力。所以，在进行英语评价的时候，要加强对学生口语的测评。只有从各个方面提高学生的英语水平，才能使学生学会如何自主地学习英语。

二、以就业为导向的高校英语教学改革策略

我国的教育事业发展越来越快，高校也在不断扩大招生规模，这就意味着同等高校学历的毕业生越来越多，所以，当他们完成高校学习步入社会参加工作时所面临的就业压力也是前所未有的。如今，高校英语教学依旧是过于注重语言知识的理论教学，导致学生所掌握的知识与社会就业的要求存在很多不相符的情况。因此，要想从根本上解决这个问题就必须深化教育改革，改变以往只注重理论知识教育而忽视学生实践能力培养的教育模式，以提高学生就业率为导向使我国的高校英语教育走上更快更顺利的发展道路，为我国的高校教育事业提供更大的推动力。

（一）正确定位以就业为导向进行高校英语教学

高校开设英语课程的最终目的，就是使学生在毕业之后能够运用这些知识来完成自己的本职工作，因此，高校英语教学必须要有一个准确的定位。一是高校英语的教学目标应当更加明确，并且要将培养学生的英语应用能力作为最终的教学目标，从而使师生的教学活动都能够围绕这一目标来开展；二是要将英语运用能力，如英语听力、口语等作为英语教学中的重点，提高其在英语教学中的地位，让学生能够听得懂、说得清，当然英语基础知识的教学也不能忽略，要适当调节各个知识点之间的比例；三是要着重培养学生在英语学习中的各个方面的能力，保持学生在英语的听、说、读、写几个方面的平衡发展，让学生学会将不同的英语技能进行融会贯通、相互促进。

（二）以学生未来就业能力为核心合理设置高校英语课程

高校英语课程的设置应当将提高学生的实际应用能力为依据，这是因为学生在未来的就业中不再仅仅是对学习的知识进行理解、吸收和测验，而是要能够运用所掌握的英语知识和技能去解决工作中的问题，所以英语课程的设置要有一个系统的英语课程教学体系。一方面，高校要适当调整英语课程的时长，让学生既能够在课堂上有充足的时间去学习、理解和记忆教师所传授的教学内容，又能够有较为自由的时间去自主地学习，并利用这一部分时间来寻找自己的不足，解决英语学习中所遇到的障碍，从而达到英语学习方面的快速提升。另一方面，高校要对英语课程的教学内容进行适当的调节，根据学生所学习的专业将学生未来的就业方向与英语教学相结合，适当增加专业英语的内容，让学生能够学会更多与自身专业相关的英语知识，掌握与未来就业直接相关的技能。

（三）采取富有创新性的英语教学模式

在英语教学过程中，教师和学生应当正确认识自己的地位。传统的教学模式中往往是教师掌握课堂上的教学节奏，向学生们灌输所要教授的内容，而学生们只能被动地接受这些知识，这就导致了学生的学习兴趣低下，学习效率自然也就不高。因此，教师要进行英语课堂创新性教学，把学生放在学习中的主体地位，让学生能够主动地去探寻知识，这样不仅能够改善课堂教学效率低下的问题，还能够提高学生对英语的实际运用能力，为将来学生走向工作岗位做好铺垫。为了让学生更方便地进行学习交流，教师可以在英语课堂上将班级内的学生划分为多个小组，让小组内的成员对英语学习中的问题进行相互探讨，这样不仅能够使每一位学生遇到的问题得以及时解决、减轻教师的工作压力，还能够让学生获得更多使用英语相互交流的机会，对提高学生的英语实际应用能力具有重要的意义。

（四）重点培养高校学生的就业能力

要想培养学生的就业能力就要为学生制订一套科学、合理的学习计划。在英语教学中学习计划极其重要，它能够帮助学生抓住学习中的重点、及时完成学习任务并认清自己在学习中还有哪些不足，还使学生可以根据自身的就业目标对自己的学习方法和学习进度进行调整，以达到最佳的学习效果。另外，还要将英语教学与学生所学专业进行有机结合，对于英语专业的学生来说，他们以英语知识的学习为主，只要熟练运用，就不难实现最终的就业理想。而对于一些非英语专业的学生来说，学校则应当为他们设置与其专业相关的英语课程，使英语教学与专业教学相结合，如此一来，学生不仅能够直观地认识到英语的作用，有更大的动力进行英语知识的学习，还能够在运用英语知识的过程中提高英语能力。

（五）建设一支强大的高校英语教学师资队伍

高校要建设一支强大的英语教学师资队伍，一是要聘用一批综合能力强的英语教师。为了能够提升大学生的英语能力，英语教师的专业水平必须足够高。另外，教师还应当具备先进的教学观念，能够根据社会发展对大学生就业提出要求；适当地转变英语教学模式，开放自己的思想，从而完成英语教学的创新。除此之外，教师还应当具备必要的专业课知识，只有这样才能够将英语课教学与专业课教学结合起来，让学生在两门课程的学习中获得更大的进步。二是学校应当为英语教师提供更多培训和深造的机会，让教师能够不断地接触新的知识和新的观念，从而获得更强的教学能力，在教学中发挥更大的指导作用。三是高校要转变教师绩效考核方式，如可以以培养学生的就业能力作为考核教师工作能力的标准，而减少考试分数在考核中所占据的比例，让教师从根本上转变应试教育的观念，加强对学生就业能力的培养。

（六）改善高校的英语教学条件

高校应当为改善学校的英语教学条件而投入更多的资金和人力。如今科学技术发展越来越快，许多高新技术已经逐渐在英语教学中展开应用，为了能够让教师更为方便地将知识传授给学生，以及让学生接触更多的先进知识和技能，引进更多教学软件设施和硬件设备势在必行。只有通过这些先进的教学条件才能够为学生营造一种接近就业环境的学习氛围，方便学生的学习实践，进而提高学生的就业能力。

第二章　高校英语教学的模式理论构建

第一节　高校英语教学准备

一、网络时代高校英语专业的课程设置和教学模式分析

（一）高校英语专业传统的课程设置与教学模式以及所面临的挑战

高校英语专业传统的课程设置大致分为两部分：一、二年级为基础课程，主要包括基础英语、口语、听力、写作及泛读等；三、四年级为高级课程，主要包括高级英语、高级写作、翻译理论与实践、英国文学、美国文学等。这些课程都是围绕《英语专业教学大纲》制定的，主要注重学生语言技能的培养，在一定程度上加强了学生语言基本功的训练。因为要培养“外语 + 专业”的复合型人才，其知识结构中必须具备系统的专业知识，否则将难以适应当前市场的需求。因此，英语专业传统的课程设置与教学模式面临着多种挑战。

1. 来自大学英语教学的挑战

如今，大学英语教学的迅速发展缩小了英语专业与非英语专业学生在语言技能上的差异。我们从历年全国英语演讲比赛的情况可以看出，多数获奖的选手都不是英语专业的学生，这足以说明两者的差距已经缩小。换句话说，从语言技能的培养来看，英语专业相对于非英语专业而言并没有太大的优势。例如，在词汇方面，大学英语四级的要求是掌握 4 500 个，专业英语四级的要求是 6 500 个；前者的阅读速度是每分钟 70 字，后者是 120 字。同时，大学英语四、六级考试增加了口语考试的内容，间接使非英语专业学生的“听、说、读、写、译”技能不断得到提高，缩短了与英语专业的差距。因此可以说，英语专业教学与大学英语教学的差距已经越来越小。

2. 全民英语教育的普及向英语专业的教学发出挑战

如今，大部分学校从小学一年级（有的甚至从幼儿园）就开始进行英语教学，这势必会加快学生对英语基本技能的掌握速度。各种各样的“外国语学校”“双语学校”“双语幼儿园”以及全民英语学习热、考级热的出现，都为英语技能的普及起到了推动作用。同时，《义务教育英语课程标准（2011年版）》对学生的英语水平提出了更高的要求，为大学的英语专业入学标准设置了更高的标准，也为以后英语专业的教学提出了更高的要求。

3. 传统教学模式面临的挑战

随着“自主学习”等新型外语教学理论的广泛运用，传统教学模式也面临着一定的挑战。“自主学习”要求英语专业课程设置“充分体现个性化”“考虑不同起点的学生”，教学模式应“朝个性化学习、自主式学习方向发展”，要“确立学生在教学过程中的主体地位”，应“能使学生自主选择适合自己需要的材料进行学习”等种种新观点，它们的中心思想就是“个性化学习”。总之，各种挑战不断地推动着英语专业教学进行改革。

（二）网络时代高校英语专业课程设置和教学模式的改革

高校英语专业教学由于其自身的某些特点，在网络掀起的强烈冲击中发生了变革，这种变化的深度和广度是以往任何信息传播技术都无法比拟的。如果说传统的英语专业教学强调的是培养学生“学了多少”，那么网络时代的高校英语专业教学强调的则是培养学生“怎样学”。网络时代为高校英语专业的课程设置和教学模式改革提供了许多有利的条件和难得的发展机遇。

首先，从理论依据上提出一种建构式的教学理念，以改革传统的教育观念。传统的教学基本上根据行为主义理论，强调的是刺激—反应的对应关系，教师的作用只是起到一个外部刺激作用，在教学过程中往往忽视学生的内在心理反应。这种根深蒂固的英语教学模式是以教师为中心的，学生在学习过程中始终处于被动接受知识的地位，这在一定程度上扼杀了学生的个性。新的教学理念以建构主义理论为指导，强调学生的学习是一种意义的建构过程。以皮亚杰为代表的建构主义者认为，生物有适应环境的本能，从而构成智力和行为，这两个过程就是“适应”（adaptation）和“吸收”（assimilation）；凯利提出了“个人构建”理论，科恩则把上述思想运用于外语教学，强调教师要尊重学生对学习风格和学习策略的选择。因此，在教学中要改变传统的教师为主体的教学模式，不是让教师单纯地对知识进行讲解，而是要强调学生对知识的自主化学习、启发式学习和趣味性学习。不是将知识的学习仅仅局限于课堂的教学，而是将学习延伸到课外，以专题讲座、趣味辩论、学术报告等多种形式来培养学生对语言学习的兴趣。

其次，在实践教学中运用课程整合的教学模式。信息技术与学科课程的整合是国内外计算机学科教学与应用长期探索、实践与反思的结果。高校英语专业课程整合既要调整原来的课程设置，充实网络时代所必需的相关内容，又要充分利用文本书籍、光碟软件、网上资料三大资源。网上的信息资源形态多样，既有文字，也有数据、图形、图像、声音等多种形式，多媒体技术打破了传统的印刷、广播、电视等各种媒介之间的界限，集各种媒体的优势于一体，使网上的信息传播达到了动静结合、声像皆备的效果。因此，可以将综合英语、听力、写作等多种课程进行整合，而不必分单项训练。在教学中则强调以学生自学为主体，培养他们的存储能力、检索能力、多媒体表达能力、道德情感能力、协作学习能力和自主学习能力，培养学生的美感。总体来说，课程整合从目标价值观看，主要着眼于让学生了解并掌握信息技术、基本知识和技能，使学生具有获取信息、传输信息、处理信息和应用信息技术的能力，形成良好的文化素养，为他们适应信息社会的学习、工作和生活打下必要的基础。

最后，在教学改革中利用网络信息化教学手段。网络打破了国界和其他地域上的界限，真正实现了全球一网。而数字技术和多媒体技术的发展赋予了远程教育现代化的内涵。在当今时代，人们可以在自己的办公室或家中通过网络学习万里之外的某一大学所讲授的某一门课程，他们可以通过全球网、电子邮件收到教师发来的教材、作业和辅导材料，也可以与其他同学进行交流。这种教学方式是学习过程的交互性、学习内容选择的自主性和个性化、内容形式的多媒体化的有机组合。这些特点恰恰迎合了人本主义和素质教育的倡导，使学生在学好英语的同时，也培养了信息化素养，提高了多媒体技术水平，发展了创造性思维。网络环境下英语课堂教学的组织，必然带有松散性、不确定性和难控制性，但在不脱离学校模式、班级模式的课堂形式下，这种教学设计的确是前所未有的一种新尝试。

（三）对课程设置与教学模式改革的思考

时代呼唤发展，教育呼唤改革。网络时代高校英语专业课程设置与教学模式必须进行信息化改革。结合现代教育技术的运用与网络的广泛使用，英语专业课程的信息化改革将成为高等教育改革的必然趋势。当今世界计算机及其网络的发展正在改变着人们的思想观念与教育理念，同时对高校英语专业的教学产生了巨大的影响。网络时代的高校英语专业课程设置与教学模式的改革已经受到了全社会以及专家学者越来越多的关注。笔者认为，面对网络时代的挑战，我国的高校英语专业教学应当放眼未来，在有关部门的统一协调规划下，在对众多高校英语专业的课程设置情况进行充分调研的基础上，结合具体情况对现有的课程做出合理的调整，并在一些有条件的院校优先开设与网络技术相关的专业课程，并逐步推广。广大教育工作者应当结合高校英语专业教学现状，在教学实践中推广信息化的整合教学模式，改革课程设置，开发符合实际的新型教材，建立基于网络的英语专业现代教育体系。网络时代为高校英语专业教学提供了难得的发展机遇，我们应当有充分的精神准备，抓住机遇，深化改革，全面推进高校英语专业教学。

二、高校英语课程教材的选择

（一）英语基础课程教学教材

高校英语基础教学阶段以培养学生语言应用能力为基本教学目标，教学内容以词汇、语法、篇章、语用为主。为避免语言文化脱离的语法教学，高校引进以功能——意念大纲为编写原则、丰富的跨文化交际语料为内容的国内优秀的高校英语教材，包括《新视野高校英语》系列教材,《新时代交互英语》系列教材,《高校英语》系列教材。

这几部教材以交际教学法为指导，突出教学过程中跨文化交际能力的培养，在内容方面做到了语言材料与文化内容的融合。例如,《新视野高校英语》为学生和教师提供网络教学平台，可以采取自主学习模式，使学习更富有趣味性、自主性，易于实现体验式学习方式和合作式学习方式。《新时代交互英语》配有录像节目，学习者不但可以摆脱枯燥乏味的学习过程，还可以通过录像节目深入了解不同国家社会的方方面面，为学生提供了体验跨文化交际的机会，从而提高其文化素质。《高校英语》覆盖了听、说、读、写、译各方面的教学内容，其知识性、趣味性和实用性极佳，经过多年的教学检验不失为高校英语的经典教材。

（二）文化与跨文化交际类课程教材

此类课程的教学目的是通过学习英美文化知识、跨文化交际知识和原理，提高学生的跨文化交际能力。在教材选用方面，出于对语言难度、语言准确性和案例真实性的考虑，既选用了国内优秀教材，也引进了国外的原版教材。如选用的《高校英语跨文化交际教程》《跨文化交际视听说》，这两部教材参考了大量的国内外相关主题的教材和著作，以构建系统的跨文化交际理论；同时，在人类学丛书、人类文化学丛书以及国外阅读材料中遴选了丰富的文化案例，更正了国外教材中对中国文化的错误解释，客观分析了中西文化差异现象；在语料选择方面，语言生动活泼，有时代感，难度略高于高校英语四级水平，有利于提高学生的英语能力。

第二节　高校英语教学内容

一、语言基础教学内容

（一）语法结构项目

1. 项目分析

（1）词语层面：名词、代词、限定词、数词、时态、被动语态、短语动词、不定式、现在分词、动名词、过去分词、情态动词、虚拟语气、介词、形容词、副词、构词法。

（2）句子层面：句型、句子成分、名词从句、直接引语、间接引语、形容词从句、同位语、副词从句。

（3）超语句层面：并列结构、插入语、倒装语序、强调、省略、替代、标点符号。

2. 功能意念项目

（1）寒暄：问候、告别、称呼、介绍、致谢、道歉、同情、祝贺、邀请、提议。

（2）态度：愿意、决心、决定、责备、抱怨、允许、同意、建议、命令、相信、怀疑、认定、预告、提醒、承诺。

（3）情感：高兴、担忧、焦虑、惊奇、满意、失望、恼怒、恐惧、欲望。

（4）时间：时刻、时段、时间关系、频度、时序。

（5）空间：位置、方向、距离、运动。

（6）计量：长度、宽度、深度、容量、速度、准确度、温度、近视、平均、比率、比例、估计、最大限度、最小限度。

（7）信息：定义、解释、澄清争辩、叙述、描述、演示、概括、结论。

（8）关系：对比、比较、相似、差异、所属、因果、目的、让步、真实条件、非真实条件、假定、假设、部分和整体关系。

（9）计算：加、减、乘、除、增加、减少、百分数。

（10）特性：形状、颜色、材料、规格、功能和应用。

3. 语言技能项目（听、说、读、写、译）

（1）辨别音素；

（2）辨别重音；

（3）辨别语调类型；

（4）理解话语的交际功能；

（5）理解语篇的主题或大意；

（6）领会说话人的观点、态度或意图；

（7）标准语音语调；

（8）善于提问和回答；

（9）复述故事或短文；

（10）就日常生活话题进行对话；

（11）口头作文；

（12）采访书；

（13）即兴简短演讲。

4. 阅读技能

（1）理解主题和中心思想；

（2）辨认关键细节；

（3）区分事实和看法；

（4）推论；

（5）作结论；

（6）略读以获取文章大意；

（7）快读以查找特定信息；

（8）利用上下文线索猜测生词或短语的含义；

（9）理解句子内部关系；

（10）参阅附加信息技能。

5. 写作技能

（1）句子写作；

（2）段落写作；

（3）篇章写作（描写文、叙述文、说明文、论说文、应用文）。

6. 翻译技能

（1）直译；

（2）意译；

（3）直（意）译兼释疑；

（4）成语典故翻译；

（5）合同条文翻译；

（6）校对。

（一）文化行为项目

1. 项目分析

（1）生活必需：就餐、住宿、购物、看病、出行、穿着、节假日、搬家、医疗保健。

（2）人际关系：称呼、寒暄、介绍、打电话、通信、邀请、接受、拒绝、拜访、会客、共餐、聚会、帮忙、交友、送礼、祝贺、告别。

（3）娱乐消遣：看电影、观剧、游览、看电视、周末娱乐、欢度节日、听音乐会、体育。

（4）情感态度：兴奋、沮丧、厌恶、惊讶、遗憾、要求、怀疑、感谢、同情、赞扬、谦虚、道歉、服从、妥协。

（5）观点意见：讨论、评论、征求意见、建议、同意、反对。

（6）个人隐私：年龄、收入、婚姻状况、宗教信仰、政治立场。

（7）时空意义：身体触碰、人际距离、时间划定、时间观念。

（8）家庭生活：家庭团聚、家务分工、家庭纠纷、家庭开支、亲属往来、长幼代沟。

（9）婚姻习俗：恋爱、结婚、婚变、生育。

（10）知识教育：学校教育、社会教育、校园生活、课外活动。

（11）社会职责：求职、社会活动、志愿者。

（12）宗教活动：宗教派别、宗教教义、宗教仪式、宗教节日、宗教禁忌。

二、跨文化交际影响因素

（一）文化定式对跨文化交际的影响

文化定式（culture stereotype）指人们在跨文化交际研究或跨文化实际交往中，对不同文化背景的民族和国家成员的笼统的、简单的看法。“定式”（stereotype）是跨文化交际研究中的一个核心概念，在中文中有不同的译法，如“模式固见”“固有观念”等。教育学家沃尔特·李普曼最早在《传播概念》“*Public Opinion*”一书中将“定式”定义为对某一社会群体的预先设定性的判断和由此形成的观念和意见。文化定式是跨文化交际双方理解障碍的一个重要原因。它使人们的认识僵化和停滞，影响人们以客观、全面、批判和发展的眼光对具体事物进行判断。比如，美国人的随意、德国人的刻板和阿拉伯人的散漫都是我们头脑中固有的定式，这些定式不仅无法代表一种文化的全体，甚至在某种程度上讲是错误的，不得不承认，这些已存在的定式在一定程度上影响了双方的跨文化交流。

（二）非言语行为对跨文化交际的影响

非言语行为是指运用面部表情、身体姿势、手势、目光接触等无声言语或通过语速、节奏、音调等辅助言语来传递信息的行为。在日常生活中，人们借助大量的言语手段表达感情、传递信息的。不同的文化背景赋予了非言语行为不同的交际功能，如果跨文化交际意识淡薄，在国际商务活动的交流中使用了不恰当的身体语言，就会产生一些负面影响。例如，在一场激烈的商务谈判结束后，来自美国的主谈代表会因谈判中的成功表现而情不自禁地用食指和拇指做出一个“OK”的手势。他这个不经意的手势在来自不同文化背景的人们看来却有着截然不同的含义。对于来自法国南部的谈判代表来说，这个手势代表的是刚才的谈判毫无实际意义，日本代表会认为这是要求送礼，而对于巴西的谈判代表来说这个手势无疑是一种侮辱。

（三）文化变量对跨文化交际的影响

荷兰著名学者霍夫斯泰德提出的文化变量（cultural dimensions）的概念对我们更好地理解跨文化交际提供了有力的科学依据。文化变量包括个人主义和集体主义、权利距离、不确定性规避、男性取向和女性取向，以及长期和短期取向。这些文化变量在很大程度上影响了不同文化之间的交流。比如，美国等西方国家是崇尚个人主义的社会，强调个性自由及个人的成就，因而在员工之间开展个人竞争，并对个人表现进行奖励，这是有效的人本主义激励政策。而中国和日本等亚洲以及非洲和南美洲国家都是崇尚集体主义的社会，员工对组织有一种感情依赖，企业在管理中注意构建员工和管理者之间和谐的关系才是制胜的根本。

第三节　高校英语教学评估

一、高校英语专业本科教育评估体系的确立

社会的发展和国际间交往范围及内容的不断拓展和深化，对我国英语专业人才的培养提出了更高的要求。高校英语教育的迅猛发展，高校英语教学和四、六级考试改革的大力推进，也对英语专业人才的培养提出了严峻的挑战。我国英语专业招生规模逐年扩大，而学生数量与教学质量之间的矛盾也使英语专业教学改革成为热点问题。培养高水平、高规格、高素质、复合型、有特色的英语专业人才已成为今后我国高校英语专业教学的主要努力方向。然而，我国英语专业学科原有的课程设置、师资队伍、教材内容和表现手段等已不能满足这种高要求的人才规格培养的形势需要。因此，我国英语专业学科的建设和更新、教材内容的改革和提升已迫在眉睫。高校英语专业本科教育评估体系就是在这种新的形势下，试图为广大英语教师深入探讨我国英语专业教学的理念、模式、手段和英语专业人才培养的方式等提供一个统一的尺度，是对于英语专业本科教学情况的总检查。

二、高校英语专业本科教育评估体系和英语专业教学大纲对课程的基本要求

高校英语专业本科教育评估体系是对高等学校英语专业英语教学大纲执行情况的监督。因此它的要求与教学大纲基本上是一致的，它所作的各项规定，对全国各类高等学校的英语专业均有指导作用，也是组织教学、编写教材和检查与评估教学质量的依据。英语专业的教学要严格按照英语专业教学大纲进行教学。英语专业英语本科专业学制为四年。根据英语专业教学规律，一般将四年的教学过程分为两个阶段，即基础阶段和高年级阶段。基础阶段的主要教学任务是传授英语基础知识，对学生进行全面的、严格的基本技能训练，培养学生实际运用语言的能力、良好的学风和正确的学习方法，

为进入高年级打下扎实的专业基础。高年级阶段的主要教学任务是继续打好语言基本功，学习英语专业知识和相关专业知识，进一步扩大知识面，增强对文化差异的敏感性，提高综合运用英语进行交际的能力。在两个教学阶段中课程的安排可以有所侧重，但应将四年的教学过程视为一个整体，自始至终注意打好英语语言基本功。

三、高校英语教学评价展望

教学评价是教育评价的一部分。教育评价指的是根据一定的教育价值观或教育目标，运用可操作的科学手段，通过系统地搜集信息、资料，分析、整理，对教育活动、教育过程和教育结果进行价值判断，从而为不断完善自我和教育决策提供可靠信息的过程。与此相似，教学评价可以理解为根据一定的教学价值观或教学目标，运用可操作的科学手段，通过系统地搜集信息、资料，分析、整理，对教学活动、教学过程和教学结果进行价值判断，从而为不断完善自我和教学决策提供可靠信息的过程。由此可见，教学评价也应该包括上述几种功能。其中，诊断功能主要是指通过评价发现被评价对象的优缺点，尤其注意发现其存在的问题。改进与形成性功能是在所发现的问题的基础上，通过改进提出更加有效的教学计划、教学方案，使用更加有效的教学方法、教材、教具等。区分优良和分等级鉴定功能主要是指通过评价，人们可以区别、鉴定组织（如学校）、方案（如课程方案）或个体（如教师、学生）等对象的某些方面或各方面水平的优良程度，确定其有无价值或价值的大小，衡量其是否达到应有的标准、是否能实现国家和社会赋予它的目标和任务。激励功能主要是指评价结果给被评价对象带来的荣誉、利益等。通过一定的激励措施，被评对象会追求好的评价结果，因此能够全力以赴做好各项工作。导向功能主要是给被评对象指明努力的方向，使评价指标和标准发挥指挥棒的作用。

相对评价是指在团体内个人与其他学生相比较，评价出个人在团体内所处的地位。按照教学过程和教育结果分类，可分为配置性评价、诊断性评价和总结性评价。配置性评价一般用于新的学习阶段——单元、学期或学年开始之前，用于测定学生是否达到能够学习要学课程的标准，如大学生刚入学时的高校英语分级考试。诊断性评价有时也叫形成性评价。它在阶段、期中、单元结束时进行，目的是检查学生前阶段学习达到的程度，并为调解和确定下一阶段的教学提供依据。总结性评价一般用于新的学习阶段——单元、学期或学年结束时，目的在于了解学生经过一个完整学习阶段后的整体效果并进行全面的总结性评价。

对于教师来讲，教学是一门艺术，教学的艺术性在于教师遵循教学规律，针对教学对象，灵活运用教法，善于启发诱导，激励学生热情，创造性地组织教学过程，从而取得最佳教学效果的一整套教学技巧的总和。教师评价是根据学校的学习目标和教师的工作任务，运用恰当的评价理论和方法对教师个体的工作进行价值判断。具体来讲，对教师教学质量的评价，有以下几个方面的内容：评价教师有无教学计划、目标；是否完成既定教学大纲；是否超纲，教材有无连贯性等。从学生的反应看教师的教学，学生参与教学的积极性如何；教师能否调动学生学习的主动性；学生课上有无提问以及学生能否完成作业；学生课下自学情况如何；教师是否安排预习；有没有明确目标、任务；学生能否跟上教师进度；教师是否重视培养学生的一般学习技能和技巧；教师是否善于组织学生独立钻研等。

第四节　高校英语教学反馈

一、高校英语教学中的学生反馈

（一）学生反馈的作用

1. 监测自我学习

监测自我学习是自主学习的重要方面，强调学习者主动对自己的学习进行实时监控，对学习过程和学习效果进行评估，了解学习中的困难、知识掌握的程度、学习方法的运用是否恰当等。要想做出信息反馈，学生必须有意识、系统地评估自己的情感、动机、思维与行为，找出自己在英语语言和其他知识方面的问题和不足，调整学习策略，提高学习效率。

2. 自我修改

自我修改是完善外语言语处理的重要方法。在自我监测基础上，学生对英语输出中的信息错误、不当、替代等进行修正，以提高其学习的自主性，促进其对知识的掌握。

3. 培养能力

学生反馈通常以口头或书面的语言形式完成，反馈过程必然涉及思考、分析、语言组织及表达等多个环节，学生在输出信息的过程中会进行自我教育，如创造性地组织语言、锻炼逻辑思维、培养自己的多元能力。

4. 帮助教师改进教学

学生的反馈除了能够使其监测其自我学习、锻炼分析能力、提高语言表达水平，还能让教师了解自己教学过程中存在的问题，针对性地找到改进的方法，从而改善教学效果。

（二）学生反馈的原则

1. 知识掌握和能力发展并重

英语学习的本质是语言知识学习，语言的基本功能是交流，而交流是人必备的社会技能，要实现有效的信息传递和交换，逻辑思维、语言编码、表达态度、表达技巧等各方面都至关重要。因此，反馈形式的设计除了考虑学生通过言语组织传递信息、反映学习的难点和问题，以帮助教师改进教学，还要注意学生的思维、创造、交际等综合能力的发展。语言习得和产出与心理过程有关，作为语言输出的反馈会受到情感的影响。如果学生的反馈能够得到正面认可，他们就会产生自豪感和成就感，进而激发学习热情，增强自主学习的信心。

2. 重视情感与参与

教师的无回应或者否定评价，自然会使学生觉得受到冷遇，从而产生挫败感，不再积极反馈学习中的问题，甚至消极对待英语学习。因此，教师对学生的反馈要给予足够的重视，并采用多种机制激励学生的自主性和创造性，促使学生积极参与学习反馈。

3. 反馈要及时

大学英语学习具有连贯性，课堂教学是课后自主学习的基石，课后学习是课堂知识获得和运用的延伸。因此，学生要对课堂学习及时做出反馈，了解自己对英语语言和文化知识的掌握情况，发现自己在语言运用中的误差和错误，针对性地进行弥补和修正，从而有效促进英语学习。对于学生输出的信息，教师和同伴也要及时做出反馈，帮助其有效掌握目的语。

4. 用英语做反馈语言

教学反馈是信息交流，需要语言做媒介。英语学习的目的是运用和交流，因此使用英语进行信息反馈是实践语言交际功能的良好途径。

5. 反馈形式多样化

作为学习的主体，全体学生都要参与学习反馈。考虑到学生的英语水平参差不齐，个人喜好偏向有别，为了激励学生参与反馈，在设计反馈形式时，教师要注意语言知识和评价目标的层次性，根据教学内容和学生实际情况，做到书面反馈与口头反馈相结合，个体反馈与群体反馈相结合，形成性评估与终结性评估相结合，整体性评估与分析性评估相结合，设定开放、多样的反馈形式。

（三）学生反馈的形式

1. 个人反馈

个人反馈具有针对性强、目标明确、效度较高的特点，是学生反馈的核心模式。

（1）提问。提问是反馈学习中的问题和难点最直接的方式，教师可以从学生所提出的问题中了解课堂讲解不够透彻、学生难以接受的知识点，从而针对性地进行补充解释，或以浅显易懂的语言改换方式进行信息的有效输出。许多教师担心课堂提问会阻断教学思路，影响教学组织，导致他们完不成预定的教学任务，实现不了教学目标，所以宁愿选择在课后专门找时间解答学生的疑问。

让学生在课堂上就教师讲解中的知识点随时发问是更好的信息反馈方式。首先，学生跟随教师的思路，专心于课堂上的讲解，才可能产生问题。学生提出问题后希望得到及时解决，并以渴望甚至迫切的心情期待获取更多知识。学生的积极性、主动性和热情是获得良好学习效果的动力和前提。其次，大学生心智比较成熟，不会故意刁难教师，他们多是针对所讲授的知识点提出自己的疑惑或表示不理解。称职的高校英语教师不用担心学生的提问，在对学生提出的问题给出适当解释后，再继续课堂讲解。如果多数学生无法理解或不能接受输出的信息，教师则应该停止讲授新内容，对之前传递的信息进行再陈述和讲解，不能为了赶进度而忽略学生对知识的接受程度，否则会给后面知识的传输带来更大的障碍。再次，教师要把握好课堂提问的度，做到既解决学生的问题，又不影响教学秩序和教学进度，同时教师要有良好的知识储备和临场应变能力。最后，教师也可以在课堂讲解结束后留出时间解答学生的提问，因为课堂提问以互动的方式快速、直接地反馈信息，可以提高教学效率。对于比较内向、不善于在课堂上公开提出问题的和在课后复习发现问题的学生，教师仍然应在课后找机会给予其提出和解决问题的时间和机会。

（2）个人陈述。英语教学反馈中运用个人陈述主要是对学习进行阶段性评价，总结学习中的收获和问题，分析问题产生的原因。陈述应以口头形式做出，不允许学生事先写好书面草稿，在陈述时照读；允许学生用英语写下发言的关键词或简要提纲。这样可以培养学生用英语思维的习惯，集中精力，专注于语言的编码和信息的表达，使其具备在公众场合表述见解的勇气。

（3）英语演讲。英语演讲是锻炼学生胆量、训练思维、展示英语语音、语言组织的好方法，是高校中较为普遍的课外活动。在进行标题演讲后，通常有评委现场提问环节，该环节可以考查学生的英语听力、反应力、分析和表达能力，能够多角度测试学生能力，真实、全面地反馈教学情况。

（4）书面作业阅读课的读书报告、写作课的作文及笔译课的练习等。书面作业以可以长期保存、记录的方式反映学生对教师输出信息的掌握和运用情况。教师可以对作业进行总体评价，但基本原则是以支持性反馈为主，以激发学生的成就感，同时要对写作、翻译中的语法错误及误用进行适当纠正。

2. 小组反馈

（1）小组讨论相比个人陈述，更重视学生之间的互动和信息交换。讨论不仅可以使学生深入了解话题，尝试用英语表达观点，还可以使小组成员相互了解，分享信息，学习团队协作。教师要参与学生的讨论，耐心倾听，适时插入必要而简短的评论和解释。讨论结束后可以让各个小组选出代表进行总结发言。

（2）角色扮演。角色扮演是较多用于口语课或者其他英语课程中情节性、体验性较强的内容的教学。角色扮演实质上是小话剧表演，除了口头语言，还可以辅以肢体动作、音乐、图片、道具等其他媒介传递信息，气氛轻松，感受性强，深受学生喜爱。

（3）英语辩论。在英语辩论中辩手既要发表自己的见解，又要听懂对方辩友的观点和论证，并试图找出其逻辑漏洞、信息失误等；既运用辩论技巧组织语言进行反驳，还要和队友配合，以团队努力证实己方观点。英语辩论对学生的语言水平、知识面、分析能力、表达能力、团队协作等综合能力有较高的要求，多运用于高年级的英语学习。

3. 班级反馈

（1）座谈。在课余时间，全班同学围坐在一起，谈谈英语学习的感受，这对性格内向、胆小、不自信的同学有良好的激励作用。在熟悉的同学面前，没有了课堂的拘谨和严肃，他们能够在轻松的气氛中自由发表意见，同时接收他人输出的信息。教师以朋友的身份倾听学生发言，不做纠正性修改，只做支持性信息接受。

（2）模板展示。在口语课和英语写作课中，学生的英语知识和运用能力得以完整而真实的呈现，错误出现频率较高，如果教师见错必纠，必然会打击学生的自信心；如果完全无视学生的错误，则会使学生延续错误并视其为正确的英语表达方式。比较好的方法是教师在课堂上向学生展示模板，如给出优美、地道的英语句子，让学生重复、模仿，使学生在实践过程中感受自己的错误，并进行修改。教师同样可以在写作中给出优秀范文，让学生在摹写中感知错误，习得知识。

二、高校英语教学现状

高校英语已经发展成为一门系统的、相对独立的学科。经过 20 余年的建设，高校英语已是高等教育的一个有机的、重要的组成部分，它具有教学大纲、14 级教学模式、考试大纲、多套教材等完整而可操作的体系，并集多种教学方式和教学手段为一体，是以语言知识与技能、学习策略和文化素质为综合内容的可操作的教学系统。

1997 年，教育部高教司委托全国高校英语指导委员会开始对 1986 年理工科和文理科两个教学大纲进行修订。经过两年多的修订工作，《高校英语教学大纲》（修订本）（以下简称“大纲修订本”），于 1999 年颁布实行。大纲修订本根据当时社会发展的需要以及学习者的实际英语水平，重新调整了基础阶段和提高阶段的有关要求，使其更加客观、科学地反映了高校英语教学的培养目标。大纲修订本提出的一些新的教学观点和教学原则对全国的高校英语教学起着积极的指导作用。

在《高校英语教学大纲》修订的同时，高校英语四、六级考试项目做了相应的调整，增加了主观题的类型及比例；同时在一定的范围内实行英语口试。全国性考试项目的调整较有效地推动了学习者英语运用能力的培养，特别是口语考试的引入，进一步为高校英语教学树立了新的标准和努力的方向。

在上个世纪末21世纪初，第三代高校英语教材陆续出版。新一代教材的出现将我国的高校英语教材建设提高到一个新的水平。以高教社、外教社、外研社、清华大学出版社等为代表出版的一批教材在编写指导、体系、内容，甚至在版式和立体化程度等方面均体现了新的观点和特色，为我国新的高校英语教材的建设奠定了良好的基础并积累了新的经验。新编写的高校英语教材以及有关出版社引进的原版教程进一步丰富了英语教学。

在教育部高教司以及各级主管部门的大力倡导和支持下，英语教学的现代化手段得到了比较快的发展，其中包括多媒体语言学习系统、网络外语学习体系、英语学习课件等。这使英语学习者在更加广泛的范围内，更方便地接触到目的语，较好地改善了英语学习环境。虽然现代化的教学手段在全国发展还不平衡，有些方面仍然处在研制和开发阶段，但是它们已经向人们展示了良好的发展前景以及潜在的实用意义。

随着我国高等教育的快速发展与提高，高校英语教师队伍也发生了比较大的变化：一批英语专业本科毕业生以及一定数量的硕士、博士毕业生充实到教师队伍中，并成为英语教学的骨干力量。与十几年前相比较，高校英语教师队伍在数量和质量上均发生了很大的变化。与此同时，高校英语教师更加重视教学研究工作，并在实践的基础上取得了明显的成果。而现在，许多教师能够在语言学等相关学科指导下，致力于教学理论、学习理论以及有关方面的研究，并将其研究成果应用于教学实践。

在高校英语深化改革以及快速发展的过程中，依然存在着人们所关注的几个主要问题。在高校英语阶段人们关注的有关问题主要包括：从整体上看，大学生的语言运用能力与教学的实际投入依然存在着比较大的反差。目前，学生在外语学习上所花的时间较多，但效果并不显著。另外，学校和教师在外语教学上的投入也较大，而实际效果并不是很理想。学生的语言产出技能，特别是口语和书面语的表达能力比较弱，这还不能很好地适应社会发展的实际需要。

高校英语教学界在努力克服上述问题的同时，又面临着新的挑战，其主要反映在以下几个方面：在经济全球化、科学技术一体化时代，我们面对着一个竞争日益激烈、交往日益频繁的国际环境。英语作为最重要的信息载体之一，现已成为各个领域中使用最广泛的语言。随着近年来我国经济飞速发展、国际交往日益频繁，国家和社会对高校英语教学，尤其是对大学生的英语实际应用能力，提出了更高和更迫切的要求。

三、解决问题的对策和方法

（一）帮助学生转变学习的观念和态度

在英语学习当中，学生自身的学习观念和态度是最重要的，只有帮助他们转变了学习的态度，树立了长远的学习目标，才能够促进他们更好地学习。因此，教师要尽快地使学生了解高校英语学习的要求和步骤，树立自我学习的意识。另外，还要让学生明确，在大学里，学生自己分配的时间有很多，教师布置的作业也很少了，只有科学地管理自己的学习时间，才能够取得好的学习成绩。

（二）更新教学的观念

除了学生的因素，教师自身也要改变陈旧的教学观念，树立以学生为主的教学观念，让学生明确自己在课堂中的主导地位。教师需要明白，自己不仅仅是传授知识的人，而且还在教学过程中扮演着其他角色，比如组织者、监督者和示范者。除此之外，教师还要多多利用现代的教学手段，比如信息技术，对网络课堂和校园网进行开辟，引导学生自主学习。同时，这样也能使英语学习朝着个性化的方向发展，不受时间、空间的限制。

（三）摆脱母语的束缚

很多学生在学习英语的时候很容易受母语的束缚，或者过分地依赖母语。因此，教师在上课的时候要尽量地创造条件，完全用英语来授课，也可以采用一些直观的手段来讲授英语，使学生摆脱母语的束缚。如果遇到有些较难理解的单词，要采用直观的方法和手段来解决教学难题，比如让学生看图、看视频、看手势等等，这样他们也能够养成思考的习惯。另外，教师在讲课的过程中还要巧妙地将一些重点的复杂的句子进行引出和插入，这样学生便能够合理地联系上下文，充分理解课文内容。同时，这样也能够避免说出一些晦涩、难懂、生硬的句子，从而有助于学生很快地理解句子的含义。

（四）提高课堂的效率和质量

教师只有培养了学生的学习兴趣，才能激发学生的学习动力。如果学生的学习取得了一定的进步，教师要进行鼓励和表扬；如果学生学习当中出现了问题，教师则需要进行及时的指导。此外，为了让学生充分地参与进来，教师要精心安排教学的内容，多组织一些小组活动，通过小组的合作来提高学生的竞争力和学习兴趣。最后，要将传统的英语学习方式和现代的英语教学手段相结合，比如多媒体教学设备等等。因为语言环境缺乏，所以教师必须要为学生创造一个好的语言环境。

（五）加强教学反馈

课堂中的教学活动能够传递教学的信息，作业和学生的测试成绩也能够对教学信息进行反馈。作业是教师和学生双方对教学效果进行检查、反馈的方法。所以，为了对高校英语教学进行改进，必须加强教学反馈。教师要想对学生的学习情况有所了解，并且知道自己在教学活动中的不足，必须合理地布置作业。作业一般被分为课堂作业和课外作业，课堂作业是学生在课堂上对学习内容的练习和巩固，课外作业则为学生提供了实践和实训的良好机会。此外还要完善测试的方法。高校英语教学的重点在于培养学生的语言使用能力，以适应将来的发展。为了避免学生为应付考试而学习，教师不能只强调测试的结果，要将学业成绩的测试进行相应的调整，这样就能使教学评价和反馈更加具有真实性、客观性以及实际性。

第三章　翻转课堂教学模式

第一节　翻转课堂教学模式概述

一、翻转课堂教学模式构成要素分析

信息技术与教育的融合已经成为我国高校教育改革与发展的趋势，而随着信息化教育改革诞生了一些新的教学理念和教学模式，其中以丰富的现代化信息技术为支撑的“翻转课堂”教学模式得以诞生、推广与应用。翻转课堂教学模式体现的是教学理念、教学组织形式、师生角色的翻转。首先，教学理念翻转。课堂上由“教师为中心”翻转为“学生为中心”，其内容包括学生课下自主学习、课上协作学习以及教师针对性指导，注重以学生的发展为中心。其次，教学组织形式翻转。知识学习从课上翻转为课前，将知识内化放在了课上，师生在课上相互交流、合作探究、现固提升。最后，师生角色翻转，教师从传统课堂中的主体变成课堂活动的引导者、组织者和资源提供者，学生则从原来的被动的知识接受者变成主动的知识构建和内化知识的学习者。

翻转课堂教学模式与传统教学模式有所不同，但是其构成要素仍然离不开教学理念、教学主体、教学目标、教学内容、教学环境和资源、教学评价几大基本的教学模式要素。各要素不是独立存在的，而是相互联系、相互作用，共同促进翻转课堂教学模式效能的发挥。

（一）教学理念和理论是核心

教学模式指的是在一定教学思想和教学理论指导下建立起来的较为稳定的教学活动结构框架和活动程序。教学理念和理论是翻转课堂教学模式的核心要素。教学理念和理论支配着教学主体的活动、教学目标的制定、教学环境和资源的选择、教学评价等教学活动。可以说任何一种教学模式都是一种教学理念和理论的反映，翻转课堂教学模式注重以学生为中心进行教学的教

育理念，更加强调学生对知识自我构建、自我体验、自我学习的理念。翻转课堂教学模式将学生的特征、需求和能力提升等作为所有教学活动的出发点与终点，进而提升学生的综合素养。

（二）教学目标是方向标

教学目标是翻转课堂教学模式下所有教学活动的出发点，是其最终的目标，也是教学模式得以运行的方向标，同时教学目标能较为准确地体现一定的教学理念。教学目标是确定教学内容和教学组织形式的依据，也为教学实施与评价等提供了基本依据。翻转课堂教学模式的教学要求学生通过探究式的自主学习来对知识进行深入理解，学生良好的自主学习能力是翻转课堂有效实施的关键。以培养“互联网+”时代人才需求和目标为依据，促进学生的深度理解和促进学生的自主学习将是翻转课堂的教学目标。

（三）教学主体是关键

翻转课堂教学模式下的教学过程更好地体现了教学活动中师生的“双主体”地位，教师是教学活动的设计者和主导者；而学生是学习的主体，学生在教师有目的、有计划、有组织的引导下主动参与教学活动，在学习活动中发挥主体性作用，自主探究知识、发现问题、解决问题。教师和学生的主体性作用应贯穿翻转课堂教学模式的各个环节。

（四）教学程序是载体

翻转课堂教学模式有自己特定的逻辑步骤和程序，即教学程序，它规定了翻转课堂教学模式下教学活动时间顺序的程序结构，明确了教师和学生应先做什么，后做什么，在每一个阶段需要完成的活动或者任务。翻转课堂教学模式下的教学程序主要包括教师课程规划阶段、课前学生自主学习阶段、课中师生互助学习阶段和课后总结提升阶段。教师课程规划阶段是由任课教师或课程教师团队来完成的；课前学生自主学习阶段是在教师给予的任务书的指导下，由学生在课前自主学完成的，此时教师要时刻关注学生，给予学生学习支持；在课中的师生互助学习阶段的前期是学生在组内学习，此时教师充当的是教练指导角色，及时对学生进行必要的指导和启发，后期是学生展示和教师课内总结提升阶段，此阶段教师的作用是帮助学生解决重点和难点问题并做好总结；在课后总结提升阶段时，教师是引航者，在教师的引领下师生共同前行，在此阶段教师和学生都要不断总结反思，做到教学相长，不断创新，共同提升。

（五）教学评价是助推器

教学评价是翻转课堂教学模式下学生是否达到教学目标的评判标准。教学评价可以检查教学实施的效果，为教师调整教学目标和进一步改进教学提供依据和方向。翻转课堂教学模式中评价标准有别于传统的教学评价标准，除了重视传统的评价标准外，有的学生还会对自己在学习中的参与度和课上展示进行自评与小组互评，师生共同实时地进行自评和互评。采用上述评价标准和评价方式能更准确地考核学生在各个时期的学习状况，真正实现以评促学、以评促教的学习目标和教学目标，助推教学活动。

（六）教学环境和资源是物质保障

教学环境和资源对翻转课堂教学模式的实施起到支持作用。教学环境本身包括多种不同要素，是一个较为复杂的系统，从广义上既包括影响学校教学活动的物质因素，也包括校园文化、师生关系等精神因素。翻转课堂教学模式对电脑、手机、网络等设施和技术以及课堂气氛和师生关系等环境要求高一些，对教学资源要求更高，不但要求有教学课件和常规的教学素材，还要求有网络课程、微课视频、慕课等开放性资源作为完成学习任务的保障。

翻转课堂教学模式中的各要素之间既相互联系又相互制约。教学理念是灵魂，指导教学主体进行教学活动；教学主体制定教学目标、选择教学环境、开发教学资源，而教学理念传播依靠的是教学主体，同时教学目标是由教学主体来实现的；教学目标的实现还需要教学环境和资源提供物质条件保障；是否真正实现教学目标是通过教学评价来确定的，教学评价标准是否正确也影响着整个教学活动和教学目标能否实现。这样各要素之间相互作用，共同推动翻转课堂教学模式的形成和实施。

二、高校采用翻转课堂教学模式开展教学的价值

大学教育不是知识的单纯传授，而是注重学生能力和素养的培养。实施翻转课堂教学模式进行教学可以培养学生自学、自我约束等能力和创新精神、合作意识等素养。

（一）有利于培养创新型、终身学习型人才

1. 采用翻转课堂教学模式有利于大学生进行知识的自主构建

大学生的年龄大多处于 18 ～ 23 岁，按照发展心理学观点其处于人的成年初期。此时学生的自我认识和心理发展水平处于相对较高的阶段，更应

该注重自主学习和对知识进行自主构建。采用翻转课堂教学模式进行教学符合建构主义学习理念。翻转课堂教学模式强调学生在课前进行自主学习，在原有知识和经验的基础上根据任务单的要求利用微课、微视频和多种学习资料进行学习，对知识进行自我建构，教师作为学生知识建构的促进者，在课堂上引导学生共同学习，根据不同学生的知识建构情况，通过小组讨论、辩论、演讲或成果展示等形式协作学习；进行师生互动，教师帮助学生更好地进行知识内化，进而满足不同层次学生的需求，共同实现知识的内化，最终达到真正意义上的知识建构目标。在整个教学过程中，知识的获得是学习者主动建构的结果，既强调了学生的主体作用，也重视了教师的主导作用。

2. 采用翻转课堂教学模式有利于培养大学生的合作创新精神

采用翻转课堂教学模式授课，无论是课上还是课下，都可以以小组的形式共同研讨学习知识、培养技能。特别是在课堂上，教师组织学生通过小组协作等方式进行问题的深入探讨和解惑，重视小组成员之间的互教互学。教师要引导学生真正地深入学习，小组成员之间要做到信息互通、资源共享、成果共得，小组要想合作成功，就需要同学之间相互学习、取长补短，这无形中培养了学生的合作精神，提高了学生的人际交往能力，增强了学生学习的主动性。同时，学生在探究过程中掌握了解决实际问题的科学方法，教师根据学生所需为学生提供其他科学研究方法的辅导，学生要想掌握知识和提高技能也必须探索新的方法，寻找新的途径，特别是学习成果的汇报需要加入学生的创新能力，而不应是千篇一律，这些学习活动必然有助于培养学生的探索和创新精神。

3. 采用翻转课堂教学模式有利于提升大学生学习主观能动性

在翻转课堂上，学生要想跟上同学的步伐，就需要在课下有目的、有计划地进行自主学习，广泛收集与学习相关的资料，开拓自己的视野，这样才能在小组讨论和成果展示过程中获得成就感，进而促进课下更有目标地学习，形成良性循环，也可以养成终身学习的习惯，使学习主观能动性得以大幅度提升。

（二）有利于激发教师学习内动力，提升教师教学素养

1. 更新教师原有的知识结构，提升教师解读教学内容的能力

翻转课堂教学模式的实施对任课教师提出了全新的要求。这对教师来说也是一个挑战，教师必须在第一时间掌握最新的知识，摒弃旧知识。同时，

由于学习模式的变化，为了便于学生掌握知识，教师要对以往的教学内容进行分解，帮助学生对新知识进行消化、理解和掌握。所以，教师必须在课堂教学之前就更新教学内容，重构知识结构，这在无形中激发了教师获取新知识和新技能的动力，使教师对教学内容深入解读的能力得到提升。

2. 翻转原有的教学程序，提升教师教学设计能力

在传统的教学中，教师在进行教学设计时，主要关注课堂的教学组织和设计以及课后的教学内容提升与内化过程，常常忽视学生课前的学习。翻转课堂教学模式的教学设计分为课前学生学习准备设计、课中教师组织设计、课后知识总结和反馈三个环节。每一个环节的设计都需要花费大量的时间和精力，因为其直接影响着教学效果，所以为了完成课程教学设计，教师必须不断学习、提升自己。

3. 改变教师原来的角色，提升教师课堂教学掌控能力

翻转课堂教学模式的课堂教学是学生主动参与、积极思考，对知识的学习进一步现固与内化的过程，是从“浅层次学习”走向“深层次学习”的过程。采取师生互动和生生互动等多种互动式教学方法和手段进行的教学促使学生培养了批判性思维和解决问题的能力，体现了课程教学的高阶性和创新性。在追求创新的过程中，必然会出现一些不循常规的事情，教师必须学会应对这些突发状况。同时，教师必须提升教学素养，更好地掌控课堂，真正成为课程教学的主导者，更好地引领学生学习。所以，采用翻转课堂教学模式的教学可以提升教师课堂教学掌控能力。

（三）有利于“两性一度”的金课建设，实现高校的教学改革目标

当前高校都在积极建设“两性一度”的金课，“两性一度”，即高阶性、创新性、挑战度。所谓高阶性就是知识、能力、素质的有机融合，是要培养学生解决复杂问题的综合能力和高级思维；所谓创新性是课程内容要反映前沿性和时代性，教学形式要呈现先进性和互动性，学习结果要具有探究性和个性化；所谓挑战度是指课程有一定难度、深度和广度，学生要肩负起学习的责任，要投入足够的时间去学习，而教师要投入更多的精力精心准备学习资源，关注学科前沿发展，将最新的研究成果和实践领域的热点纳入课程教学中，以保证教学内容的时代性和前沿性。采用翻转课堂教学模式实施教学，要求学生在课前自觉地完成学习，所以对学生的自主学习意愿和能力来说是一个巨大的挑战。学生要明确学习目的，为自己的学习负责；要收集最

新的资料，创新学习方法和途径。学生只有付出大量的时间和精力才能满足进一步学习的需要。除此之外，学生在课堂上必须深度思考，完全融入课堂教学中，课后要对知识进行提升总结，最后才可能取得优良的学习成绩。学生通过课前、课中和课后学习，掌握了理论知识，提升了高阶思维能力，最后通过科学合理的评价和反思促进教学的良性运行，就能够完成对知识的迁移和应用。

第二节　翻转课堂的理论基础

一、翻转课堂的教育理论基础

（一）布卢姆的掌握学习理论

教育学家和心理学家布卢姆的掌握学习理论的基本含义是给予学生足够的学习时间和个别帮助以及注意教学的主要变量，学生就能够在掌握一个单元的学习后顺利进入下个单元的学习，从而达到课程目标。掌握学习，即在"所有学生都能学好"的思想指导下，以集体教学（班级授课制）为基础，辅之以经常、及时的反馈，为学生提供所需要的个别化帮助以及所需要的额外学习时间，从而使大多数学生达到课程目标所规定的掌握标准。

提供了有利的学习条件时，大多数学生在学习能力、学习速度和进一步学习的动机方面变得非常相似。布卢姆认为，大多数学生都能够进行掌握学习。在整个掌握学习班上所发生的一切与传统模式有着本质的不同。80%～85%的学生在进行下一步学习之前，都已经达到掌握的水平，这一比例也不会随着学习任务的增多而下降。只要给予学生足够的学习时间，在其学习遇到困难时给予个别化的指导，那么几乎所有的学生都能够掌握要学习的内容，完成学习任务，达到学习目标。

掌握学习要求学生能够按照自己的节奏学习课程。学生完成了一个单元的学习后，必须以80%～100%的掌握水平证明自己已经学会了内容。证明学生是否已经掌握了学习内容的方法是退出评估，包括实验室和书面测试。倘若学生在评估中得分低于85分，他们需要返回再次学习自己理解有偏差的学习内容，并重新进行测试。这样，学生的学习情况是由他们已经掌握的学习内容的多少来决定的。按照布卢姆的看法，在教学中注意影响学习的主要变量，就能够使绝大多数学生掌握绝大部分的学习内容。

（二）建构主义学习理论

1. 建构主义知识观

建构主义知识观认为，知识不是对现实的纯粹、客观的反映，而是人们对客观现实的一种解释、推测或者假设。知识不是关于问题的最终结论，它会随着人们认识的深入而出现新的解释或者假设。知识是基于某一具体情境而产生的，真正的知识是学习者根据自身的生活经验和实践经历主动在头脑中积极建构的。知识所含有的意义是由个体赋予的。知识在被个体接受之前，它对个体来说是毫无权威可言的，不能把知识作为预先决定了的东西教给学生，不能用科学家、教师、课本的权威来压服学生，学生对知识的接受只能依靠他自己的建构来完成。因此，知识具有针对性、情境性、个体性、相对性、动态性、发展性等特点。

2. 建构主义学生观

建构主义学生观认为，第一，学生是发展中的人，学生具有很大的发展可能性和潜能。第二，学生是独特的人，拥有自己独特的想法；第三，学生是独立的人，每个学生独立于教师的头脑之外，学习是学生自己的事情；学生是具有主体性的人，具有较强的自学能力。第四，学生是时代中的人，当前学生所处的时代是知识经济和信息化时代，教育理论应考虑学生的时代特征和发展新要求。学习者不是被动地接收信息，而是主动地运用已有知识、经验对新知识、新信息的意义进行建构，这意味着学习是主动的，学习者要主动地对外部信息进行选择和加工，教学应以学习者为中心。

3. 建构主义学习观

建构主义学习观认为，学习不是由教师把知识简单地传授给学生，而是学生自己建构知识的过程；学生不是简单、被动地接收信息，而是在教师的指导和帮助下，自己主动地建构知识的意义。这种建构无法由他人来代替，学生需要亲自完成。学习过程包含两个方面的建构：建构知识的意义和改组原有的经验。皮亚杰认为，儿童的发展是儿童主动建构知识意义的过程。建构主义者更加关心学习者原有的认知结构，认为学习是学习者在自己原有的知识、经验的基础上对新接触的材料重新认识，整合知识结构，主动建构自己独特的理解。知识实际上不是由他人“教会”的，本质上是学习者本身在头脑中主动地形成自己对于知识的领会，建构属于自己的理解。

4. 建构主义教学观

在教学观上，建构主义者特别强调学习的主动性、社会性和情境性，同时，十分重视合作学习。教学要关注学生原有的知识经验，要重视学生对知识内容的个性化理解和独特思考。教学以学习者为中心，强调学习者的主体作用。建构主义者认为，教师是意义建构的帮助者和促进者，而不是知识的提供者和灌输者；学生是学习信息加工的主体，是意义建构的主体。

5. 建构主义教学模式

建构主义学习理论提倡的学习是在教师指导下的、以学生为中心的学习。建构主义教学模式可以概括为以学生为中心，在整个教学过程中由教师起组织者、指导者、帮助者和促进者的作用，利用问题情境、协作、会话等学习环境要素，充分发挥学生的主动性、积极性和首创精神，最终达到使学生有效地实现对当前所学知识的意义建构的目的。建构主义学习环境包含情境、协作、会话和意义建构等四大要素。创设的情境必须有利于学习者对所学知识意义的建构。协作贯穿学习活动的始终，包括师生之间、生生之间的相互合作和协助。对话是学习过程中的基本方式，师生或者生生之间需要通过对话来沟通思想。意义建构是学习要达到的最终目标。教师要为学生提供解决问题的原型，以促进学生顺利地解决问题，同时还应指导学生进行探索。教师要提供意义建构所需要的相关材料，同时要给予学生自主建构的充分空间。在教学设计中，建构主义者主张向学生呈现整体性的学习任务，然而要想完成整体性学习任务，首先需要完成一系列的子任务。

（三）斯金纳的程序教学法

美国心理学家伯尔赫斯·弗雷德里克·斯金纳根据操作性条件反射和积极强化理论，对教学进行了改革，设计了教学机器和程序教学法。斯金纳认为，学习过程是一种循序渐进的过程，在学生学习过程中，适时恰当地给予学生强化会促进学生的学习。

1. 程序教学法的基本含义

程序教学法是指依靠教学机器和程序教材呈现学习程序，包括问题的显示、学生的反应和将反应的正误情况反馈给学生等过程，它是使学生进行个别学习的方法。其基本思想是把学生掌握知识、技能的过程程序化，使学生按程序进行独立的、个性化的学习。在整个学习过程中，教师的作用是充当监督者或者中间人的角色，根据学生学习反应的速度、效率、效果等给予相应的反应，及时强化学生的积极学习行为，使得学生的学习效果能够得到及时的反馈，这样能够加强学生的学习动力。

2. 程序教学法给予翻转课堂的启示意义

程序教学法思想体现了如何调动学生学习的积极性和主动性并保持学生学习的兴趣，使学生按照自己的步调组织学习。这对英语翻转课堂的实施和操作提供了一定的启示意义。

二、翻转课堂的心理学理论基础

（一）维果斯基的最近发展区理论

1. 最近发展区理论的概念

学生的发展有两种水平，一种是学生现在已有的发展水平，另一种是学生可能达到的发展水平，这两种水平之间的差距就是最近发展区。按照维果斯基的解释，最近发展区是指“学生的实际发展水平与潜在发展水平之间的差距”。前者由学生独立解决问题的能力而定，后者则是指在教师或家长的指导下或是与能力较强的同伴合作时，学生表现出来的解决问题的能力。最近发展区阐明了学生在近期内将有可能达到的发展水平，包含着学生的发展潜能，表明了学生发展的方向和趋势。

维果斯基认为，教学应该着眼于学生的最近发展区，这样可以发挥教学的积极作用。教师应该为学生提供带有一定难度的学习内容，以调动学生的学习积极性，发掘其内在潜能，促使其超越自己的最近发展区而达到难度较高的发展水平，然后在此基础上进行下一个发展区的发展。

2. 最近发展区理论的基本含义

最近发展区理论的第一层基本含义是，教学对发展起着积极促进的作用。维果斯基认为，良好的教学应该走在学生发展的前面。维果斯基的最近发展区理论能够指导学生向更高一级的水平发展，有效促进学生的发展，让学生能够“跳跳，摘桃子”。教学的目的是促使学生的最近发展区转化为学生的现有发展区，由“不能”变为“能”，由“可能”变为“现实”，即立足于学生现有发展水平并突破其限制，循序渐进地推动学生向更高层次发展，追求学生自身发展的最大可能性。

最近发展区理论的第二层基本含义是，学生是自身发展的主体，学生只有在社会交往中才能获得发展。学生是一个独立的社会存在，对自身发展起着主要作用，拥有自我发展的主动权。学生应勇于承担自己的发展责任。同时，在社会交往互动中，学生拥有与成人平等的地位，能够独立自主地表达自己的思想和情感。我们应该给予学生表达自我、展示自我的机会，鼓励其积极主动追求发展并为其提供平等对话的社会环境，二者形成合力，促进学生发展，主动的学生与积极的社会环境合作产生发展。

最近发展区理论的第三层基本含义是，揭示了教学促进学生发展的条件、途径与机制。首先，教学促进学生发展的条件是教学必须走在学生发展的前面。教师要为学生提供较高层次的、较高难度的学习内容和学习指导。其次，要想教学促进学生发展得到真正的实现，其途径和机制是教师在合作式地解决问题过程中帮助学生搭建最近发展区，为学生提供恰当的支持，以帮助学生成功跨越最近发展区，实现其潜在的发展能力转变为现实的真实具备的能力。

简而言之，在英语教学中，教师应帮助学生不断地创造和超越最近发展区。因此，学生能否跨越最近发展区往往取决于教师的帮助和支持是否恰当以及教师和学生之间交流互动的质量。

（二）皮亚杰的相互作用理论

皮亚杰的相互作用理论认为先天的平衡过程是发展的最高原则。平衡过程保证了“同化”和“顺应”之间保持着相对平衡的状态，使发展具有连续性，使成熟因素和经验及社会影响有机地结合在一起，使个体以确定的步伐和顺序向着更高水平的平衡状态发展。

同化原本是一个生物学概念，指生物体把从外界环境中获取的营养物质转变成自身的组成物质，并且储存能量的变化过程。皮亚杰把这一名词借鉴到心理学中。顺应是改变主体动作以适应客观变化，也可以说改变认知结构以处理新的信息。顺应是与同化伴随而行的，当个体不能用原有图式来同化新的刺激时，个体便要对原有图式加以修改或重建，以适应环境，这就是顺应的过程。在本质上，“同化”指个体对环境的作用，“顺应”指环境对个体的作用。“同化”是认知结构数量的扩充（图式扩充），而“顺应”则是认知结构性质的改变（图式改变）。认知个体就是通过“同化”与“顺应”这两种形式来达到与周围环境的平衡的：当认知个体用现有图式去“同化”新信息时，他就处于一种平衡的认知状态；而当现有图式不能“同化”新信息时，平衡即被破坏，而修改或创造新图式（即“顺应”）的过程就是寻找新的平衡的过程。个体的认知结构就是通过“同化”与“顺应”过程逐步建构起来的，这是皮亚杰建构主义认识论的基本观点。

翻转课堂试图以皮亚杰的相互作用理论为根基，以学生已有的知识水平（即已有的认知结构）为教学前提，通过向学生提供合适的新的学习材料（例如导学案和微课），使学生体验到一种平衡或者不平衡的学习状态：学生为了学习新知识需要改变自己已有的认知结构（即需要“同化”和“顺应”），尽力达到学习目标（即获得认知结构上的平衡）。

（三）奥苏贝尔的认知同化学习理论

认知教育心理学家奥苏贝尔创设了“有意义学习理论”，这一学习迁移理论是建立在他的认知同化学习理论基础之上的。“同化”指新旧知识的相互作用。“同化”最初由皮亚杰提出，奥苏贝尔赋予“同化”概念新的内涵，认为学生能否获得新知识，主要取决于学生个体的认知结构中是否已有了有关的概念。奥苏贝尔强调影响学生学习的首要因素是已有的知识。

奥苏贝尔认为，认知结构中对新知识的获得和保持的影响因素主要有三个：认知结构中对新知识起固定作用的旧知识的可利用性，新知识与旧知识之间的可辨别性，认知结构中旧知识的稳定性和清晰性。认知结构中的这三个因素称为认知结构的三个变量。这三个变量影响着新知识的获得和保持，同时也影响着知识学习的迁移。奥苏贝尔认为：“有意义学习的心理机制是同化，而同化理论的核心是学生能否习得新信息，这主要取决于他们认知结构中已有的有关概念：有意义学习是通过新信息与学生认知结构中已有的有关概念的相互作用才得以发生的。这种相互作用的结果导致了新旧知识意义的同化。”① 总之，我们可以看出奥苏贝尔非常重视学生已有的认知结构。为了促进学生更好地进行有效的学习迁移，根据认知同化学习理论，奥苏贝尔提出了“先行组织者”（先行材料）这一概念。“先行组织者”就是在向学生传授新知识之前，给学生呈现一个短暂的、具有概括性和引导性的说明。

根据奥苏贝尔的学习迁移理论，在翻转课堂实施中，应试图把握学生已有的知识结构，为学生提供具有引导性的导学案和教学视频，以促进学生搭建起新知识与旧知识之间的内在联系，重新建构新一级的知识结构。这些导学案和教学视频在一定程度上起到“先行组织者”的作用，促进学生理解已有知识和新知识存在的内在关联，从而进行有意义学习和高效学习。

① 王慧来．奥苏贝尔的有意义学习理论对教学的指导意义 [J]. 天津师范大学学报（社会科学版），2011（02）：67-70.

第三节　翻转课堂与传统课堂的交融

一、翻转课堂与传统课堂的教育理念碰撞

（一）传统课堂和翻转课堂的优缺点分析

1. 传统课堂优缺点

（1）传统课堂的优点。

传统课堂中，教师作为教学活动的主导者，可以根据教学活动内容的难易程度精准把控课堂教学的时间。在此种情况下，课堂教学工作的效率会大大提升。同时在此种模式下，学生只需要跟着教师的思路进行学习，便能够在有限的时间内获取大量的知识和信息，在此种教学模式中，优秀的教学资源能够得到最大限度的开发和利用，学生也能够获得更多的知识。

（2）传统课堂的缺点。

在传统教学模式中，教师没有真正地落实现代化的教学理念，导致了课堂教学环节实践、互动较少，教师和学生之间的关系存在严重的失衡。

2. 翻转课堂优缺点

（1）翻转课堂的优点。

翻转课堂充分强调了学生在学习活动中的主体地位，学生可以根据自己的实际安排，合理地选择自主学习的时间。并且，逐渐形成自己的学习节奏，更有利于知识的输入和输出。在此种模式下学生的学习从群体模式转变成了个体模式，学习目标更加明确，针对性也大大增强。

（2）翻转课堂的缺点。

翻转课堂的缺点在于应用范围存在一定的局限性。从实际的应用方面进行分析可以看出，翻转课堂只能被应用到知识点明确且容易被提取的课程体系中，对于一些需要深厚文化背景知识的人文社科类课程，翻转课堂的应用优势没有发挥出来。

（二）翻转课堂在高校英语教学中的可行性分析

1. 明确教师和学生的地位作用

在传统教学模式中，教师并不重视学生在课堂中的主动性和创造性；与

之相比，翻转课堂更加重视学生在课堂中的主体地位。进入翻转课堂，学生并非被动地学习知识，而是更加积极主动地参与学习。学生可以通过与教师及时沟通的方式，解决其在学习中遇到的各种问题，从而建立更加平衡和互信的师生关系。同时，教师从课堂主导者的角色转变成了组织者和引导者，帮助学生更好地进行语言知识的学习。在高等院校英语教学中，教师要积极地推动翻转课堂教学模式的应用，并且合理地分配教学时间，给予学生自主学习和探究的机会，提高学生的自主学习能力。

2. 摆脱传统课堂的弊端

我国大部分高等院校的英语教学仍采用较为传统的教学方法，并没有充分地关注每一名学生的个体差异，从而导致了教学方法实际应用中的有效性较差。学生的语言运用能力在此环节中并没有得到充分发展和提升，对于已经学习到的知识也没有很好地消化并转化为真正的语言能力。由此可以看出，传统教学方法在很大程度上限制了学生英语能力的发展。从教学方式的角度进行分析可以看出，在传统英语教学中，教师主要是通过借助多媒体教学设备进行口头传授的方式进行教学。但是，此种方法在很大程度上制约了教师和学生之间的交流和互动，学生在课堂中的主体地位并没有得到充分发挥。因此，如果能够将翻转课堂教学模式应用到高等院校英语教学中，学生的被动学习模式就能够得到转变，而且还能够激发学生学习英语的兴趣，提高其自主学习的能力，最终增强其英语语言的运用能力。

二、翻转课堂与传统课堂的对接

（一）学校作息时间安排问题

翻转课堂教学模式需要学生在课后花费较多的时间自主学习，需要学校在教学时间的安排上做出适当调整予以支持。在翻转课堂教学中，教师不应占用学生过多的课余时间，应该让学生有充足的时间自主学习。教师要严格控制作业量，留给学生课后的主要学习任务是观看教学视频和完成具有针对性的练习。

（二）学科的适用性问题

目前国外开展翻转课堂教学实验的学科多为理科类课程。理科类课程知识点明确，很多教学内容只需要清楚地讲授一个概念、一个公式或一道例题、一个实验等，其学科特点便于翻转课堂的实施。而文科类课程（如英语、历史、语文等）的授课过程往往会涉及多学科的内容，而且需要教师与学生进行思想上的交流、情感上的沟通，才能起到良好的教学效果。那么，如何在英语教学中应用翻转课堂模式呢？这个问题的解决是对教师的重大挑战，需要教师提高教学视频的质量，引发学生的深度思考。通过英语教学视频课程中所讲授的基本知识点，阐述相关理论，让学生在课后查阅资料并思考问题，然后在课堂中与教师、同学进行交流探讨，逐步深化理解。

因此，对于不同的学科，教师应该采取不同的策略来完成翻转式教学，并根据学生的反馈情况推进教学改革。

（三）教学过程中信息技术的支持

翻转课堂的实施需要信息技术的支持。从教师制作教学视频、学生在家观看教学视频，到个性化与协作化学习环境的构建，都需要计算机多媒体技术的支持。

网络宽带和网络速度问题是制约我国众多学校开展在线教学的因素之一。在实施翻转课堂教学时，学校要通过各种途径解决这一问题，例如：配置高性能服务器，增大网络带宽的接待量，有条件的学校实现校园 Wi-Fi 无死角覆盖等。学生在课后是需要通过电脑和网络进行学习的。对于一些缺乏硬件条件的学生，学校应该提供相应的设备支持，例如：学校机房应在课外时间仍对学生开放，做到让学生在校园内随时可以进行网络学习。

教学视频制作的质量对学生的课后学习效果有着重要的影响。从前期的拍摄到后期的剪辑需要有专业人士的技术支持，不同学科的视频设计也应有不同的风格。实施翻转课堂教学实验的学校需要给授课教师提供技术上的支持，并且从视频的设计到制作再到发布要形成流程，为后续教学视频的制作提供经验。

此外，决定翻转课堂成功与否的一个重要因素是师生、生生之间的交流程度。利用信息技术为学生构建个性化与协作化的学习环境至关重要，其中涉及网络教学平台的支持。通过平台学生可以根据自己的学习能力和需求制订学习计划，教师可以根据学生的反馈设计不同的教学策略。

（四）对教师专业能力的挑战

在翻转课堂的实施过程中，教学视频录制的质量、对学生进行交流讨论合作学习的指导、课前学习任务的设计、学习时间的安排、课堂活动的设计和组织，这些需要教师来完成的事情都对学生的学习效果有着重要的影响。

因此，在实施翻转课堂过程中，要加强对教师的培训。首先是促进教师教育观念的转变和教学理论水平的提升，提高教师的教育专业研究能力，从而促使教师能够在教学中贯彻以学生为中心的教育理念，关注学生的个体差异，给予学生个性化指导。其次是加强对教师信息技术素质的培训，使教师在专业人员的帮助下，能够录制情感丰富、生动活泼的教学视频，避免呆板、单调地讲述。教师在网络教学平台中要引导学生积极地进行交流，通过基于问题、项目的探究式学习，调动学生的积极性、探究性。课堂活动也需要教师根据学科特点来设计与组织。

（五）对学生自主学习能力和信息素养要求的提高

学生在课外观看教学视频后，自己完成课前练习并在互联网上查找资料，总结问题，然后在课堂上与教师、同学进行讨论。这一切安排都是建立在学生具有良好的自主学习能力和信息素养的基础上的。学生只有具备较高的自主学习能力，才能够自己通过教学视频进行课程内容的学习，在课前练习中找到自己的疑问，并合理地安排自己的学习时间。学生只有具备较高的信息素养，才能够在网络中进行资源检索，通过网络教学平台与教师和同学进行沟通交流。因此，在实施翻转课堂的过程中，要注重学生的自主学习能力的培养和信息素养的提升。此外，学生如何有效阅读教材，如何观看微课，如何记笔记、做标注、记反思，如何进行小组合作学习，如何与同伴交流讨论等，都需要进行相应的培训和指导。

（六）教学评价方式的改变

传统的考试是无法测试出学生在英语翻转课堂中的学习效果的，因为翻转课堂还涉及学生的合作能力、组织能力、个人时间管理能力、表达能力等。教师必须转变评价方式，构建新的评价体系。在对学生的评价中，多对学生进行过程性和发展性的评价，注重对学生的情感、态度和价值观等方面的评价。当然，评价方式的改变需要学校各方面的支持。

三、翻转课堂过程中教师角色的转变

在充分理解翻转课堂教学理念的基础上，教师需要找准自身的功能定位，实现角色的转变。具体而言，教师面临的转变主要体现在以下几个方面。

（一）从以“讲解为主”到“答疑解惑”为主

我国传统上把教师的角色定位为“传道、授业、解惑”，并且“传道”

的角色与功能是放在教师工作中的首位的。长期以来，我国的“教学论”理论和实践非常重视对教师“如何教”的关注，教师的知识讲解占据着重要地位。众所周知，时间是最宝贵的资源，高效地利用师生、生生面对面的时间，提升课堂教学的效益，是翻转课堂教学关注的重点。在有限的课堂教学时间，学习什么、做什么事情最重要？是知识讲解重要，还是激发思考、解决困惑重要？其实两者都很重要，缺一不可。然而，教师对知识的讲解可以用视频教学来代替，并前移至课前学习。而讨论交流、激发思考、创造生成，必须要在师生面对面的时间，通过交流与研讨完成。因而，在翻转后的课堂教学内，教师教学的重点需从原有的知识讲解转移到激发思考、答疑解惑、组织引导检查反馈等上，落实学生学习的主体地位，从而使教师真正从“讲台上的圣人”转变为“学生身边的导师”。西方国家的实践和研究也表明：学生最需要教师的时候，不是知识讲解的时候，而是做作业遇到困难的时候。因此，学生在做作业遇到困难的时候，教师课堂上的帮助和指导是非常必要的。

（二）从传授知识到发展高级思维能力和综合素质

新课程改革明确要求，对学生的综合素质培养要关注知识与技能、过程与方法、情感、态度价值观等多个维度，而不仅仅是学科知识的传递与把握。翻转课堂教学模式中，课前的微课学习的主要任务是基础知识的识记和理解，这是学生综合素质发展的基础；翻转后的课堂教学中，在知识掌握的基础上，教师有更多的时间和精力与学生交流，可以培养学生的表达能力、合作能力、思维能力和动手实践能力，增强学生的情感体验，提升学生的审美品位。因而，翻转后的课堂教学的主要任务是发展学生的高级思维能力、培养学生的综合素质。这就对教师的综合素质提出了更高的要求，教师不仅应具备较深厚的学科素养，还应具备正确的教育教学观、课堂组织与驾驭能力等，同时在关注重点上从关注学生对知识的掌握转变到关注学生多方面的发展。

（三）从面向全体到面向个体

翻转课堂的重要指向之一在于改善班级授课制背景下学生的个性化教育问题，让学生按自已的节奏学习，提升教育的个体针对性。这就需要教师的教学从以往面向全班的教育教学风格，逐步转向面向班级内每个学生个体的教育风格，这不仅表现在翻转后的课堂教学内，还表现在微视频的教学中。

1. 微视频“一对一”的讲解风格

在录制教学微视频时，教师就要考虑到，学生是一个人在家观看与学习微视频的，其讲解风格要从面向全班的、站在讲台上的讲解，转向面向个体的、一对一的指导。因而，教师的语言讲解在做到科学、严谨、规范的基础上，尽可能地亲切、和蔼、生动，甚至带有一定程度的幽默，以提高学习的成效。

2. 课堂内有针对性的指导

基于学习平台的帮助或者课前教师的了解，教师及时掌握了每位同学对知识的掌握程度与学习困惑。在翻转课堂内，对学生进行有针对性的指导与辅导是其重要的任务。这就要求教师从原来站在讲台上讲，转变为走到学生身边进行观察与辅导。虽然教师的讲解少了，但其功能越来越重要。

四、翻转课堂教学模式下高校教师角色转换路径

（一）转变教育观念，为角色转换奠定基础

教师在与学生的相处过程中，不应只扮演教师这一个角色，还应扮演学生大学生活的引导者。因此，教师在对学生进行关于生活和学习的一系列事务的处理过程中，不能用一种管理者的、高高在上的权威姿态要求学生绝对服从、毫不质疑，对学生进行强制管理，而是要认识到学生的主体性。不管是在生活中还是在学习中，教师应始终牢记学生的主体性并付诸实践，避免越俎代庖，做一些对学生未来发展没有实际效用的无用功，反而助长了学生的懈怠心理与依赖心理，阻碍学生的发展。对此，高校教师要先对自身的教学观念进行反省，深刻地思考自己的教学方式是否会让学生形成依赖心理？是否有利于学生的生活、学习能力的培养？教师应该对自身的角色定位重新进行审视，使自己的教学管理更加深入学生的内心并得到学生的认可。教师在进行自我反省与自我考量的同时，应适时地去通过各方资源渠道吸取一些有利的建议、吸纳一些有利的教学经验，并对自己的教学观念进行彻底的转变，将自己的教学观念重新梳理明确实现一次全面的更新换代，为自己与学生的角色重新定位打下坚实的思想观念基础。

（二）提升信息技术技能，为角色的转换助力

教师与学生进行有效的角色重新定位的一个思想基础是教师观念的重新树立，其中很重要的一点就是教师的教学手段的提高。教师通过借助一些信

息技术设备来提高教师的教学应用手段，并通过教学手段的提高来实现教师的教学多样化，为教师与学生角色的重新定位奠定技术基础。

对此，教师首先需要做的就是提高自身的信息技术与应用能力，学习相关信息技术设备的使用方法，如微课、慕课等一些有效的视频教学方法的视频制作、音频添加、动画效果设置等。其次是使用一些教学软件或者小程序来对学生的学习情况进行有效的监督，如有些教师会利用微信公众号开发点名系统和二维码扫码点名，还有一些教师会在公众号里发布文章供学生阅读，教师会在管理端口看到哪些学生已经点阅，哪些学生还没有点阅，这些都是教师利用多媒体进行教学管理的很好的案例。

教师通过这些方式能够使课堂教学变得更加秩序井然，并且为学生带来一些新奇感与新鲜感，使学生逐渐感受到在课堂上“我”的重要性。同时，教师通过逐渐熟练使用一些信息技术设备，能够有效地为教师的教学模式引进与角色转换提供坚实的技术支撑。

（三）确立平等对话的机制，为角色转换提供保障

大学生的思想观念、行为模式都已经基本成熟，教师再使用以前的方法进行管理显然不妥，那么高校教师应该通过哪些有效教学手段来与学生进行真正意义上的角色转换呢？首先教师要以一种互相尊重的心理、平等的姿态与学生进行交流，学生会从与教师的对话交流中感受到被尊重，感受到教师的真诚，从而与教师实现平等对话，降低师生间的隔阂。其次是教师可以通过一些有效的教学手段，在师生之间建立起对话交流机制，如微信群、论坛等。只有教师真正地做到与学生平等地对话交流，学生才愿意敞开心扉，从而逐渐提高课堂学习的积极性，主动与教师进行互动，这样课堂教学的师生角色转换就有了一定的保障。

第四节　高校英语教学下的翻转课堂

一、翻转课堂在高校英语教学中的应用优势

（一）使教学更加具有针对性

高校英语教学中应用翻转课堂教学方式对英语听力教学具有重要的作用。传统英语听力教学仅仅是通过播放录音的方式，让学生反复收听录音内

容并进行复述，以此提升学生的听力水平。这种训练学生听力的方式不仅浪费时间，教学效果也不甚理想。由于学生在听力方面的基础不同，很多学生跟不上听力教学的节奏，最终导致对英语学习失去兴趣。翻转课堂教学模式的应用通过网络平台的方式让学生进行听力知识的学习，主要是让学生利用课下时间进行自主学习。学生根据自己的学习情况选择相应的听力内容，并自定学习进度，对于基础差的学生可以选择多听几遍，基础比较好的学生可以进择难度比较大的听力材料，以不断提升听力水平。自主学习的方式可以使不同英语基础的学生都能够得到相应的提升。此外，学生在自主学习中也能够认识到自身存在的不足，并有针对性地进行加强练习，以此提升学习效果。

（二）增强师生互动

翻转课堂在高校英语教学中的应用可以真正让学生成为学习的主人，学生可以在教学平台中自主选择学习内容，师生之间也可以进行自主交流。在教学中，教师更多地扮演的是学生指导者的角色，当学生在学习中遇到困难时，可以与其进行交流，通过这种方式能够更好地提升学生学习的积极性和主动性，强化学生的思维能力，完善学生的知识结构。

（三）教学资源丰富化

翻转课堂教学模式在高校英语中的应用能够使英语教学资源更加丰富，极大地推动了教学资源的公平化。传统教学方式中，优秀的英语教学资源应用的范围有限，仅仅限制在比较好的学校，从地域上看，其主要集中在比较发达的地区，而一些学校因为缺乏优秀的英语教学资源不能很好地提升其教学水平。翻转课堂在高校英语教学中的应用能够将优秀的英语教学资源以公开的方式向大家展示出来，学生在学习中可以自由选择英语学习资源，以满足自身英语学习的需求；教师在教学中也可以学习比较先进的英语教学方法和教学资源，以便最大程度提升教学效率。

二、翻转课堂对高校英语教学的创新意义

（一）培养学生的高阶思维

很多大学生进入大学之后，难以区分中学学习与大学学习的不同，因而选择延续旧方法；但由于缺失了家长和教师“保姆式”的监管，还存在效率低和自主性差等特点。翻转课堂重新分配了课堂和课下时间，把“主动性”

还给了学生。学生可以合理安排自己的课下时间，在课前通过网站、手机应用观看微课教学视频，这种半自主的学习模式有助于培养学生的高阶思维，体现个体差异性。

（二）推进了新型师生关系，提高了学生课堂参与的积极性

在传统教育模式下，很多中国学生表示英语课堂一直是教师的“一言堂”，教师是“讲台上的圣人”（Sage on the Stage），很多学生只满足于记笔记。这种“只有输入，没有输出”的学习模式会使学生产生抗拒情绪；同时，教师也鲜有机会对学生的发音和表达进行纠正。因此，在传统的英语课堂，教师和学生面临着共同的困境。而在翻转课堂上，教师可以基于班级或者课堂实际情况设计课程，采取多样化的学习模式，如自主型学习、问题式学习、课堂讨论法、探究性学习法、同伴学习法等。“集体式”的输出方法在良性环境中重新定位了“教师”和“学生”，消除了“等级观念”，把学生从“输出个体”的压力中释放出来，全身心投入集思广益的“小组输出”课堂模式里，这样有助于减轻学生学习的焦虑情绪，加强师生之间的交流，进而锻炼学生的语言表达能力以及沟通协作能力。

（三）提升课堂气氛，促进大学生对语言文化的认知

高校英语课堂有条件成为以“英语语言应用和文化探索”为核心的“人文课堂”。因此，大学课堂不应拘泥于书本知识，而应搭乘“新载体”来拓宽学生视野，将“语言”回归“文化”的基础层次。通过“翻转”，教师为学生提供文化探究的课题和导向，鼓励学生探究、发掘语言背后的文化魅力，将学生感兴趣的话题带到课堂上，如“苏格兰着装礼仪”“欧美人的爱情观”“中华美食的西方之旅”等，学生可以在轻松活泼的氛围中讨论、对比语言中的文化现象，挖掘课堂材料中的文化内涵，联系实际，培养对语言文化和应用的兴趣。

（四）教学模式与时俱进，学生能够灵活地利用课前时间

在翻转课堂的实践中，大量应用新的信息载体诱导学生充分、灵活地利用课前时间，以图像、音频、视频的网络交互的多模态信息获得多元化的知识，这种新颖的平台打破了传统的组织结构和资源渠道，符合大学生“碎片化”“网络化”的学习习惯，学生可以随时随地获得优质资源，将英语学习与英语国家文化时时结合。这既补足了中国学生英语学习中“听”和“说”的短板，也为学生以后的英语学习提供了可行性的参考。

三、高校英语教学中翻转课堂的开发设计应注意的问题

（一）教学内容的选择与归纳

在翻转课堂教学模式中，学生会在课下通过教学视频自学教学内容，所以，教师要对教学视频中的教学内容进行精心的设计，使其能够充分激发学生的学习兴趣，并吸引学生的注意力。高校英语教学中翻转课堂的教学内容设计应注意以下两点：

（1）注意创建学习内容的关联性。高校英语教学包括语法、词汇等英语语言知识、听说读写等英语语言技能和英语文化背景等内容，教学内容杂乱无序，相互之间的联系不突出，也很难与我国高校学生的生活产生关联性。根据教育学原理，当各学习内容相互之间、学习者与学习内容之间具有某种关联性的时候就很容易引起学习者的注意。因此，教师在对翻转课堂教学内容进行设计时要尽量将杂乱的英语知识联系起来，要使教学内容贴近学生生活，如设计与生活相关的英语语句或者英文故事，还可以通过设计生活真实情景的英语对话来创建教学内容与学生的相关性。

（2）将教学内容进行合理的整合。根据教育心理学原理，一个人的注意力只能维持相对比较短的一段时间，如果输入的教学内容过多，学生不仅无法接受，还可能会产生烦躁情绪。在现有比较成功的翻转课堂中，如萨尔曼的可汗学院，每部分教学视频的长度都不会超过 10 分钟。因此，教师在设计 10 分钟的教学内容时，就应该规划好要讲解的内容，并将其按照一定的逻辑进行归纳，整合成更易于学生接受的模块，最终制成教学讲解视频。

（二）设计与制作教学视频

教学视频是翻转课堂教学模式下学生学习的最根本的材料，所以其必须体现教学要求的课程基本内容。在翻转课堂中，教师要预先判断学生对视频讲解的教学内容是否已经明白，是否还需要教师进一步阐释，因此教师在制作教学视频时应该确保需要讲述的教学内容正确、清楚、易于理解。如果教学视频中的教学内容有错误或者极其难以理解，将会给学生造成学习障碍。教师在确保其教学内容准确的同时，还要使教学视频表达的课程内容能够让学生理解。因此，在教学视频中，教师一定要给学生提供其所需的必要指导，以引导学生能够按着教师所期望的正确方向进行思考。

作为教学内容载体的教学视频，一定要简洁明了。教学视频切忌过于花哨，不要出现容易分散学生注意力的画面或者添加与教学内容无关的背景音

乐，如果不需要教师使用态势语言来表述教学内容的话，教师也尽量不要过多地停留在教学视频的画面里，以免这些多余的信息对学生的注意力造成不良的影响。当然，教师可以在视频中适当地使用一些色彩、标注或者与教学内容有关的图片，把学生的注意力留在视频中。

教学视制作方法有很多，它们大都对制作设备和制作技术有相应的要求。教师在制作翻转课堂所学的教学视频时，如果想要获得更好的效果，一般需要比较专业的摄像机，由摄像人员把摄像机安放在适当的位置对教师讲课的过程进行录制。在实践中，既可以用一部摄像机同时将授课教师和板书或者 PPT 录制在视频里，有条件的话也可以用两部摄像机分别对授课教师和板书或者 PPT 进行录制，在之后的教学视频中根据需要分屏进行显示。此外，教师也可以将从书籍、网络等处收集的与教学内容相关的图片、文档、视频等资料，合成在录制的教学视频中。但是，并不是想要尝试翻转课堂教学的所有教师都有摄像设备和具备视频处理技术，也有一些教师采用设备要求较低、处理比较简便的教学视频制作方法，即使用像素比较高的手机进行拍摄，教师用在纸上书写来替代板书，用最常见的纸笔对课程教学内容进行讲解。此种方法的设备虽然有些简陋，但丝毫不会影响教师向学生传达教学内容，反倒使学生有种特别的亲近感。

（三）具体教学活动的设计

翻转课堂节约的课堂教学时间被用于教师组织各种教学活动，所以这些教学活动相应地承担了比以往更重要的责任。高校英语教学翻转课堂的核心就在于通过课堂的各种教学活动锻炼和提高学生的英语语言应用能力。有人把翻转课堂与小组学习相结合作为有效的翻转课堂教学活动的组织形态，这种设计使问题探究与目标导向有机结合起来，在教学实践中能够有效帮助学生紧密围绕课程教学目标，对教学内容有较为深入的理解。也有人提出可以在翻转课堂中应用游戏化的教学方式，通过各种适当的游戏活动使学生更深刻地理解相关的知识和技能。这种方法利用学生对游戏的好奇心和游戏的娱乐性，紧紧地抓住学生的注意力和兴趣点，有效地促进了学生在课堂上的互动。高校英语教师在设计自己的教学活动时，不管选择何种形式的活动都应该结合本门课程和特定教学单元的教学内容来设计，切不可使教学活动脱离了教学内容这一根本，教学活动的设计一定要以促进学生的学习为宗旨，否则教学活动可能热热闹闹，但学生什么都没学到，违背了教学的根本目的。

高校英语教学是主要突出听、说、读、写等语言能力和英语文化背景的教学，教师应针对不同的教学内容设计不同的教学活动和采用不同的活动形式，如可以采用竞赛游戏、情景模拟、讲故事或故事接龙和情景游戏，还可以采用做任务的形式让学生进行知识探索。教师接照教学内容对学生进行分组并分派任务研究，各小组通过各种形式收集所需资料，然后共同研究交流，对教师提出的问题给出解答，最后各小组分享学习交流成果。学生通过各种教学活动可以掌握英语语言知识、锻炼听说读写能力、提高英语语言综合素质。

在组织课堂活动时，教师要对学生进行合理的分组，分组时要注意小组各位成员的英语水平最好有一定差别，如具备的听说读写能力不同，这会更有利于小组成员间的互相学习、互相协助；在每个小组中至少应当有一名具备组织领导能力的学生，由他对小组学习或者讨论进行督促和组织，这可以有效保证小组有序、顺利地完成活动。因此，教师在课堂分组时一定要充分考虑到每位学生的学习能力、学习特点等。好的分组将会为教学目标的有效达成提供重要保障，能使教学活动达到最佳的教学效果。

（四）对学生进行个别化的辅导

翻转课堂不仅强调课下学生自学、课上生生互动，更强调课堂上的师生互动。教师在翻转课堂上要有效地指导学生参与课堂教学活动，认真观察和监督每个学生在教学活动中的具体表现，在学生遇到困难时给予必要的帮助，而不需要过多地对学生进行知识的讲授。教师在课堂上除了开展教学活动外，还应当为学生留出自行反思和消化学习内容的时间，教师可以根据学生完成教学活动的情况对其进行针对性的个别化辅导。教师可以把个别化辅导安排在课堂教学活动开始之前，这时为学生答疑解惑可以避免学生在之后的教学活动中走错路或者无所适从；也可以把个别化辅导安排在教学活动后的课堂时间中，这时学生通过活动对教学内容有了进一步的认识，教师为学生的解答将更有针对性，既可以对教学内容进行归纳总结，又可以给学生建立知识框架体系。

在我国国家教育信息化大发展的今天，翻转课堂这一教学模式对我国高校的英语教学产生了重要的影响，由于翻转课堂在我国的研究与实践尚处于初级阶段，效果还不是很明显。笔者相信通过一段时间的改革与实践，翻转课堂教学模式在我国高校英语教学中的作用一定会有比较显著的效果。

四、翻转课堂教学模式在高校英语教学中应用的障碍

（一）缺乏信息技术的必要帮助

翻转课堂对于学校软、硬件设施有很高的要求。英语视频教学的录制以及学生自主性的视频教学知识的整理都需要一定的硬件设施作为基础，并且校园的网络学习平台建设问题也是高校英语翻转课堂的教学环境的一部分。如何实现师生、生生之间的无缝交流以及如何得到专业英语教学人士的技术支持，都是我国高校英语教育翻转课堂改革的一些难点。

（二）翻转课堂教学模式真正落到实处有一定困难

在翻转课堂教学模式中，教师的角色已转变为学生学习的促进者与指导者。因此，教师必须具备一定的教学技能：一是能熟练地组织学生的学习活动，如小组讨论、小组学习等；二是能制作、英语语言知识讲解的教学视频、课件，并能制作和利用微课、慕课等先进的信息技术的教学手段等。这些都大大增加了教师的工作量和工作压力，很多教师对此不以为然。同样，部分学生习惯于传统的被动教学，对教师的依赖性较强，不适应翻转课堂教学模式，在翻转课堂学习的过程中自主学习能力差，无法正确掌握学习的重点和难点。因此，在开展翻转课堂教学模式的过程中应加强教师之间的合作，使其共同分担英语教学任务，减轻教师的工作压力；还要加强对学生的引导，重点培养学生的自主学习能力，增强学生的学习自信心。只有这样，才能使得英语翻转课堂落到实处，真正发挥其优势。

那么如何解决在高校英语教学中应用翻转课堂教学模式时遇到的障碍呢？一方面是改变理念的问题。除了学校领导重视，教师和学生观念的改变外，还需要有配套的教学体系的构建。发展性的教学评估体系的建立是教学理念改革的重点内容，也是翻转课堂教学模式能否成功的关键，要加强教学评估体系的设计和开发。另一方面是基础设施建设问题。翻转课堂教学模式的技术支持和网络平台构建上需要专业人士的支持，需要教育部门以及高校在财政、课题项目研究等方面给予支持。

五、翻转课堂在高校英语教学中的应用策略

（一）转变教学认识

在当前的高校英语教学中，人们的传统理念仍然根深蒂固，围绕理论和

解题技巧的教学仍然占据重要地位，这些内容难以激发学生学习的兴趣。因此，高校应该对教学理念进行改革，明确教师和学生在学习中分别扮演的角色，对翻转课堂的理念形成深入的认识，将提高学生的语言应用能力和语言文化能力作为教学目标，从大格局、大视野上为高等教育中的英语学科教育制定教学目标，培养学生的英语思维和语用能力。关于教育理念的改革，学校和学科教研组可以通过培训、公开课、专家讲座等具体的培训行为将其落到实处，教师们在看到翻转课堂的优势后，自然会主动使用先进高效的教学手段。

（二）完善教师备课

虽然翻转课堂是以学生为主体的，但若离开教师的指导，学生的主体化行为也会出现盲目和偏差的现象。因此，教师在课堂上的“功能”不能丢失，前提必须是进行充分的备课。一般来说，教师能从宏观上把握全班学生的实际情况，能对学生进行合理的分层，并在此基础上选取适当的教学资源。教师要以能够激发学生学习兴趣的教育资源作为第一标准，让学生有学习下去的意愿，并能够通过学习有所收获。在翻转课堂上，教育资源一般会以视频的形式呈现，它们不应该超过 20 分钟，以 15 分钟最为恰当，每个视频只讲一个知识点，言简意赅、突出重点，使学生能够扎扎实实地完成每一次的学习，这就是教师备课最大的益处。

（三）增加教学互动

翻转课堂让教师、学生和教学环节都发生了变化。教师不再“一言堂”，学生也不接受“满堂灌”，整个课堂都处于一种流动和活跃的状态。师生互动、生生互动、组内交流、全班探讨，每个人都必须全身心地投入课堂学习中。学生为了有更好的表现，也会在课下尽可能多地收集英语学习资料，这在无形中提高了互动的频率和质量，让英语学习更加深入。多方位的互动能够扩展学生的学习范围，让学生不只是停留在单词、语法、句段的学习上，还会主动地学习一些如计算机知识，制作音频、视频课件的知识，实现跨学科学习的复合型学习目标，真正提升学生的自主学习能力。另外，学生能力的提高也要求教师提高个人素养，不能只停留在英语这一个单一学科的讲学上，这在无形中又打造了一个学研并行的高素质教师队伍。有的学校翻转课堂启动得比较早，已经积累了丰富的教育资源，甚至投放在学校的官网和一些自媒体平台上，其他学校可以吸取这些学校累积的经验，尽快组建本校的英语资源库。在翻转课堂上，人员的构成以教师和学生各占部分比例最为适宜，同时让教学互动的时间延长、空间加深，只有这样翻转课堂才不会成为一时的热闹，而能真正为学生的学习带来帮助。

第四章　任务型教学模式

第一节　任务型教学模式概述

一、任务型教学模式的背景

任务型教学模式发展于20世纪80年代，最初用于语言类教学。但是，随着教学方法的改革与发展，任务型教学成为目前所有学科所推广与应用的教学模式与教学方法之一，并得到了教育部的认可与提倡。在现有的对任务型教学的研究中，已经对任务型教学模式中的任务概念、基本构成要素以及任务教学模式的基本原则有了一个初步的定论。本书的主要目的是研究任务型教学法在教学中的创新模式，探讨如何将教学大纲中的教学任务转化为实际课程并构建一套任务型教学模式转换模型。该转换模型的建立可以弥补任务性教学在教学应用中的模型空缺，为进一步完善任务型教学的应用性和实效性提供了有利条件。

二、任务型教学模式的特征

（一）体现了以学生为中心、以教师为指导者的教学思想

在任务型教学过程中，每个学生都平等地参与任务，并组成团队或小组共同协商、共同监督，在亲身体验中进行自我评价、自我控制，以增强其责任意识。同时，翻转课堂教学强调以学生为主体，让学生主动、独立地完成教师所安排的任务，不断探索新的学习方法，体现了自主学习的教学理念，有利于培养学生获取知识和进一步实践的能力。

（二）有效营造自主性学习的氛围

在任务型教学过程中，学生是知识意义的主动构建者，扮演着执行者、参与者的角色，而教师是教学过程中的协调者、设计者。教师讲授的内容不是教材中提供的单一知识，教学的目的是充分利用现代化媒体和网络技术构

建一种轻松愉悦的社会情境，打造一个互动、友好的学习交流平台。

（三）注重学生英语综合运用能力的培养

要提高高校英语教学质量，就应该使教学理念由只注重课堂教学向发展习得语言的策略方向转变，并适应语言习得的规律，有效地开展个性化的自主学习。在这个过渡阶段，任务型教学模式为学生英语综合运用能力的培养提供了有利的学习空间，能够引导学生学会运用和更新学习高校英语的方法和技巧，让学生亲自认识、分析、推理和反思，养成自我总结和自我评价的习惯。

第二节　任务型教学的理论基础

一、语言学基础：系统功能语言学

系统功能语言学是 20 世纪最有影响的语言学理论之一。在它之前的结构主义语言学、转换生成语言学以语言结构或语言规则为研究对象，视语言为抽象的符号系统。系统功能语言学改变了这一语言研究传统，把关注的目光投向了语言的社会功能和动态使用，认为语言是社会符号，试图从社会角度诠释语言与意义。其研究领域和关注焦点对 20 世纪 80 年代以后语言教学的发展产生了重大影响，这其中当然也包括任务型教学。

（一）语言性质的研究

在 20 世纪 60 至 70 年代，英国语言学家韩礼德创立系统功能语言学时，以乔姆斯基为代表的转换生成学派正处于巅峰时期。乔姆斯基等将语言假定为理想的语言，使用者所具备的一种知识即所谓语言能力（linguistic competence），该能力有着不受人脑其他机制影响的自治性（autonomy）。转换生成学派相应地将语言学的研究目标确定为对该能力的研究，从而找到能够适用于所有人类语言的普遍语法（universal grammar），并用某些逻辑符号记录这一语法（即形式主义的研究方法），使得计算机能够解读和生成正确的句子，而语言运用（linguistic performance）则因其错误百出或不精确性被排除在形式主义语言研究的范畴之外。韩礼德认为，转换生成语法学派代表的是“生物体内部”（intra-organism）的研究视角，即侧重从语言使用者个体的大脑机制内部探讨语言的工作机制，但是这只是众多研究机制中的一种，因为人们同样可以将语言当作艺术，即文学的视角，或将语言看作某种行为来予以研究，这些研究视角之间应该互相借鉴，互为补充。

第一，韩礼德指出转换生成学派的研究更有助于理解语言系统本身，而系统功能语言学所提倡的生物体间的研究立场更能揭示语言的性质，因为系统功能语言学是工具性的，可以通过语言学研究昭示人们语言系统之外的内容，如社会系统、社会的意识形态、社会结构等等。众所周知，包括乔姆斯基在内的许多语言学家主张从心理和认知的角度研究语言的生成和理解过程。韩礼德本人对此并不反对，但他对语言的心理属性方面的研究不感兴趣，而是致力于语言的社会属性，即语言使用者是如何通过语言建立或维系其社会关系的，也就是语言在构建人类社会的结构以及参与确定个人的社会角色或社会地位时所起的作用。从这个意义上说，韩礼德采取的主要是一种社会学的研究立场。

第二，在研究的重心方面，韩礼德的观点也有别于转换生成学派。他认为，语言学研究更重要的应该是语言与语言之间的差异，而不是乔姆斯基等所说的普遍语法，这是因为，一方面语言的共性很容易被英语学习者所掌握，另一方面这种共性相当少，又极为琐碎。为了揭示语言间的差异，韩礼德吸收了英国社会人类学家马林诺夫斯基的人类学研究理论以及德国哲学心理学家沃尔夫的语言相对论思想，强调将语言放置在文化范围中予以研究，并提出了关于语言和思维之间关系的独到见解。他承认语言结构对人类认识世界的方式有所影响，但同时又指出，从社会学层面上看，应该是社会关系决定了人类认识世界的方式。

第三，韩礼德反对语言能力和语言运用之间的区分。因为所谓语言能力，指的是理想的语言使用者具备的关于其所使用的语言的知识，但实际世界中并不存在这样的语言使用者。韩礼德倾向于使用“潜势”一词（更准确地说应该是意义潜势，meaning potential）来描述语言系统，并将所有的语言使用现象都纳入其研究范畴，因为在他看来这些被实际使用的语言表达形式都是语言使用者从语言系统的意义潜势中所做出的选择。

第四，与乔姆斯基的天赋论思想针锋相对，韩礼德提出了儿童语言发展（language development）而非语言习得（language acquisition）的理论。我们知道，传统儿童语言习得理论一般将儿童最初发出的噪声称作咿呀学语（babbling），并认为这些噪声是没有意义的。但是韩礼德认为，这些噪声是有意义的，是儿童自己创造出来用以调节他与周围世界关系的“原语言”（proto language），只不过它主要用于满足儿童当时的某些直接需要，或者用韩礼德的话说是仍处于与当时的直接情境（the immediate situation）相关联的原始阶段，如：饥饿时的哭声、高兴时的笑声或游戏时的独白等等。成年人的语言则超越了交际的直接情境。儿童此时的语言虽然相当原始，但却足以表明儿童认识世界的本能和将自己纳入已有的成人社会的本能。在儿童的发育成长过程中，这种原语言与成年人世界的语言发生互动作用，但最终总是让位于成人语言。儿童本人在接受了成人语言的同时也接受了那些既定的社会关系和社会结构，换言之，儿童在掌握成人语言的同时也发展成了“社会的人”。

在上述讨论的基础上，韩礼德将语言的性质归纳为一个社会意义学（semiotic）系统。因为在他看来，语言符号和它所代表的意义是不可分的，意义存在于语言的所有层面。韩礼德对语言性质的这一看法是其语言哲学思想的基础，他本人的语言学理论以及与之相关的语篇分析理论、批评语言学理论等也都是以语言的社会属性为研究指南的。

（二）系统功能语言学研究重点

1. 功能

在韩礼德之前，语言学家已经对语言的功能表达了多种看法。例如，美国语言学家雅柯布逊在其论文《语言学与诗学》（*Linguistics and Poetics*）中，把语言功能分为六种：指称功能、情感功能、意动功能、寒暄功能、元语言功能、组诗功能。英国语义学家莱昂斯爵士在《语义学》一书中则把语言的功能概括为三种：描写功能、社会功能、表达功能。[①]

韩礼德对语言功能的解释是从研究儿童学习语言的过程入手的。韩礼德认为，儿童学习语言的过程是一种学习如何通过语言表达各种需要的过程。他和夫人一起对儿子的早期语言发育做了系统的记录和分析。他发现儿童语言有如下七种功能：工具功能（instrumental function）即通用语言获得某个物品，以满足自己的物质要求；控制功能（regulatory function）即运用语言对他人进行控制；交流功能（interactional function）即运用语言和其他人进行交流；个人功能（personal function）即运用语言表示自己的身份和对事物的看法；启发功能（heuristic function）即运用语言去探索周围世界；想象功能（Imaginative function）即运用语言创造某种环境；告知功能（informative

① 杨达.语言学诗学研究——论雅柯布逊语言功能观视角下的文学性[J].参花（上），2021（04）：38-39.

function）即运用语言把某件事告知对方。儿童语言有如下特点：儿童每次使用自己创造的原型语言时都只能表示一种功能，而不能具有两种或两种以上的功能。这就是说，在这个时期，语言和功能之间存在着明显的一对一关系。韩礼德的研究表明，儿童自呱呱坠地之日起，就开始学习如何使用语言来表达各种意义，以满足“做人”的要求。韩礼德将上述七种功能统称为微观功能。

宏观功能是儿童放弃原型语言向成人语言过渡时期出现的语言功能。韩礼德认为宏观功能可分为理性功能（mathetic function）和实用功能（pragmatic function）两种。理性功能指儿童把语言用作观察事物和学习知识的一种手段、途径。它由早期儿童语言的个人功能、启发功能等微观功能演变而来，到成人阶段又进一步发展为三大语言纯理功能（metafunction）之一的概念功能（ideational function）。实用功能指的是儿童把语言用作做事的手段。它产生于工具功能、控制功能和交流功能等微观功能，后又演变成人际功能（interpersonal function）这一语言纯理功能。早期的七种微观功能过渡演变为两种宏观功能可看作一种功能简化的过程。但是，虽然功能的数目减少了，但每种功能表达的意义却增多了。例如，用升调讲话既可以表达“我要某样东西”这种工具功能，又可以具有“你必须为我做某事”这种控制功能。由此可见，宏观功能的数目虽少，但是远比微观功能复杂、抽象。

绝大多数系统功能语言学家认为，当人类语言经过过渡时期进入成人语言阶段后，原来的理性功能演变成概念功能，实用功能演变成人际功能。概念功能、人际功能以及语言本身具有的组篇功能（textual function）构成成人语言的纯理功能。概念功能指语言对人们在现实世界（包括内心世界）中各种经历加以表达的功能；人际功能指讲话者运用语言参加社会活动的功能；而语篇功能指语言使本身前后连贯，并与语域发生联系的功能。之所以将三者称为纯理功能是因为这三种功能是高度抽象的。

2. 语义

韩礼德一直强调语言学研究的重心应该是意义，甚至将语言的性质界定为一个社会意义学系统。在《你如何表达意义》一文中，韩礼德提出了异议进化理论（the evolutionary theory of meaning）。[①] 他认为，人类经验由两个层面构成：其一是人类为了满足生存需要与大自然接触或抗争的物质层面，

① 杨雪芹 . 韩礼德生态语言学思想的学理传承研究 [J]. 盐城师范学院学报（人文社会科学版），2020（04）：27-35.

其二是人类认识世界的意识层面。在最原始时期，物质层面的经验和意识层面的经验是同时发生的，或者说此时的人类意识活动是完全受制于大自然这一直接情境的。这种经验方式显然并非人类所特有，而是许多动物都具备的，所以韩礼德称之为哺乳动物式的经验（the mam malian experience）。韩礼德指出，人类在这种最原始的活动过程中所创造出来的语言也是一种原语言，与儿童在掌握成年人语言之前所自创的语言相类似，现代语言即起源于此。原语言向现代语言的进化过程极其艰难而缓慢。首先，前面所说的物质层面的经验与意识层面的经验相融合形成“内容层面”（the plane of content）和“表达层面”。其次，这两个层面之间的界面（interface）在进化过程中逐步解构，在人类集体意识的作用下，词汇语法系统（the lexical grammatical system）对哺乳动物式的经验所认识到的意义予以“语法化”（grammaticalize），并成为介乎“意义层面”与“表达层面”的一个弹性的空间层面。这一中介面的重要作用在使得人类语言脱离了直接情境，并与其他动物的交际形式区别开来。基于上述认识，韩礼德提出，意义既是外在的，同时也是内在的，即人类经验的物质层面与意识层面相结合的结果。

意义是人类经验的物质层面与意识层面相互融合的结果，而语言表达形式同样是这两者融合的结果，这就从理论上解释了为什么意义是一种潜势，人类表达意义的过程实际上是一个创造意义的过程（aerogenesis）。正因为意义的形成过程是人类意识与人类经验互动的结果，意义本身必然是相对的，或者用韩礼德的话说是说话人（locator）建构的过程，而词汇语法层面作为“内容层面”与“表达层面”之间的中介面，使得人类终于脱离了大自然对他的束缚，可以借助语言认识世界，因为只有当人类超越了其经验的直接情境之后，才可能从真正意义上成为认知主体，以观察者的身份窥视作为“他者”（the otherness）的世界同时，人类在认识世界的过程中又必然会受他作为一个社会的人的意识形态因素的影响。

3. 语境

在韩礼德等人看来，语言并非如同转换生成语言学所说是一个独立自主的符号系统，语义的产生和理解与语境有着十分密切的联系。语言研究离不开意义研究，而意义研究又离不开具体的交际环境。语言学家有必要找出语境因素与语义表达之间的关系。

韩礼德等人接受了前人的语境思想，对语境的含义、分类以及语境对语言使用的影响进行了深入的探讨。他们认为，语境可大致分为文化语境和情景语境两种。文化语境主要指人类在特定文化背景中的行为模式，这种模式制约语篇的语类结构（generic structure）等带有宏观意义的语义结构。情景语境指的是与语言交际行为直接相关的话语范围（field of discours）、话语基调（tenor of discourse）和话语方式（mode of discourse）三种因素。其中话语范围指话题以及与话题有关的活动，话语基调指讲话者与受话者之间的社会关系以及讲话者的交际目的，话语方式指话语活动所选择的交流渠道。这三种因素分别影响语言的概念功能、语篇功能和人际功能。尽管系统功能语言学家在语境因素如何影响语义表达这个问题上持有不同见解，但在语境因素对语义表达有制约作用这一点上却是完全一致的。这就不难解释为什么系统功能语言学把语篇作为分析的对象，在语篇层次上研究语言意义，即语篇语义（discourse semantics）。这里包括两层意思：第一，与乔姆斯基的形式主义语言学不同，系统功能语言学重视的不是句子有哪些生成规则以及这些规则受到哪些约束，而是语言在实际交际场景中所发挥的意义。第二，系统功能语言学研究的语言现象不是孤立存在的，都有一定的上下文和相关的语境作为理解和解释的依据。也就是说，语言的意义存在于具体的使用过程中，离开语言使用的具体环境，就很难确定语言的意义。

什么是语篇？语篇指一段有意义的连贯的话语。它可能是书面的，也可能是口头的。从长度来看，它可长可短，篇幅长的语篇可能有数十万字，短的可能只有一个字。韩礼德强调在语篇而不是在词汇或句子层面上看待意义。如果说在词汇层面或句子层面上讨论意义问题时人们所能认识到的只能是语言与世界、语言与意识或语言符号之间的片面的、孤立的关系，那么在语篇层面上讨论同类问题时，人们就不得不在文化范畴下全面地、综合地审视语言、思维和世界之间的关系，从中发现意义的动态性、互动性等本质特征，从而否定形式主义语言学所假设的语言系统不受其他因素影响的自治性。

（三）语言学研究：关注动态的语言使用

基于对上述问题的研究和认识，韩礼德特别强调语言研究要关注语言的动态使用。

结构主义语言学鼻祖弗迪南·德·索绪尔认为，语言是一种社会符号。人类的语言活动既是个人行为，又是社会行为，因为说话受到社会的制约。他还认为，语言可以分成“语言”和“言语”两部分。所谓“语言”，指的是那些不受个人因素支配，为全社会成员所共有的内在规则。在索绪尔看来，语言学家的任务就是要研究这类规则，而不是言语活动中那些受个人意志支配的部分，也就是说“言语”不应成为研究对象。

乔姆斯基自称是坚决反对结构主义语言学的，尤其是结构主义语言学后期的种种做法，认为这种语言学不能反映语言运作的真谛。他极力主张把语言学的任务确定为研究讲话者的语言能力，研究理想的讲话者（idealized speaker）所使用的语言，即完全符合语法规则的语言，认为语言学家应对儿童为何能在语料相当零碎贫乏的情况下只花几年时间便能够掌握复杂的语言结构这一现象做出科学的解释。在重语言能力研究轻语言运用研究这一点上，乔姆斯基与索绪尔重语言，轻言语的观点很接近。

韩礼德同意索绪尔关于语言是社会符号的看法，但他反对把语言学研究局限于“语言”。在韩礼德看来，所谓社会符号，有两层含义：第一，语言是一种符号，是整个符号系统中极为重要的子系统；第二，语言交际是人的活动，而人是社会的成员，是社会人，因而语言交际是一种社会行为，也就是人与人之间的行为。通过语言系统进行复杂而有效的交际，从而达到各种各样的目的，是人类区别于动物的重要特征之一。系统功能语言学始终把语言的社会性放到一个十分重要的位置加以研究，其理论研究目标就是要揭示意义产生的社会根源。韩礼德明确指出，语言学应该既研究“语言”，也研究“言语”。在实际的分析研究中，韩礼德在“言语”研究方面花费了更多精力。他没有采用索绪尔“语言”和“言语”这对术语，而是选择了“能做”（can do）和“做”（does）这一对说法。所谓“能做”，指的是“语义潜能”（meaning potential），这种潜能为人类使用语言交际提供了各种各样的可能性。而“做”则指对这些可能性所做的实际选择，也就是根据语言交际的需要对语义系统所做的选择。换句话说，在韩礼德看来，他所说的符号系统不应被看作一组符号，而应当被看作一套系统化的意义源泉，客观而全面地描写语言系统的构成和运作。研究人们如何通过“使用语言”交换意义，是系统功能语言学家的主要任务。

由此可见，我们从语言的社会属性的角度解释了为什么任务型教学特别强调语言意义的第一性。引进真实的语言材料和借助任务来创设接近自然的语言习得环境体现了对系统功能语言学语境、语篇理论的关注，其目的在于使学习者体验，进而掌握语言的动态使用；在“用目的语做事”中，通过学习者之间的交流互动，感受语言的社会功能，理解语言对建立和维系人与人之间的社会关系所起的重要作用。学用一致原则拉近了课堂与社会的距离，使学习过程本身也成为促进学习者社会化的过程。

二、学习论基础

（一）皮亚杰的认知发展理论：语言学习是学习者的积极建构

皮亚杰的学习理论是建立在对儿童认知发展研究的基础上的。他的兴趣在了解人们从婴儿到成人是如何学会认识事物的。他认为人的认知的发展有四个阶段：一是感知运动阶段（0～2岁），主要靠感觉和运动来认识世界，在活动中形成一些初级的行为图式，以此来适应外部环境和进一步探索外界环境，其中，手的抓握和嘴的吸吮是他们探索周围世界的主要手段。二是前运算阶段（2～7岁），在感知运动阶段获得的感觉运动行为模式已经内化为表象或形象模式，具有了符号功能，儿童虽不能很好地掌握概念的概括性和一般性，但开始能用语言或较为抽象的符号来代表他们经历过的事物。三是具体运算阶段（7～12岁），认知结构发生重组和改善，思维已具有可逆性，能凭借具体事物或从其中获得的是非曲直的表象进行逻辑思维，但思维过程仍需具体事物的支持。四是形式运算阶段（12岁左右），这时的儿童开始不再依靠具体事物进行思维，能进行准确的归纳演绎，能做出一定的概括，能对抽象的和表征性材料进行逻辑思维，思维已接近成人水平。

皮亚杰学说影响最深远的一面是它所强调的学习过程的建构性。他坚持用主体和客体相互作用的观点来研究儿童的认知发展。在皮亚杰看来，儿童是在与周围环境相互作用的过程中，逐步建构起关于外部世界的知识，从而使自身认知结构得到发展。儿童认知发展是受三个基本过程影响的：同化、顺化和平衡。所谓“同化”指个体运用已有认知结构（图式）处理所面对的问题，即个体把外部环境中的新信息吸收进来并结合到原有的认知结构中。如果吸收后，儿童发现原有图式仍然适合，新信息即被整合到自己原有认知结构内，成为其认知结构的一部分。所谓“顺化”，是指个体调节自己内部结构以适应特定刺激情景的过程。当外部环境发生变化，而原认知结构无法同化新环境提供的信息时，个体为了符合环境的要求而主动修改、重组原有认知结构。顺化与同化是相伴而行的。就本质而言，同化主要指个体对环境的作用；顺化主要指环境对个体的作用。认知个体（儿童）就是通过“同化”和“顺化”这两种形式来达到与周围环境的平衡：当儿童能用现有图式去同化新信息时，他是处于一种平衡状态；而当现有图式不能同化新信息时，平衡即被打破；而要寻找新的平衡就必须对原有图式进行修改或创造新图式，即通过“顺化”过程达到新的平衡。平衡状态不是静止的。新的认知结构既以原有认知结构为基础，又有别于原认知结构，这种区别既可以是质的，也可以是量的。儿童的认知结构就是在与周围环境的交互作用中通过“同化”与“顺化”逐步建构起来，并在“平衡—不平衡—新的平衡”的循环中得到不断的丰富、提高和发展的。

从以上讨论不难看出，皮亚杰的认识发展论关于学习的一个基本思想是：儿童认知发展有阶段性，教学要考虑学习者的认知发展水平。学习的结果不只是知道对某种特定刺激做出某种特定反应，而是头脑中认知图式的重建。学习并非个体获得越来越多外部信息的过程，而是学到越来越多认识事物、解决问题的程序的过程，即形成了新的认知图式。同化和顺化的核心是相互作用观。学习是一个能动的过程，它需要认知主体的积极参与，学习的发生取决于个体与环境的交互作用；企图从外部注入知识是难以奏效的，真正有效的学习建立在学生主动理解的基础上。所以，在皮亚杰看来，通过练习或许可以教给儿童某种知识，但这样获得的知识很容易被遗忘，除非儿童能够理解它，也就是说，除非儿童能够把它同化到他已有的认知结构中去。而这种同化只有在儿童积极参与建构时才有可能发生。教育则应该为学生提供富有个人意义的学习经验，由学生自己从中建构知识。由此引出的另一个值得思考的问题是，既然学习是一个主动的建构过程，出现错误就在所难免。错误对学习者具有积极意义，对错误的清醒意识可以帮助他们开展自我调节，修订、改造认知结构，从而达到新的、更高阶段的认知平衡。

（二）布鲁纳的发现学习论：让学习者在语言运用的过程中发现规则

布鲁纳是皮亚杰思想的重要推行者，不同的是他力图将认知发展的理论与课堂教学联系起来。他扩展了皮亚杰的认知发展理论，提出了儿童的三种不同思维表征，即行动的、图形的和符号的。它们代表了儿童理解和表达经验的基本方式。这三种思维表征是依次发展的，但逐渐变得交叉并存而不是相互取代。事实上，每个人一直在连续不断地使用这三种表征系统。也就是说，至少有三种显然不同的方式来表征学习经验和思维。如果以此来设计教学，就能达到促进学生智慧或认知生长的目的。布鲁纳认为教育的目的在发展学生的理解力和认知的技能与策略，而不是获得关于事实的现成信息，强调教学最重要的任务是配合学生身心发展，教学生如何思维，如何学会学习，如何从求知活动中发现规则，从而整理统合，组织成属于自己的知识经验。他所倡导的“发现法”，并不限于发现人类尚未知晓的事物的行动，而是包括用自己的头脑亲自获得知识的一切形式。因此，从本质上说，“发现法”强调的是认知主体的积极参与。其特征可概括如下：

1. 强调学习过程

布鲁纳认为，在教学过程中，学生是一个积极的探究者。教师的作用是创造一种学生能够独立探究的情景，而不是提供现成的知识。我们教一门学科不是要把学生变为一个活动着的小型藏书室，而是要让学生自己去思考，参与知识获得的过程。认识是一个过程，而不是一种产品。在布鲁纳看来，学习的主要目的不是要记住教师和教科书上所讲的内容，而是要参与建立该学科的知识体系的过程。所以，他强调的是，学生不是被动的、消极的知识接受者，而是主动的、积极的知识探究者。

2. 强调直觉思维

布鲁纳认为，直觉思维与分析思维不同，它不是根据仔细规定好了的步骤，而是采取跃进、越级和走捷径的方式来进行的。直觉思维对科学发现活动极为重要。直觉思维的本质是影像或图像性的。因此，教师在学生的探究活动中要帮助他们形成丰富的想象。

3. 强调内在动机

在布鲁纳看来，一般教学条件下学生的学习动机往往来自外部，诸如为了谋求好成绩，与同学竞争，为获得奖励或避免惩罚，等等。布鲁纳认为，形成学生的内部动机，较之把外部动机转化为内部动机更为重要。与其让学生把同学之间的竞争作为主要动机，还不如让学生向自己的能力提出挑战。所以，他提出要形成学生的能力动机，就是使学生有一种求得才能的驱动力。

4. 强调信息的提取

布鲁纳认为，人类记忆的首要问题不是储存，而是提取。信息能否提取，关键在信息是如何组织的。语言学习通常涉及大量记忆，布鲁纳借助一项单词学习实验对此进行了说明。

实验的学习任务是30对单词。他把学生分成两组，其中一组被告知要记住单词，以后是要复述的；而对另一组的要求是给每对单词造句。实验完成后发现，后者能复述其中的95%，而第一组学生的单词提取量不到50%。显然，借助造句记忆的单词，涉及单词的使用，已不是单纯的机械记忆，而是包含了认知主体的积极参与，即经过了一定程度的精加工，与原有语言系统的认知结构（句法、词法、语义等图式）建立起了联系，因此便于提取。所以，如何组织信息对提取信息有很大影响。学生只有亲自参与发现事物的活动，才会用某种方式对它们加以组织，从而对记忆产生良好的效果。

（三）奥苏贝尔的意义学习论：死记硬背获得的语言知识难以提取

上述讨论的许多方面用意义学习理论解释也是准确的。意义学习是相对于机械学习、死记硬背而言的。在奥苏贝尔看来，机械学习是无效的，因为未能与学习者的原有认知结构建立起联系，得到的不过是一些孤立的、凌乱的信息，难以提取，更谈不上会用，这样的学习显然是没有意义的。意义学习的实质就是要使新信息与学习者原有认知结构建立起内在的联系，使之内化为其认知结构的有机组成部分，真正成为学习者自己的东西。英语学习的特殊性容易导致机械学习，有些教学方法，如听说法，甚至把机械的句型操练视为建立起语言习惯的法宝。因此，如何避免机械学习，促进意义学习的产生是英语教学特别需要关注、解决的问题。对此布朗认为，教学要先设法吸引学生的兴趣，努力使新论题、新概念的引入与学生已有知识背景建立联系；与此同时，教学还应尽可能避免过多的语法解释，过多的抽象原理、理论，过多的操练，无明确目的的活动，无益于实现教学或课程目标的活动，机械地把学生注意力引向语言的结构而非意义的教法或技巧。显然，上述导致机械学习的因素在任务型教学中是行不通的。

（四）社会建构主义学习理论：互动促进语言习得

建构主义是20世纪末以来备受关注、影响日益深广的学习理论。建构主义的基本观点是：知识并不是对现实世界的绝对正确的表征，它们处在不断的发展之中，而且在不同情景中，它们需要被重新建构；学习者不是空着脑袋走进教室的，在以往的生活、学习和交往中，他们逐渐形成自己对各种现象的理解和看法，而且，他们具有利用现有知识经验进行推论的智力潜能；相应地，学习不单是知识由外到内的转移或传递，更是学习者主动地建构自己的知识经验的过程。建构主义与实证主义的本质区别在于：后者强调事物客观、绝对的一面，认为事物的意义是独立于我们之外的，完全由事物本身决定的；前者则强调事物主观、相对的一面，认为意义不是独立于我们而存在的，对事物的理解不仅取决于事物本身。因此，建构主义重视个人凭借自己原有经验和现实处境对事物的主动理解。

建构主义者由于在权衡“外部输入—内部生成”对知识形成的重要性，以及知识建构中“个体与社会”的关系等问题上存在分歧而形成激进建构主义、社会建构主义等派别。社会建构主义赞同建构主义的基本观点，也把学习看成个体建构自己的知识和理解的过程，重视学习中的“互动”，但认为这种互动不仅仅是个体与其物理环境的相互作用，而更多的是个体间的相互作用，即个体与社会的相互作用，把影响儿童知识建构的“他人”视为与学习者一样的认知主体。

维果斯基的社会文化历史观是社会建构主义的主要理论基础。维果斯基强调，个体的学习是在一定的历史社会文化背景下进行的，社会可以对个体的发展起到重要的支持和促进作用。知识不仅是在个体与物理环境的互动中建构的，社会性互动同样重要，甚至更为重要，人的高级心理机能的发展是社会性互动内化的结果。由于维果斯基特别关注社会人际互动在儿童认知发展中所起的重要作用，有人将其理论视为社会互动理论，因为其中体现着这样的思想：儿童一出生就进入了人际交往的世界，学习与发展则发生在他与其他人的交往与互动之中。维果斯基把学习者在自己的日常生活和交往活动中形成的个体经验称为“自下而上的知识”，而把他们在学校里学习的首先以语言符号形式出现，由概括向具体领域发展的知识称为“自上而下的知识”。自下而上的知识只有与自上而下的知识相联系，才能成为自觉的、系统的知识；而自上而下的知识只有与自下而上的知识相联系，才能获得成长的基础。

那么，社会对儿童知识建构的促进作用是如何体现的呢？这就涉及维果斯基理论的一个重要概念：中介作用（mediation）。所谓中介作用，指儿童身边对他有重要意义的人在他认知发展过程中所起的作用。有效学习的关键在儿童和“中介人”（父母、教师、同伴）之间的交往互动的质量。维果斯基的另一重要贡献是“最近发展区”理论。最近发展区是指比儿童现有知识技能高出一个层次、经他人协助后可达到的水平。这是对儿童认知发展有重要意义的中介人（特别是家长、教师）大有可为的领域。若将上述理论融合起来，可以推知维果斯基理论设想的儿童经验发展的基本途径，即儿童在与成人或比他稍成熟的社会成员的交往活动，特别是教学活动中，在他们的帮助下，解决自己尚不能解决的问题，理解体现在成人身上的“自上而下的知识”，并以自己已有的知识为基础，使之获得意义，从而把“最近发展区”变为现实的发展。

三、教学论基础：活动教学

（一）活动教学

活动教学思想有着悠久的历史。从历史上看，活动教学思想经历了一个长期演变、发展的过程，它是在不断批判以灌输、记诵、被动接受为特征的旧教育体系的过程中逐步确立起来的。卢梭、裴斯泰洛齐、杜威是活动教学思想的发展者和积极实践者。教育教学研究对活动教学进行了现代诠释，认为活动教学涵盖的“活动”是一个具有特定内涵的概念，主要指学校教育教学过程中学生自主参与的，以学生学习兴趣和内在需要为基础，以主动探索、变革、改造活动对象为特征，以实现学生主体能力综合发展为目标的实践活动。这一界定表明：传统教学中，学生在被告诉、被教导、被演示的情况下被动参与的活动，以及观念活动与实践活动相脱离的活动，不是活动教学意义上的活动。

所谓活动教学，主要指以在教学过程中建构具有教育性、创造性、实践性、操作性的学生主体活动为主要形式，以鼓励学生主动参与、主动探索、主动思考、主动实践为基本特征，以实现学生多方面能力综合发展为核心，以促进学生整体素质全面提高为目的的一种新型教学观和教学形式。由此可以看出，活动教学具有两种存在形态，它既是一种教学观，又是一种教学形式。作为一种教学观，它视教学过程为一种特殊的活动过程，强调活动在学生认知、情感和个性行为发展中的重要作用，提出教学认识的关键就在于建构学生的主体性认识活动，在于通过活动促进学生的主动发展。这一教学观具有普遍适用性，可用于指导一切形式的教学活动。作为一种教学形式，活动教学的基本主张及其规范要求可概括如下：

第一，活动教学是坚持以“以活动促发展”为基本指导思想的教学。活动教学对现代教学理论和实践的突出贡献之一就是它将“活动”的概念引入教学领域，并将“活动”与“发展”紧密联系起来。“以活动促发展”意味着“活动”与“发展”是教学的一对范畴，“活动”是实现“发展”的必由之路。学生的认知、情感、行为的发展是通过主体与客体相互作用的过程实现的，而主客体相互作用的中介正是学生参与的各种活动。教育教学作为一个特殊的活动过程，其直接任务是要为学习者创造活动，提供适宜的活动目标和活动对象，以及为达到目标所需的活动方法和条件，让学生作为主体去活动，在活动中完成学习对象与自我的双向建构，实现自我发展。

第二，活动教学是倡导以主动学习为基本习得方式的教学。活动教学认为，学生的学习过程是学习主体对学习客体（包括现实客体和知识客体）主动探索、不断变革，从而不断发现客体新质，不断改进已有认识和经验的过程，而不是如传统教学所认为的学生通过静听、静观接受现成知识结论的过程，因此，在教学实践中，活动教学倡导以主动学习为基本习得方式。主动学习是一类学习方式的总称，它具体包括探究发现学习、问题解决学习、技能操作学习、交往学习、合作学习、体验学习等多种学习方式，也包括有意义的接受学习。正如奥苏贝尔所说，有意义地接受学习与被动接受学习有本质的不同，它要求学习者积极主动地把新知识纳入原有知识结构，并不断改组重建已有的认知结构，实现知识的同化。知识的同化过程也包括了问题解决和创造。主动学习的共同特征是：以学习者的兴趣和内在动机为基础，在学习对象的主动操作、探索、加工、体验、变革的自主活动过程中完成，其学习目的不仅在于掌握知识，更在于通过过程掌握方法，发展能力。

第三，活动教学是侧重以问题性、策略性、情感性、技能性等程序性知识为基本学习内容的教学。以学生的主动学习为特征的活动教学受知识本身特点的制约，因此活动教学有特定的对象内容和适用范围。现代认知心理学的广义知识观，将知识划分为陈述性知识和程序性知识。陈述性知识是有关“是什么”的知识，它主要体现为事物的名称、概念、命题、事实等方面的知识，如“中国的首都是北京”。学习这样的单个命题所获得的即是这种知识。这类知识通过教师的讲解就可以被学生掌握和记忆，通常又被称为记忆性知识。程序性知识是有关“为什么”和“怎么办”的知识，主要涉及规则和原理的理解和应用，解决问题的技能、方法、策略的形成，以及情感的体验等。这类知识具有较强的特殊性、个体性和活动性，它关心的是在教学实践中如何通过学生的主动活动促进对概念原理的理解，以及如何将储存于头脑中的原理、定律、法则等由静态的命题知识转化为动态的应用操作技能和解决问题能力，实现由储存知识向探究知识、运用知识的转化，促进学生学习能力的发展。因此，掌握这类知识不能单靠讲授、告知的方式，还必须通过操作、探究、体验等方式来完成。从知识的内在特征来看，程序性知识客观上要求必须以活动的方式来实现知识的内化，因而是非常适合以活动教学方式进行教学的知识类型。

第四，活动教学是强调以能力培养为核心，以素质整体发展为取向的教学。以能力培养为核心，以素质整体发展为取向体现了一种新型的教学目的观，它以“活动”与“发展”关系的基本主张为认识和实践的基础，是由活动教学的基本宗旨和实践特点内在规定的，集中概括了活动教学对于教学价值、教学功能的认识，意味着活动教学不仅在认识上突出了能力培养和素质整体发展的重要性，更重要的是它找到了促进学生能力及素质整体发展的基本途径——学习者的主体实践活动。这一目的观表明，只有在丰富多样的主体实践活动中，学生的认知、情感、能力才有可能得到整体发展。

（二）活动教学思想在任务型教学中的体现

以上我们对活动教学及其本质与特征进行了分析阐述。当我们用活动教学观来衡量审视任务型教学的时候，可以说任务型教学是活动教学观在语言教学领域的实践形态。

首先，任务型教学以“任务”，即“用语言做事的活动”为其基本教学组织形式。之所以如此，是基于这样的认识：有效的语言学习不是传授性的，而是经历性的，让学习者参与有目的的交际活动，在交际中认识、掌握、学会使用目的语是习得第二语言的最有效的途径。因此，课堂教学的任务首先是为学习者提供认识、体验、实践目的语的机会、环境和条件。任务型教学把贴近学生实际生活的、有待他们借助目的语完成的任务作为教学组织的基本单位的目的就在于此，任务成为涵盖教学目的，创造机会、环境、条件，体现教师作用，引导学习者主动参与，从而认识、体验、学会使用目的语的中介。其次，从学习方式来看，任务型教学积极倡导合作学习、交往学习、探索发现学习、体验学习等学习方式。任务型教学的主要实践原则就是互动性。“互动”不可能单向，必然包含合作协商。通过用目的语交流、沟通、协商，完成任务的过程，促进交际各方在目的语的掌握使用上相互取长补短，促进各方中介语系统的扩展、修订、重构。最后，从发展能力、提高素养的角度看，人作为社会个体，交际能力是最基本的生存能力之一。仅从这一点看，语言教学注重培养交际能力的意义不仅在于学习语言，也是为了人的发展需要。任务型教学所强调的互动性在促使学习者学会用目的语交际的同时，又使其学会了沟通，学会了合作，学会了共同学习。因此，它也是以“活动”促发展的。

特别引人思考的是，前述关于活动教学的认识基础和实践基础的分析阐述，为任务型教学以任务为本的合理性提供了新的理论解释。作为第二语言习得的教学途径，任务型教学主张语言输入与输出并重，即使语言的输入也认为应在完成交际任务，即有目的的交际活动中获得，因此，可以说它更强调输出。若用广义知识划分来解释，语言的规则系统属程序性知识的范畴，因此，不能像陈述性知识那样通过教师的讲解、告诉而掌握运用。依据活动教学的理论解释，程序性知识客观上要求必须以活动的方式来促进对知识的理解，实现知识的内化。同时还应看到，语言学习是情感的体验，因为语言文字是传情达意的，必定负载着思想和文化信息，体现一定的价值观，给学习者以情感的触动。因此可以说，任务型教学重视活动，强调让学习者在用目的语交际中领悟目的语的规则，并在使用中掌握、内化规则。可见，这一做法是将语言规则作为程序性知识来看待的，其中蕴含的合理性得到了新的解答。认识到这点的重要意义在于：知识的内在特性本身也揭示了在英语教学中给予活动以应有地位的极端重要性。这就不难解释为什么传统教学中教师辛辛苦苦地讲，学生花费了大量时间精力背单词、学语法、做习题，但由于缺少在语言情境活动中的交往实践，最后学生未能将语言知识转化成语言运用能力。所以，若把语言当成静态的知识来学，其结果可想而知。

第三节　任务型教学模式的定位

一、任务型教学模式对我国英语教学的借鉴意义

任务型教学对我国英语教学的启示意义，用一句话概括，就是它促使我们反思我国输入为主的英语学习文化，若运用得法，将是对我国输入为主的英语学习文化的有效匡正。

（一）有效匡正我国以输入为主的英语学习文化

1. 输入为主的英语学习文化

所谓学习文化（learning culture），与其他文化形态一样，是观念、态度行为方式的表现，也是民族文化传统的产物之一。具体而言，学习文化是教师和学生对学习本质和学习方法的理解，对课堂教学的期望，对师生作用的认识以及这些观念、态度和认识在教学上的反映。而英语教学在这些问题上的不同表现就形成了不同的英语学习文化。

我国的英语学习文化是以输入为主的，在英语教学中的典型表现就是所谓的精讲多练。英语教学中常见的课堂教学程序大致如下：第一阶段，让学生熟悉生词，然后对这些生词逐一讲解，时常需要借助母语，再挑出课文中的重点句法结构和词语深入讲解，并举出许多例句来精心比较和辨析各种

意义和用法上的细微差别。第二阶段，围绕着这些重点结构和词语（习惯上称之为语言点）做大量的练习以求加深记忆，并要求学生运用这些语言知识进行阅读和翻译的练习。第三阶段，引导学生在掌握刚学到的语言规则和词语的基础上进行表达，也就是说和写。由此可见，英语教学总体上仍以3P（Presentation，Practice，Production）模式为主。渗透在这种精讲多练传统模式中的事实是一种输入为主的英语学习文化，体现了师生双方关于什么是学习、什么是有效的学习方法，以及有关师生课堂角色上的认识和理解。

我国的英语教学一贯以教师为主导，以语言知识为中心，以阅读为主要学习途径，以词汇量为目标，成了一种根深蒂固的英语学习文化。这种学习文化除了受我国英语环境的制约外，主要是民族文化传统影响的结果。我们在教育观念上崇尚师道尊严；教学内容方面重视知识和理论；在教学方法上习惯讲授灌输；教学途径上则重视阅读，以读带学。汉语的语文教学也基本如此。可以说，我国的教学模式是演讲式、灌输式、记录式、分析式和阅读式的教学，是一种教师灌输、学生接受，即输入式的学习文化。

2. 输入为主的英语学习文化的特征

输入为主的英语学习文化，其特征之一是以知识为中心。教师、教材、教法以及测试都自觉或不自觉地突出知识。教师把自己当作语言知识和文化知识的传授者，通过示范、讲解、分析、比较、归纳和翻译等方式向学生输入词、句、章和与语言有关的文化、历史、文学等方面的知识；教材作为语言范本和知识读本，讲究语言的规范性、知识的系统性和题材的广泛性，因此是语言输入的渠道和样板；学生充当的是语言知识的“容器”，在课堂上听课和做笔记，在课外读书和做习题，求的是“知”，靠的是“记”；考试从内容到形式都不外乎是对学生掌握语言知识的水平、程度或质量的检验。这种英语学习文化导致的结果是学生学到的语言知识难以转化为语言技能。语言学习的最终目的不是掌握语言知识，而是要从“知”到“会”，从知道所学语言是什么，到会用所学语言干什么，也就是将知识转化为技能。然而，语言知识不会自动转化为交际技能。技能不是只靠“讲”和“解”就能培养出来的，也不是仅凭“知”和“懂”就能解决问题的。因此，输入为主的英语学习文化在主观和客观上都忽略了技能的培养。

输入为主的英语学习文化，其特征之二是教师为主导，重教轻学。在课堂教学过程中，教师处在主动和居高临下的地位。他们以权威、导师和学者身份讲课文、解生词、分析文章、评判正误等等，把许多应该让学生自己做的事情都包揽下来。学生处于被动地位，养成了坐享其成和等待“喂食”的学习习惯。英语课与其他知识课相比，学生们除了听课和记笔记以外，还要回答问题，但常常是回顾事实或检验理解一类的问题，仍然体现为一种被动行为。学生们即使有交际的需求和动机，也没有外部条件。事实上，语言教学的关键不在于教而在于学。学生如果没有加工知识的过程，没有运用语言进行交际的机会，他们的语言学习只完成了进程的一半。

3. 输入为主的英语学习文化的局限性

我们不能否认，英语学习需要输入，否则，学习就成了无源之水，无本之木。大量的目的语接触是语言学习的必要条件。但问题的关键是我们所强调的输入表现出两个明显局限：一是将关注的目光过多投向语言知识，静态的、去情景的语言形式在输入中占了相当比例，这种输入是不完整的，不是真正意义上的促进语言学习的输入；二是强调输入而忽视输出，表现为重视语言知识的接受和记忆，忽视运用。一方面，教师没有把为学习者创造、提供语言运用的条件和机会置于教学的首位；另一方面，教和学双方都将语言形式的掌握、词汇的积累放在第一位，至于会不会运用则是第二位的。但是，英语学习的直接目的是要培养学习者用目的语交际的能力，学习知识不是目的，而是达到目的的手段。停留于记忆阶段的语言知识是陈述性知识，必须经过反复运用，大量的语言实践、参与有意义和有目的的交际，才能转化为自动化的程序性知识，最终形成语言交际能力。可见，语言学习不能满足于知识的掌握，不能停留在输入阶段，英语学习文化更不能以输入为主。

（二）促使我国重视输出的英语学习文化

与我国相比，西方的英语学习文化总体上是输出型的，强调学习者语言的运用和产出。重视输出的英语学习文化特别重视语言的运用，使学习者已有的语言资源转化为效益。他们强调课堂学习要以社会行为目标为参照。由于学习者在应用语言知识的过程中会出现遗忘、不足、错误、失败和成功之处，进而激发起其进一步学习的动机并确立明确的学习目标。教师的作用在于为学生运用语言知识和材料提供刺激和诱发物，激发学生作为社会的人的需求，去迎合社会对他们的要求，从而保证课堂学习与社会行为目标的一致；保证输入和输出的平衡。有了这些条件，学生的学习就会变被动为主动。要收到这种教学效益，除了在语法、词汇、听说读写等单项教学中强调运用外，重视输出的英语学习文化，提倡输出运用的综合性，任务型教学模式正是一个典型的范例。任务型教学模式旨在为学习者提供交际的机会和动力，让学生在学习中学会交际。学生在完成任务的过程中体验、建构、领会和应用语言知识和交际知识，发展听、说、读、写等语言技能以及与他人磋商、交流、协调、合作等交际能力。

在任务型教学过程中，师生关系除了教和学之外，更重要的是交际、合作与互动。教师和学生共同置身于语言交际的环境中，教师既是交际的一方，也是交际活动的促成者。这种教学过程是通过各种实际生活或工作领域当中的任务，让学生在用语言做事或处理矛盾的过程中培养和发展语言能力、交际能力以及合作协商、与他人共处等社会生存能力。可以说，重视输出的英语学习文化的目的是要实现课堂社会化、交际真实化，保证语言运用的广泛性、深入性、复杂性和灵活性。课堂社会化有利于调动学习者的内在动机，只有学习者充分投入、参与学习过程，积极运用所学语言，才能实现由知识向技能的转化。

输入为主的英语学习文化和重视输出的英语学习文化的根本区别在于如何看待和处理知识与技能、输入与输出、学习与交际这三个主要矛盾。三个矛盾互有关联，互为补充。缺了矛盾的前者，语言教学就成了无源之水，无本之木；没了矛盾的后者，语言教学也难见成效。我国英语教学“费时低效”的弊端，其根源恐怕就在于输入多、输出少，重知识、轻技能，学习有余而交际不足的“学习文化”。

任务型教学模式强调“做中学”“用语言做事”，它以学习者为中心，以任务为途径，其“意义表达第一性、有交际问题要解决、完成交际任务是首要的考虑”等原则关注语言的运用，强调真实意义上的交际，将培养学习者语言运用能力置于语言学习首位。它代表了重视输出的语言学习文化。可以预见，在我国基础教育英语教学中引入任务型教学法，必将引发人们对我国传统英语课堂的进一步反思，促进人们对语言学习本质、学习者、教师作用的进一步思考，因而带来教学方法、师生角色、教材功能乃至相应的语言测试的一系列变化。一句话，若运用得当，它将使我国输入为主的英语学习文化得到有效匡正，使英语教学呈现新面貌，学习者的语言运用能力将从根本上得到提高。

二、英语教学中实施任务型教学模式的可行性分析

既然任务型教学可以针对我国英语教学现状的弊端，那么，是不是说，倡导任务型的教学模式就意味着排斥其他，或者说将任务型教学置于传统教学方式的对立面，非此即彼？若要使这一问题得到客观、理性的解答，必须

对下列因素进行通盘考虑。

（一）语言学习环境与条件的重大差异

任务型教学模式的产生与发展有其特定的土壤，就英语学习来说，作为任务型教学模式发源地的西方社会有着与我国相差甚远的语言学习环境和条件。西方国家任务型教学模式的教学对象是已经生活在目的语社会的语言学习者，即把英语作为第二语言的学习者。由于第二语言学习者已经生活在目的语社会，他们迫切需要掌握目的语，以解决生活和自身发展的诸多问题。抱着这种需要进行目的语学习，在语言学习动机研究中称之为融入性动机（integrative motivation），即出于融入目的语社会的各种需要，促使学习者去学习语言。英语学习是为了生存，目的在于能用所学语言解决实际生活问题。显然，任务型教学模式对学习者的目的需求是给予了充分关注的，从设计到实施都将能使学习者用语言去解决实际生活中的交际问题，作为任务设计的依据。与此形成对照，我国大多数英语学习者的情况就大不一样了，英语学习者远离目的语社会，不大可能以参加目的语社会的政治和经济生活为目的，他们的主要目的是为了能阅读外文书籍，获取信息资料。多项调查表明，我国以在校生为主体的绝大多数英语学习者学习英语主要是为了应付各种考试，基础教育阶段的学生更是如此。他们把英语看作交际工具，为掌握一种工具而学习。因此，他们的学习动机是一种外部的工具性动机（instrumental motivation）。还应特别指出的是：我国的大多数地方严重缺乏学习英语的语言环境，学生不可能在自然环境下习得英语。缺乏英语语言环境几乎是我国所有讨论英语教学人士的共识，也是认定英语在我国作为英语而非第二语言的一个重要标志。正是由于这一特定的语言学习环境，学习者的语言输入与接触量极其有限。

我国学者张正东曾从实践层面将英语教学与第二语言教学的差异概括为以下六点：第一，学习主体不同。第二语言学习者通过学习目的语进行文化交融，英语学习者却在本民族文化保护之下学习一门英语课程，两者的思维活动和生活活动不同。第二，学习目的不同。第二语言学习者为生存而学，英语学习者为掌握可能有用的工具而学。第三，学习客体不同。第二语言学习者学习解决生活所需的百科内容式的真实语言，英语学习者不一定如此。第四，思维与目的语发展不同，第二语言学习者的思维与语言发展可能同步；而对英语学习者来说，则是思维的发展先于语言的发展。第五，学习方式不同。第二语言学习者采用全浸式的学习方式，无论是课内还是课外都能够大量接触目的语，因此，第二语言学习可能成为接近自然的习得。而英语学习者对英语学习的时间投入必定有限，接触的英语除了课本上的就是教师所讲授的英语，且多数不自然，甚至可能不标准。在这种条件下，是不可能自然习得英语的。第六，学习条件和环境不同。第二语言学习者有高水平的教师，大多为学生所学目的语的本族人，即本族语者（native speaker）和众多“学习助手”以及良好的语言实践环境；而英语学习者特别是目前我国的中小学生则缺乏像第二语言学习者那样优越的语言环境和学习条件。

加拿大教学法专家斯特恩在其著作《语言教学的基本概念》一书中，从语言教学的角度对第二语言有这样的论述：第二语言在学习所在地通常有官方地位和公认的社会功能，学习第二语言通常是为了全面参与所在国的政治和经济生活；学习第二语言有充分的语言环境支持，通常可以在自然环境下习得。[①] 这一特定的英语学习环境说明了第二语言学习目的的任务型教学在我国不可能放之四海而皆准，其采用应该是有选择性、有针对性的。

（二）任务型教学模式本身的局限性

我们将任务型教学的局限性概括为四点：一、对语言学习过程的认识过于偏激；二、任务选择的随意性；三、适用范围的局限性；四、评估依据是任务的完成，不单独进行专项测试。由于其对语言学习过程的认识过于偏激，认为教学不应该预先设定要学习者学到什么，教学的目的是为学习者创造语言学习的条件，真实的语言交际的机会，而对语言系统的概括要留给学习者自己去完成。事实上，使学习者有能力做出这种概括的前提是大量的、真实的目的语语言接触，接近自然的语言学习环境。这些客观条件只有在第二语言学习环境下才有可能满足。在任务选择的随意性问题上，我们提到由于任务大纲没有解决任务的难度分级、排序等问题，导致了任务型教学模式中的任务选择的随意性。这种随意性会引起操作混乱，无法保障任务型教学达到预期目的。

三、语言学习过程的认识

语言学习过程是一种领悟的过程。在这个过程中，有两种本质不同的学习。一种是直接学习，如学语言规则、生词和习惯用法。这种学习是“显性”的（explicit），学习者知道自己何时何处在学什么。另一种大量的语言

① 梁海燕．斯特恩的教学模式和理论分析 [J]. 首都师范大学学报（社会科学版），2008（S2）：27-31.

学习则是“潜意识的”（subconscious），“隐性的”（implicit），学生没有明确地意识到自己正在学习什么，譬如：应该如何运用语言方面的知识，这种知识靠学生自己去体会、概括和归纳（generalization）。这恰恰符合广义知识观关于陈述性知识与程序性知识的划分。语言系统的知识是“显性的知识”，关于如何运用的知识是“隐性的知识”。语言学者认为交际能力往往是显性与隐性知识共同学习的结果。可以说，学“显性”和“陈述性”的知识是有意识和有计划的输入，是“领悟过程”中的“领受阶段”；“隐性”和“潜意识的学习”则主要是输出过程，也是“领悟过程”中的“悟”和“用”的过程，尽管其中必然涉及无意识的输入。事实上，“领悟过程”包括语言知识的传授、语言技能的学习与习得。由此看来，现行的陈述性知识的学习与隐性的程序性知识的学习是英语学习不可分割的两个组成部分。或者用两种语言学习文化观来解释，只强调输入忽视输出，或只有输出无视输入都是行不通的，是难以达到英语学习的目的。英语教学的最佳状态应该是实现输入输出的有机结合。

四、英语学习条件下，语言知识学习的必要性

斯特恩在谈及第二语言与英语学习的区别时表示，英语学习通常需要更多正规的教学和其他措施以弥补环境支持的不足。与此形成对比，第二语言由于其在环境中的广泛使用而常常能够在不经意中习得。派克也表达了同样的看法：尤其是对于那些课堂是唯一的语言学习环境的学习者来说，这种条件意味着学习者需要更为有效地接近目的语语法规则的途径，而不仅仅是提供输入和互动体验。① 我国语言学家胡壮麟教授的观点更是旗帜鲜明：从发展方向看，一个语言正确但不流利的学习者，如果有更多机会和操英语者接触，会逐渐趋向流利；② 但一个语言貌似流利而错误很多的学习者，靠他自己的习得，很难往正确方向发展，因为他已养成有错误而自己认为是正确的陋习，对一些错误的表达方式定式化了。

① 孙青．语言近移研究综述 [J]. 校园英语 .2021（07）：243-244.

② 白晓慧．第二语言阅读研究综述 [J]. 校园英语，2021（06）：237-238.

第四节　任务型教学模式的实施与应用

一、任务型教学模式实施的步骤

（一）任务前阶段

任务前阶段包括两个小阶段，即任务准备阶段和任务呈现阶段。任务前阶段的目的主要有两个，一是为了激活学生已有的知识资源，帮助学生重构语言系统与思维方式；二是为了使学生具备完成任务所需要的语言知识和文化知识，减轻其在下一阶段完成任务时的认知压力，从而使学生真正成为主动学习者。

1. 任务的准备

任务的准备主要涉及两个方面的内容：

（1）作为任务参与主体的学习者获取、处理或表达的信息内容。

（2）作为任务参与主体的学习者获取、处理或表达这些内容所需的语言知识、技能或能力。

在任务准备阶段，还应特别注意两个问题：任务的真实性和任务的难度。任务的真实性指在任务教学中所采用的语言教学材料所具有的自然的口头语言和书面语言品质的程度。在课堂教学的环境下，教师的教学材料既要有语言交际中使用的语言真实性，同时还应具有课程标准指导下的仿制自然交际真实性的特点，这两大特点共同构成了英语课堂环境的语言输入。

2. 任务的呈现

任务的呈现是指在学习新语言之前教师向学生展示需要学生利用新的语言知识来完成的任务，也就是对任务的介绍。此时，教师应当结合学生的生活或学习经验创设有主题的情境，以此激发学生的好奇心和学习动机。在这一阶段，教师要做的是为学生提供与话题有关的环境以及思维方向，并在所要学习的新知识与学生已有的知识结构之间建立某种联系，调动起学生的求知欲，使学生有想说的强烈欲望，促使其满怀兴奋和期待地开始新知识的学习。在这一环节中，教师需要遵循先输入、后输出的原则，也就是说，在激活了学生完成任务所必需的语言知识和语言技能后再导入任务，这样不仅可以促进学生学习的顺利进行，还可以为下一阶段教学的开展奠定基础。

（二）任务中阶段

任务中阶段也就是任务的实施阶段。这个阶段也是学生语言技能的主要习得阶段。在这一阶段中任务的选择极为关键，任务的难度对学生的语言习得水平也具有极大的影响。

任务型教学法中任务的难度主要由三个方面决定：

（1）要学习的内容

（2）活动的类型。

（3）学习者的自身因素。

任务的难度过高或过低都不利于学生的学习，因此，教师要合理选择任务的难度。在教学中出现任务难度过高或者过低的现象很常见，但是教师可以采取一定的措施进行补救。例如，当任务难度过高时，可以利用图表、图像等直观的手段降低任务的难度，除此之外，教师也可以为学生提供一定的讲解以降低难度；当任务难度过低时，教师可以在简单的任务后面添加其他学习内容或设计更多具有思维挑战性和判断性的任务。

学生完成任务的形式可以有很多种，如结对子、小组形式、自由组合等，也可以由教师设计许多小任务构成任务链。任务型教学模式中小组活动是比较常见的一种活动方式。在进行小组活动时，要有明确的个人任务与小组任务。要对学生和教师的角色进行适当的转换。当然，教师要对小组活动进行宏观指导，以使教学活动顺利开展。此外，为了鼓励学生，教师也可以参与到学生的小组活动中，这样不仅可以拉近教师与学生之间的距离，还可以在一定程度上缓解学生完成任务时的紧张心理。教师在小组中还可以及时地对学生实施任务的情况进行监督、指导，了解学生掌握新知识的程度，并根据具体的情况随时对教学策略实施调整，以保证任务完成的质量。

（三）任务后阶段

任务后阶段主要涉及任务的汇报和评价。学生在完成任务后可以派出代表向全班报告任务完成的情况，代表既可以由教师指定，也可以由小组推选，两种方式各有优点。当学生汇报任务时，教师还应对学生进行指导和帮助，促使学生顺利完成汇报。

在各个小组任务汇报完毕后，教师应当与全班一起对任务做出评价，指出各组的优点和不足，并评出最佳小组，让学生在完成任务之后体会到成功的喜悦，同时认识到自己的不足，并在以后的学习中逐渐克服。在评价过程中，教师不仅要对评价的结果进行评价，还要在学生之间开展互评，这样有助于提高学生正确、理智地评价自己和他人的能力。对完成情况好的小组，教师要给予精神鼓励或适当的奖励。

总之，任务后阶段的意义在于为学生提供一个对任务整个实施过程进行回想和总结的机会，促进学生形成积极反思的习惯，并使学生进一步关注语言的形式。

二、任务型教学模式实施的路径

任务型教学模式实施的路径就是以具体的任务为学习动力或动机，以完成任务的过程为学习的过程，以展示任务成果的方式来体现教学成就。在具体的任务型教学模式实施过程中需要一些途径和手段。

（一）以教学大纲为指导

任务型教学模式要以教学大纲作为教学指导。斯特恩指出，语言教学包括语言观、学习观、语言教学观和语言教学环境四个重要的概念。在实施任务型教学模式的过程中，教师应该根据具体的语言教学观，按照当今教学大纲的理念不断完善和发展自己的教学理念，进而用这种完善的教学理念指导自身的教学实践。

需要指出的是，教学大纲是教学的纲领性资料，因此，在任务型教学实施的过程中需要对任务的具体步骤进行明确的阐述。在任务教学大纲中应该包括以下几个方面的具体目标和指导原则：

（1）教学过程需要具体明确；

（2）教学原则要清晰明了；

（3）教学中任务的选择要有一定的倾向性；

（4）任务的设计和难度要具体分析；

（5）任务的结果要进行评估；

（6）教学中教师的语言要达到意义与形式的平衡；

（7）教师和学生在任务型教学中的角色要明确；

（8）学生在任务教学中要有交际的机会，从而达到学生认知方面的发展；

（9）任务型教学的教材的编写与使用要和当地具体实际相结合；

（10）教学过程中交际策略的使用、任务设计的动机、任务的目标和任务处理要在教学大纲中具体明确。

在教学大纲中具体阐述上述内容，能够为任课教师指明方向，因此可以使任务的实施更加系统化，同时也增加了教学实施的科学性和操作性。

（二）以教学原则为依托

在任务型教学模式的实践中需要以教学原则为依托，教师不能随意进行教学。在任务设计时，教师需要遵循上文中提到的教学原则，同时为了提高任务实施的可行性和可操作性，还需要注意以下几点：

（1）在设计任务时应该注意其操作性，不能脱离具体的教学条件；

（2）教学活动要具有多样性，这样才能保证多种类型学生的需求，也能满足学生自主选择学习内容的需要；

（3）任务的设计要具有层次性，也就是说任务要有不同的难度梯度。这是为了保证不同学习层次的学生的要求，进而提高学生的创造力和审美力，以及相互间的协作能力；

（4）当学生完成相应的任务时，教师应能从学生的完成情况看出学生的具体学习水平；

（5）任务型教学模式并不是将任务局限在课堂教学中，学生也可以在课内外对任务进行研究和学习。

总而言之，设计的任务活动要突出趣味性、可操作性、科学性、交际性、拓展性、真实性、整体性和层次性，有利于培养学生的创造思维能力，有利于学生用英语解决实际问题，有利于提高学生综合运用语言的能力。

（三）以学生认知为标准

前文提到了学生主体性的原则。这就要求教师在任务型教学模式的实践中以学生的认知为标准。需要提及的一点是，以学生为中心并不是将课堂时间完全交给学生处理，而是要合理分配课堂时间，对学生的学习特点进行关注，对学生的学习过程进行观察，对学生的学习心理进行分析，对学生的学习思维进行了解。因此实施任务型教学模式应该对学生进行关注，用个性化的教学方式指导语言教学。同时，教师在学生完成任务的过程中还需要对学生的学习模式和学习特点进行观察，找出学生学习上的不足，进而加以指导。

（四）以任务型教学的教材为根据

众所周知，教学理念的实现需要相应的教材作为依托，任务型教学模式也是如此。体现任务型教学的教材应该具有以下几个特点。

1. 教材的设计要以任务为核心

任务型教学就是在做事的过程中自然地使用所学语言，在使用所学语言做事情的过程中发展语言能力。因此，任务型教学的教材不应该直接地呈现各种语言知识和素材，而应该设计各种不同的任务来提高学生的英语习得水平。

2. 教材中出现的语言材料应力求真实

所谓真实性的材料，指的是生活中经常出现的语言素材，如报纸、杂志、广告、公告、通知、产品说明书、操作指令、书信等。需要注意的是，这些真实性的材料是用于公众的交际等目的，并不是专门为了教材的编写而设计的。若是为了教材而专门设计的语言材料，必然会丧失其真实性。

3. 教材中要突出真实的交际目的

根据任务型教学思想编写的教材无论使用何种类型的任务，都要突出其交际的真实性。所谓交际的真实性，就是指学生完成的交际活动具有真实的交际需求、真实的交际语境、真实的交际对象。

（五）利用课外教学进行任务教学

在利用任务型教学模式进行英语教学时，教师不能仅仅将课堂作为任务完成的场所，而应该开放思维，将教学任务延伸到课堂教学之外的生活中。也就是说，教师应该充分利用课外教学辅助任务教学。需要注意的是，利用课外教学进行任务教学并不是将学生的学习时间延长，而是要教会学生在日常生活中运用所学知识，进而达到知识的现固和进步。利用课外教学进行课外教学可以参考以下几种方式。

1. 布置一些学生感兴趣的课外作业进行任务的延伸

学生的课外教学应该是丰富多彩、充满兴趣的，因此，教师可以设计一些调动学生兴趣的课外活动和作业让学生在课下完成。通过课外教学，学生学习的主动性和积极性会得到提高，同时学生独立完成任务的能力也会得到锻炼。

2. 开展多样的课外活动作为任务的延伸

在课外活动中，学生可以摆脱课堂上的束缚，从而产生无穷的乐趣。而且通过课外活动，学生的学习热情也会被激发，完成课外活动中的任务能够对学生的知识进行巩固。学生的课外活动可以通过下列几种方式进行：

（1）英语竞赛活动。在大学的不同阶段，教师可以组织学生展开丰富多彩的英语竞赛活动，如英语单词竞赛、英语作文竞赛等。

（2）英语表演活动。英语表演活动的开展对学生的语言表达、团队协作等都有着重要的影响。通过英语表演活动，学生可以在一种互帮互助的环境下进行语言的学习，这是一种广为学生喜爱的活动。

（3）开办英语角。英语角的开办能够为英语学习爱好者提供一个互相学习的基地，使学生能够乐于用英语表达和沟通。

（六）利用多媒体技术进行任务教学

在实施任务型教学模式时，还可以利用多媒体技术进行教学。多媒体技术的发展为任务型教学提供了理想的教学环境，通过多媒体的运用任务，教学可以有下列几点好处：

（1）学生的主体性地位得到增强。

（2）多媒体技术为任务的完成提供了技术上的保障，便于学生搜集任务所需要的资料和资源。

（3）通过多媒体技术，学生获取信息、收集信息、处理信息的能力得到了提高。

（4）在多媒体的帮助下，学生的思维变得更加开放，有助于学生创新性思维的发展。

（5）通过多媒体技术，学生实现了网络上的互联，也有利于学生之间的合作和互助，对促进学生之间的沟通有很大帮助。

（七）利用思维教学模式进行任务教学

在任务型教学中，任务的完成需要学生进行积极的思考，因此，对学生的思维而言是一个较大的挑战。任务型教学中学习主体地位落实的主要标志也在学生是否在课堂上进行了积极的思维活动。同时，教师任务完成的重要标志也在教师能否在课堂上激发学生的思维，使学生能积极思考。因此，利用思维模式进行任务型教学十分有必要。

在思维教学模式中教师很重要。教师可以通过下列几种思路激发学生的思维：

第一，建构主义理论认为，知识不是通过教师传授得到而是学习者在一定的情境，即社会文化背景下借助其他人的帮助，利用必要的学习资料，通过意义建构的方式而获得的。有学者指出：学习的质量是学习者建构意义的函数，而不是学习者重现教师思维过程的函数。因此，在利用思维教学模式辅助任务型教学时，教师应该对学生的思维进行有意识的培养，充分调动学生思维上的主动性和积极性。同时教师还要注意对学生思维上的引导，使学生能够积极主动地去获取知识。

第二，由于学生个体上的差异性，因此，其在思维模式上也存在着不同。学生思维水平的不同要求学生能够在任务完成过程中形成一种积极互动的模式，利用不同的思维特点共同完成任务。正是由于思维的不同，任务的完成才不会千篇一律，学生的主动性才能得到最大限度地发挥，思维也会在这个过程中得到激发和发展。

第三，马克思指出："语言是思维的物质外壳。"这句话就说明了语言对促进思维发展上的重大作用。在任务型教学模式中，学生的语言表达能够促进其思维的发展，在具体的教学中，教师应该鼓励学生多表达。通过具体的沟通和表达，学生的语言能力、思维能力以及和同学之间的沟通能力都会得到提高和发展。而语言水平提高、思维得到锻炼，对任务的完成十分有帮助。

（八）利用发展性教学策略进行任务教学

1. 发展性教学的研究

在任务教学实施中，使用发展性教学能够有效地促进教学过程的开展和完成。20 世纪二三十年代，苏联的一些学者开创了发展性教学，并进行了一些研究。苏联学者维果斯基认为："只有当教学走在发展前面的时候，这才是好的教学。"现在广为人知的"最近发展区"概念就是由维果斯基提出的。他指出，教学能促进发展的原因是教学能够将那些正在或将要成熟的能力的形成推向前进。学者达维多夫在维果斯基研究的基础上，通过多年理论研究与实践，尝试建立起旨在"发展学生理论思维与创造性个性的现代发展性教学模式"。

在任务型教学实践中应用发展性教学策略，主要是由发展性教学策略的特点所决定的。发展性教学主张以学生个体的全面发展为本，希望能激发学生的学习潜力，尊重学生的个体差异性，力求使学生在和谐发展中增加自己的自信心。发展性教学的这些特点能够弥补任务型教学模式的不足，进一步优化任务型教学模式。但需要指出的一点是，对发展性教学策略的具体运用需要结合具体的文化背景和教学条件。

2. 发展性教学在任务型教学模式中的策略

（1）主体参与性策略。在发展性教学策略系统中，主体参与是其首要策略，这个策略的目标是帮助学生完成知识的构造，使学生能够灵活多样地、深刻扎实地掌握语言知识，同时，在积极参与中，学生的主体意识也会得到增强，学习中的自省意识和自我调控能力也会不断提高。通过学生的主体参与，其在语言学习中的积极性会得到激发。但是若想学生积极主动地参与任务型教学中，教师需要不断努力。教师应该营造一种宽松、民主的气氛，使学生参与；创设出任务需要的情景，引起学生兴趣；对任务进行讲解，从而使学生明白任务的目的和目标；注意不同类型和不同水平学生的思维特点和学习模式，最大限度地满足不同学生的需求。

（2）尊重个性化策略。传统的教学模式注重的是整体教学目标的实现，而忽视了个别同学的学习特点。在发展型教学策略中，对学生的差异性有了重点关注。这种关注主要体现在两个方面。第一，尊重学生在发展过程中存在的差异，从学生本身的学习水平和学习特点出发，追求在此水平上的发展，这点和传统意义上的均衡发展有很大的不同。第二，尊重学生发展过程中的个性。这点要求教师多观察学生，了解学生在学习过程中的不同点，尽量激发学生的学习潜能，使这种个性能够得到最大程度的发挥。

尊重学生的个性化策略，对个体的关注度高，这种关注贯穿在任务的整个过程中，任务前需要教师了解学生的学习特点，设计不同的学习任务；任务中对学生的学习表现进行观察，了解学生对任务的掌握度；任务后教师不能采取“一刀切”的政策，只关注学生的任务结果，而应该在综合考虑学生水平的基础上评定学生的任务完成情况。

（3）成功刺激的策略。在学习过程中，每个学生都渴望成功，因此，在发展性教学策略中可以适当使用成功刺激策略，使学生增加对学习的兴趣，提高学生学习上的自信心，同时还能优化学生的学习意识，树立正确的学习观和价值观。

学生体验到成功的刺激，会形成一种更加积极的学习心态，同时，这种健康的情感态度也有助学生人格的正确发展。在传统的教学模式中，由于课业的压力，很多学生都是在压抑和压力的情况下进行学习的，这种学习气氛对学生的个性发展十分不利。如果学生长时间忍受学习所带来的失败，其学习上的挫败感就会上升，最终还会影响学生的学习兴趣。

在任务型教学模式中，教师需要让处在不同学习水平和学习阶段的学生都能感受到学习的兴趣和成功的刺激，要使学生乐于从学习中获得成功。这也需要教师在任务的设计和任务的完成阶段对学生的个性有多重考虑，授课过程中对学生的进步多进行鼓励，树立学生学习上的自信心。当学生顺利完成任务时，学生会感受到学习上的进步和成功的喜悦，其学习上的积极性和参与度也会得到提高。

（4）自我调节的策略。在任何的学习策略中，自我调节策略都占有重要的地位，这种策略能够激发学生的注意力，使学生保持一种积极进取的学习态度。同时自我调节实现了学生由“知学”向“好学”“乐学”的转变。

在任务型教学模式中，教师需要指导学生进行任务，使学生有能力根据不同的学习内容和自身学习特点选择相应的任务解决方案，同时学生还能有足够的自制力和自信心完成任务。

在任务的完成阶段，自我调节策略也能发挥重要的作用。教师和学生可以根据任务中的表现进行反思，从而找出任务中的不足，进而找到相应的解决方案。通过教师和学生相互之间的帮助和鼓励，师生之间的交流也会更加顺畅，在课堂上的契合度会相应地提高。

三、任务型教学模式在高校英语听力教学中的应用

通俗来讲，英语听力能力就是能听懂以英语为母语的人说话的能力。听的过程是人脑有意识地对听到的语言进行积极加工和处理的过程。在听力理解的过程中，听话人根据具体情境所提供的信息线索以及自己本身所掌握的语言知识与社会文化知识，运用各种方式达到理解的目的。听力是获取语言信息的重要手段，也是人类进行交际的重要手段，而作为培养学生听力的重要途径知识，听力教学的重要性越来越明显。

（一）高校英语听力教学的目标与特点

1. 高校英语听力教学的目标

关于高校英语听力教学的目标，《大学英语课程教学要求》做出了详细说明，具体分为以下三个层次。

一般要求：

（1）能听懂英语授课；

（2）能听懂日常英语谈话和一般性题材的讲座；

（3）能听懂语速较慢的英语广播和电视节目，能掌握其中心大意，抓住要点；

（4）能运用基本的听力技巧。

较高要求：

（1）能听懂英语谈话和讲座；

（2）能基本听懂题材熟悉、篇幅较长的英语广播和电视节目，能掌握其中心大意，抓住要点和相关细节；

（3）能基本听懂用英语讲授的专业课程。

更高要求：

（1）能基本听懂英语国家的广播电视节目，掌握其中心大意，抓住要点；

（2）能听懂英语国家人士正常语速的谈话；

（3）能听懂用英语讲授的专业课程和英语讲座。

2. 高校英语听力教学的特点

在高校英语教学中，听力的地位越来越凸显，而且随着现代化教学技术的运用，目前大部分学校的英语听力教学都是在多媒体教室开展的，因此，其教学本身也呈现出一定的特点。具体表现在以下几个方面：

（1）灵活性和示范性。英语听力教学主要是通过运用有声材料对学生进行授课，而这种授课方式就增添了教学的灵活性，并且改变了教师以往的“Chalk&Talk”的授课方式，能有效吸引学生的注意力，激发学生的学习积极性。此外，在课堂学习中，学生还能通过有声材料进行规范的听、说示范和练习，听力教学这种示范性的特点能显著提高学生的听力理解能力。

（2）实践性。高校英语听力教学还有着鲜明的实践性特点。高校英语听力教学的主要任务是培养、训练和提高学生运用英语进行听的能力，但这种能力的掌握并不是单纯靠课堂内教师的教和学生的理解就能掌握的，而是需要通过课内外大量的听力练习而获得。

（3）适时性。适时性也是高校英语听力教学的一个显著特点。英语听力教学不仅要求学生在课堂上接收到声音信息后立刻做出反应，而且要求学生对所听到的信息有一个正确的理解以及有效的记忆，同时根据教学的要求给出反馈信息，可以说听力教学就是一个完全的适时过程，具体包括听、思考、记忆、反馈四个过程。

（4）不可控制性。不同于其他教学活动，在听力教学中，学生往往无法控制听力材料的语速，而且听力材料的不间断性很容易引发学生紧张和焦虑的情绪。此外，听力材料中的语言多不正式，而且具有不完整性，有时甚至会出现停顿和重复的现象，这就给学生的听力理解造成了困难，学生只有了解了听力材料中语言的特点，才能从中获取有效的信息。

（二）高校英语听力教学存在的问题

尽管听力教学在高校英语教学中的地位日益重要，但是听力理解仍然是大多数学生的薄弱环节。而且高校英语听力教学本身也存在很多问题，这些问题也严重影响了学生听力水平的提高。以下就对高校英语听力教学中存在的问题进行简要说明。

1. 学生方面的问题

（1）听力基础薄弱。目前，大多数学生都存在听力基础薄弱的问题，尤其是初到大学的新生。这一问题具体表现在语音知识、词汇知识、语法知识方面的欠缺。虽然大学生已学过多年英语，但是部分学生仍缺乏必要的语音知识，对音节、意群、连读、失去爆破等方面的知识积累不足，而这必然会降低学生对英语的语音、语调及韵律特征的敏感度，导致学生辨音能力弱，进而影响其对听力材料的理解。词汇量积累不足也是影响学生听力能力的重要方面，如果学生词汇量小，即便能准确辨别所听到的声音，却不能将这一声音与其代表的单词联系起来，进而阻碍听力的整体进程。而学生的语法方面知识的欠缺同样制约着听力理解的顺利进行，只有熟练掌握了英语语法知识，才能正确分析听力材料中语言的语法结构，进而准确理解句子、段落和语篇。

（2）心理负担过重。心理负担过重也是学生在学习听力技能时存在的一个问题，而这一问题也严重影响着学生听力水平的提高。具体来讲，学生心理负担重主要表现为英语听力课堂上的焦虑、紧张、自卑和恐惧。有很多学生对英语听力有一种莫名的恐惧感，一到上听力课，心里就会焦虑，紧张，不知所措。而有些学生本身基础较差，成绩也不佳，他们在听力课上总是紧张不安，很难专心地投入到听力训练中，他们不是担心被教师提问自己回答不出来，就是担心回答得不正确会被教师批评，被同学嘲笑。这些学生长期处于压抑状态，心理状态和学习情绪不佳，因此，其英语听力能力也很难得到提高。

2. 教师方面的问题

（1）教学目标不明确。教学目标不明确也严重影响了高校英语听力教学的效率及学生听力能力的提高。在目前的高校英语听力教学中，听力课多是教师引领学生进行听力测试，而忽视了听力教学的目的：培养学生的听力技能，提高学生的听力水平。很明显，教师混淆了听力教学与听力测试之间的界限，使得教学目标发生了错位。

（2）教学形式单一。现代化教学技术在高校英语听力教学中得到了广泛运用，使教学环境也大有改观，但传统的教学模式依然是目前高校英语听力教学的主流。教师进行单词的解释和背景知识的介绍，给学生播放录音，向学生提出问题，核对答案，最后进行录音回放，让学生寻找正确答案及原因。这样的听力教学完全忽视了学生的主体地位，教师成了课堂的中心，学生只是被动地接收信息，学生的积极性也根本没有被调动起来。在这样的课堂上，师生、生生之间的互动性很差，学习氛围也不佳，学生在情感受到压抑的情况下，势必会对教学表现出冷淡的态度，进而也就难以达到理想的教学效果。

3. 教学条件方面的问题

（1）听力教材内容陈旧。目前，高校英语教学中所使用的听力教材更新周期较长，缺乏层次性和多样性，不能体现快速变化的时代特征。此外，教材内容普遍缺乏开放性，内容相对比较陈旧，无法很好地体现最新的教学方法和教育思想。甚至在这种教学内容枯燥、缺乏趣味性的情况下，教师还拘泥于教材，按照教学大纲照本宣科。长期下去，学生很容易对英语听力教学失去兴趣，缺乏学习的积极性，其听力水平自然难以提高。

（2）学时安排科学性差。高校英语教学中听力课的课时安排普遍多为每周一学时或两学时，且一节课没有时间停顿。在课上，学生听教师讲解语言知识点和背景知识，听录音，核对答案，一节课下来学生的大脑一直处于紧张状态，而且很容易产生疲劳感，教学效果更难以保障。然而，教师却很少布置课后听力作业，到了下次听力课时，因时间相隔太久，学生已掌握的听力知识也所剩无几了，而这又在一定程度上延缓了学生听力水平的提高。

在高校英语听力教学中实施任务型教学是非常有益的，它可以有效改善目前高校英语听力教学的现状，提高高校英语听力教学的效率。

（三）任务型教学模式遵循的原则

1. 语言材料真实性原则

实施任务型教学模式时，教师必须根据学生学习的目标和要求，有针对性地为学生提供真实的语言交际信息和场景，在沟通和交流的时候，必须以语言的实际规律作为教学设计的前提，让学生在真实的语言交流中体会英语的奇妙，进一步培养学生的语感，让学生在真实的环境中学习并锻炼自己的语言能力。

2. 过程性原则

任务型教学模式特别重视过程。传统的听力教学模式只能定义为听力测试，主要利用做习题练习的方式提高英语听力，通过正确率来判断学生英语听力水平，这种教学方式提高学生英语水平的效果有限。任务型教学模式注重过程的训练，注重学生学习的内容，以学生为中心，可以让学生在真实的情景交际中理解语言的意义，通过真实的交流，让学生体会语言的真谛，进一步学习并运用语言。

3. 相关性原则

传统教学模式特别强调教师的作用，与学生的生活基本没有联系。而英语是一种语言，语言来源于生活，并且为生活服务，所以在教学中，我们应该强调生活化和社会化，让学生真实地理解英语语言的内涵。在任务型教学模式中，任务布置也要贴近生活，让语言和学生的实际生活形成密切的联系，让学生在学习中得到生活感悟，在生活中学习并运用英语知识。

4. 在使用中学习原则

英语学习的最终目的是为生活服务的，学习听力的目的也是为满足生活的需要。所以，实施任务型教学模式时，最关键的原则就是启发学生在使用中学习，让学生在完成任务的过程中，真实地使用并掌握英语，只有运用此种方法，才能让学生完全从传统教学模式中脱离出来，摆脱传统教学模式的枯燥和乏味，让学生在英语学习过程中体会到成功的喜悦，增加学生学习的自信心，提高学生英语听力的水平。

（四）任务型教学模式在高校英语听力教学中的优势

任务型教学作为一种全新的教学模式在高校英语听力教学中发挥着显著的优势，具体表现为以下几个方面。

1. 明确听力教学的目标

训练和提高学生的英语听力是高校英语听力教学的主要目标。这种能力的掌握和提高需要教师对听力材料的选择、课堂教学的组织、学生的可理解输入、信息反馈等课前的精心准备以及课内外大量的练习才能获得。任务型听力教学以明确的教学目标为导向，注重真实场景下的语言交际活动，倡导体验、实践、参与、交流与合作的学习方式。在任务型听力教学中，教师针对听力材料组织话题，向学生提供真实的语境，精心设计需要学生完成语音目标的活动或任务。整个课堂教学活动都紧紧围绕特定的任务展开，这就使学生在学习过程中有明确的目标，能够有的放矢，积极参与并完成教师设计的任务，在参与完成任务的过程中接收语言信息的输入，无形中发展自己的听力技能。

2. 灵活调整任务的设置

听力教学本身有着较强的灵活性和示范性，而且听力教学本身的特点使以往教师的授课方式有所改变，但教师的教学模式和教学步骤却缺乏新颖度，从而使学生很容易对听力学习产生厌烦。在任务型听力教学中，教师可以设置形式多样、灵活多变的任务活动，让学生在完成任务的过程中享受学习的乐趣，体验和感受成功。其灵活性主要体现在教师可以针对听力材料的难易程度以及学生水平的差异设置不同的任务，这样可以有效避免学生对任务产生恐惧感，也能减轻学生对听力的厌烦感，并能调动起学生的积极性，使他们乐于参与活动，进而提高他们的听力水平。

3. 突出学生的主体参与性

陈旧的教学模式忽视了学生的主体地位和学生的积极参与性，在旧的教学模式下，教师是课堂教学的中心，学生只是被动地接受知识，这样的教学模式必然会阻碍教学效果的提高。而任务型听力教学改变了以往以教师为中心的模式，其教学核心是以学生为中心，并力图为学生营造轻松、活泼的教学氛围，充分激发学生的学习兴趣，调动学生的积极情感，增强学生的参与意识。而且，在任务型听力教学中，学生可以自主地完成教学任务而不需要教师过多地干预，在这一教学活动中，学生可以真正作为活动的主体参与其中，发挥自己的能动性，有效将自己已掌握的知识和实际活动结合起来，最大限度地发展自己的英语听力能力。

4. 培养学生的合作能力

在任务型听力教学中，任务的布置多是以小组活动为基础的，这就需要学生之间相互合作、相互交流，共同完成任务，一起感受成功。这在无形中就提高了学生之间的合作意识，培养了学生合作完成任务的能力。

四、任务型教学模式在高校英语口语教学中的应用

学习语言的目的是进行交际。随着社会的发展和国际交往的日益频繁，培养学生的口语交际能力受到了人们的高度重视。英语教学的最终目的就是要培养学生的综合运用语言的能力，而教师要积极地为学生创造能运用英语的环境，只有这样，才能更好地培养学生的英语交际能力。但是，在长期的传统教学模式下，我国英语教学都将重心放在了英语语言知识的讲授上，而忽略了学生口语交际能力的发展，使得我国部分学生在学了多年英语，甚至大学毕业之后，都不能用英语进行流利的交际。为了改变这种现象，提高学生的口语交际能力，必须要引入新的教学方法。

（一）高校英语口语教学的目标与口语交际的特点

1. 高校英语口语教学的目标

《大学英语课程教学要求》针对英语口语教学的目标划分了三个要求。

一般要求：

（1）能在学习过程中用英语交流，并能就某一主题进行讨论；

（2）能就日常话题用英语进行交谈；

（3）能经准备后就所熟悉的话题做简短发言，表达比较清楚，语音、语调基本正确；

（4）能在交谈中使用基本的会话策略。

较高要求：

（1）能用英语就一般性话题进行比较流利的会话；

（2）能基本表达个人意见、情感、观点等；

（3）能基本陈述事实、理由和描述事件，表达清楚，语音、语调基本正确。

更高要求：

（1）能较为流利、准确地就一般或专业性话题进行对话或讨论；

（2）能用简练的语言概括篇幅较长、有一定语言难度的文本或讲话；

（3）能在国际会议和专业交流中宣读论文并参加讨论。

2. 口语交际的特点

英语语言的听、说、读、写四项基本技能之间有着紧密的联系。听与说构成了口语交际，它是听、说相互作用的过程，涉及输入（听）和输出

（说）；读与写构成了书面表达，也涉及输入（读）与输出（写）。

口语交际具有明显的特征，具体表现在以下几个方面：

（1）口语交际的过程实际上就是语言运用双方积极参与、合作、磋商所表达思想的过程。而这一过程也意味着表达双方必须将要表达的思想用适当的语言表达出来，同时，听者要及时地将对方表达的内容进行解码。

（2）在交际过程中，说话者表达的信息远要比听话者理解句子所需的句子多很多，因此，听话者没有必要对听到的每个词都进行加工处理，也不一定要听懂每一句才能理解说话者想要表达的含义。听话者只对对方表达的意思感兴趣，并不注意用以表达意思的那些词。

（3）交际策略对于口语交际来讲非常重要，任何口语交际都离不开交际策略。为了将话语组织成连贯紧密的交际语篇，交际双方会依据交际环境、对象等选用恰当的表达方式的策略。为了使话语表达得更加流利，交际双方会使用拖延策略。因语言知识储备不足，而又要避免交际失败时，交际双方会选用弥补策略和自我修正策略。

（4）在话语交际的过程中，受话与发话会来回轮替，发话者的言语行为影响受话者的反应，从而表现出互动性。在互动交际中，会有话题的转变、插话、核对事实、澄清观点等情况发生。

（5）口语交际过程中总会有停顿、重复的情况发生，也会有表达不完整的句子或不合语法规则的句子，但这也是一种交际的技巧。

以上这些都是口语交际的特点。如果想要获得最基本的交际能力，就要了解和掌握这些约定俗成的交际规则。而大部分学生往往欠缺这方面的知识，因此，这方面的知识应作为口语教学的重要内容和训练环节。

（二）高校英语口语教学存在的问题

虽然目前的高校英语口语教学在改革中获得了一定进步，但在学生和教师两方面仍然存在很多问题，这些问题严重阻碍了学生英语口语水平的提高和英语口语教学的发展。

1. 学生方面的问题

（1）自信心不足。自信心指的是个人对自身能力以及自我发展的肯定。具有较强自信心的人对自己的能力具有信心，坚信自己能够获得成功，而且不易受外界环境的干扰。然而在高校英语学习中，大部分学生对自己的口语表达能力缺乏信心，只有少部分学生认为自己能准确表达自己的思想。大部分学生都存在自卑感，在课堂交流中处处逃避，希望在口语课堂上“太平无事”。他们表现得十分低调，而且自我评价不高，常因担心不能准确回答和表达而不愿回答教师的问题或参与交流活动。由于自信心的丧失，学生就会对口语学习表现出消极的态度，而这也会导致其口语学习的失败。

（2）存在焦虑感。焦虑作为一种重要的情感因素，对高校英语口语学习有着巨大的影响。焦虑通常伴随着忧虑、紧张、不安，甚至恐惧。学生如果长期处于焦虑的状态中而得不到调整，不仅会影响身心健康，也会给学习带来极大的影响。事实上，相当一部分学生都存在焦虑状态，他们一上口语课就表现出紧张的状态，在回答问题时也感到害怕。对于大多数学生而言，一方面，他们不了解英语口语的重要性；另一方面，他们对口语学习的投入又没有其他学科多，一旦要用英语表达思想就更增添了他们的恐惧感。他们渴望自己能掌握流利的口语技能，也希望教师能纠正自己的表达错误，但又因害怕犯错，害怕被其他同学笑而在口语课上保持沉默。很明显，学生对学习的片面认识以及因学习而产生的交流情绪严重影响了其口语能力的提高。

（3）缺乏学习动机。动机包括个人愿望、意图等，是激励人们采取行动的内在动因和力量。学习动机对英语学习有着重要的影响作用。它能激励学生为达成目标而不断努力。学生对口语学习表现出不同的动机，绝大部分学生愿意同来自英语国家的人进行沟通，但是却没有多大兴趣对英语国家的文化进行深入的了解和研究，也没有真正想过要融入他们的社会生活。这说明他们对英语口语水平的要求并不高，也仅仅停留在表面上，他们认为自己生活在汉语环境中没有必要因为交际而实践所学的第二语言。显然，这样的学习动机是很难帮助其提高口语水平的。

（4）学习目的不明确。还有一部分学生学习英语口语的目的是通过口语测试，或是为了将来能找到好的工作，带着纯粹的目的性突击口语。他们错误地以为只要通过短期的强化，掌握一些应答的技巧就可以了，而缺乏全面提高口语能力的愿望和扎实练习口语的思想。他们根本没有主观上提高口语水平的动力和兴趣，投入锻炼口语能力上的时间和精力很少，进而导致他们的口语交际能力普遍较差。

2. 教师方面的问题

（1）语言示范能力不够。针对口语授课而言，教师自身要具有较高的口语水平，教师的交际能力要好，要能充当学生的交际典范。绝大部分学生对英语教师的口语水平具有较高的要求，他们希望能够听到教师说“原汁多味”的纯正英语，也希望能在课堂上与教师用英语进行交流，以提高自己的口语能力。然而在具体的教学实践中，很多教师并没有意识到自己示范作用的重要性，而认为练习口语是学生自己的事。他们认为自己设计好口语练习活动并让学生参与练习，就算是完成了任务，而没有认识到在教学中要提高自己的口语水平，为学生起到积极的示范作用，也没有为学生营造良好的英语环境。显然，这样是不利于培养学生用英语进行思维的能力的。

（2）教学方法呆板。目前，高校英语口语教学的形式虽然有所改进，但教学方法却依然传统陈旧。在具体的教学中，教师仍然采用“填鸭式”的教学方法，片面地将语言信息灌入学生的大脑，将口语课上成了语音课或精读课。而且，在课堂上，也往往是教师讲得多，留给学生练习的机会少，教师一心想着按时完成自己的教学计划，而忽略了学生对口语学习的积极性和自主性，使得学生常处于被动和消极的学习状态，甚至有些教师将口语课变成了自己的“口语练习课”，而将学生置于教学的边缘。这样的教学方法显然既不能为学生创造良好的口语学习环境，也不能很好地激发学生的学习动机和兴趣，学生很难从中感受到学习口语的乐趣，因此，其口语能力也就得不到很好的培养。

（3）纠错方式欠妥。教师对学生学习中出现的错误进行纠正是无可厚非的，而且几乎所有的学生也都希望教师能够对自己在交际中存在的错误进行及时的纠正。但是，在交际过程中，如果学生出现交际问题，教师立即纠正会很容易打乱学生的正常思路，尤其是对大学生而言，他们的心理都较为成熟，而且自尊心较强，过多地及时纠错会严重损伤他们的自尊心，进而出现紧张、焦虑的情绪。所以，教师要对学生在交际中的错误持宽容态度，因为即便是用母语进行交流，也会出现停顿、口误的情况，在学生用英语表达时，没有必要要求他们像使用母语那样流利。然而，实际情况却是，教师一旦发现学生的错误就忍不住去纠正。这种频繁的纠错不仅将学生陷于尴尬的境地，也会使学生失去说的勇气，进而影响学生口语能力的发展。

（三）任务型教学模式在高校英语口语教学中的具体应用

在高校英语口语教学中实施任务型教学模式是高校英语口语教学改革的重要措施。实施任务型教学模式不仅可以改变高校英语口语教学的不良现状，还能有效提高高校英语口语教学的质量以及学生的口语水平，使高校英语口语教学朝着更好的方向发展。下面从两个方面来说明任务型教学模式在高校英语口语教学中的具体应用。

1. 高校英语任务型口语教学的设计原则

任务型口语教学需要教师从学生的角度出发，设计任务活动，让学生实施活动，而要设计出符合学生实际的任务活动就要遵循以下设计原则。

（1）循序渐进原则。这一原则是指任务的设计应由简到繁，由易到难，层层深入。并形成由初级任务向高级任务以及高级任务涵盖初级任务的循环。有学者指出，在课堂教学中，任务应成“任务链”或“任务系列”的形式，每一项任务都要以前面的任务为出发点。这种任务形式有助于拓宽学生的语言知识面，也有助于提高学生的语言综合能力。因此，在口语教学中，教师要遵循先输入后输出的规律，使学生扎实地一步步完成任务，并在完成任务的过程中达到提高英语口语能力的目标。

（2）语言形式与运用相结合原则。传统英语教学的不足之处就是语言形式与运用相脱离，在传统的英语教学中，学生虽然掌握了不同的语言句型和形式，但却不懂得如何使用它来表达意义。因此，在口语教学中，教师在设计交际任务时，一定要注意语言形式与语言运用的结合，要使学生在学会语言形式的基础上，培养自己的语言运用能力。同时，教师每一阶段的任务设计都要具有导入性和激发性，以提高学生的积极性。

（3）人人参与原则。在英语教学中，培养学生的口语能力并不是培养个别学生的口语能力，而是让大部分学生的口语能力得到提高。因此，为了达到使全班学生的口语都得到训练的目的，教师在设计教学任务时就要遵循人人参与的原则，即尽量设计真实的、使学生感兴趣的任务活动，以吸引每个学生都积极参与活动，并在完成任务活动的过程中锻炼自己的口语。在全班性练习的口语活动中，学生个人参与的机会很少，而且时间较短，此时可以安排学生分组完成任务，这样每个学生都有发表见解的机会，而且在小组中，学生也易于克服胆怯心理，乐于参与活动，其合作意识也能得到培养。

（4）任务具有一定难度原则。除上述情况外，任务的难度也对任务型口语教学的效果有着直接的影响。所以，在设计任务活动时，任务必须要有一定的难度。一方面，不具有挑战性的任务只会使学生单纯地练习已熟悉的句型，根本达不到交际的目的；另一方面，缺乏一定难度的任务很容易使学生失去参与的热情和积极性，因而同样也达不到交际的真正目的。学生只有经过克服困难后获得成功时，才会真正体会到成就感，也才能激起不断学习的热情。因此，在设计口语任务时，教师可以给学生提供相同的材料，但设计不同层次的任务，并提供不同程度的帮助；也可以向学生提供不同程度的材料，让学生执行相同的任务；还可以对学生进行分组，让各小组成员各尽其职，充分发挥自己的优势，共同完成任务。但是，所有任务的难度都应该在学生所能驾驭的范围之内，任务过难反而会达不到训练的目的。

2. 大学英语任务型口语教学的实施步骤

（1）呈现新知，明确任务。在开展任务之前，学生首先要在语言材料和思想上有充足的准备。在这一阶段，学生的主要任务是感知新的语言材料，进行大量的语言输入；教师的主要任务是结合学生的学习情况以及生活经验，激活学生与话题相关的图式，将所要学习的新知识与学生已经掌握的知识建立起联系，使学生头脑中与完成任务所必需的语言知识和技能得到激活，之后再导入任务，这样在完成任务的过程中学生才有话可说，并建构出新的语言材料。

例如，在讲“The Olympic Games”这一话题时，教师可以采用谈话的方式引入课题，询问学生一些与之相关的问题，如有哪些业余爱好，喜爱哪种体育活动，对奥运比赛项目了解多少等。然后通过图片或多媒体课件向学生展示一些关于体育项目的画面和语言材料，让学生形成一个关于奥运的内容图式，最后再布置任务，让学生完成有关奥运的交际性任务。在此环节中，教师要在遵循先输入后输出原则的基础上为学生创造有主题的情境，使学生先从自己熟悉的、源自真实生活的话题以及自己感兴趣的话题谈起，以此调动他们参与的积极性和学习的动机。而且，源自实际生活的话题不仅可以使学生心情放松，还能激发他们说的愿望，使他们满怀期待地开展新课的学习，进而为下一阶段的口语练习打好基础。

（2）准备任务，展开交流。在思想上和语言材料上做好准备之后，就要准备任务，让学生展开交流活动。在学生接受任务之后，教师可安排学生以结对子或小组的形式自由组合，并为学生设计多个小任务，使之构成任务链，让学生展开交流活动。在这期间，教师要监督、指导学生完成任务的情况，也可以作为小组活动的一员，参与到小组活动中。此后，各小组要以口头的形式向全班汇报完成任务的情况，此时教师可以给予学生适当的指导和帮助，以使学生的口头汇报自然流畅。

结对子或小组活动可以有效弥补我国高校大班化教学的不足，它可以创造说英语的环境，为每个学生提供练习和运用口语的机会；与同伴交流和沟通可以更加有效地激发学生的认知发展，最大限度地降低学生的焦虑度；小组讨论，同伴之间相互帮助促进，还能培养学生的合作意识和精神。在这一环节中，教师要时刻注意并了解学生对新知识的掌握程度，并据此对教学策略做出及时调整。

（3）展示成果，评价任务。在各小组完成任务之后，用英语向全班展示最终的任务结果，教师和全班学生一起对各小组任务的完成情况进行评价。在这一环节中，教师要意识到及时评价的价值。教师可以对学生完成的情况进行总结，对于任务完成情况较好的小组给予鼓励和奖励，以使他们品尝到成功的喜悦；对于任务完成情况一般的小组，教师要给予支持，以增强他们的自信心，促使他们不断努力。教师还可以让学生评价哪一组完成的情况更好，并说明每组的优点、不足及理由，这样可以让学生在评价他人的过程中学会正确理智地评价自己，达到学习与做人双丰收。

（4）布置作业，扩展任务。这一环节是任务的延续和拓展，让学生在课后完成与课堂内容相关的任务。例如，让学生到图书馆或上网查找适合他们学习的教学资料，以加深学生的知识积累；或是让学生以小组为单位出一期与话题相关的墙报，以提高学生学习的积极性。

（四）任务型教学模式在高校英语口语教学中的优势

任务型口语教学模式以学生为教学主体，以话题为主线，以任务为中心，以培养学生的语言运用能力为宗旨，它改变了传统教学中学生“无话可说”“无事可做”的现状。具体来讲，任务型教学模式在高校英语口语教学中的优势呈现在以下几个方面。

1. 创造情感过滤程度较低的学习环境

情感因素一直以来都是影响学生学习成绩和学习效率的重要因素，所以如何为学生营造一个情感过滤程度较低的学习环境一直都是英语教师关注的问题。而在任务型口语教学中，尤其是以小组为单位的活动中，小组成员相互协作和帮助，个体之间的竞争转化成小组之间的竞争，学生的心理压力自然会减小，他们不再因不知道如何回答而紧张，情感焦虑程度也就会明显降低。而且，在这种轻松活泼的环境下，学生也乐于学习，学习的积极性和动机也会大大增强。

2. 激发学生学习口语的积极性

在任务型口语教学中，任务活动的设计都具有明确的目的性，都是以学生的兴趣和生活经验为出发点的，涉及的内容和情景都接近现实，这些都能使学生产生亲切感；大量训练口语的机会又能满足不同学生的要求。所以，在这种教学中，学生学习的动机和兴趣得到了激发，学生学习的积极性也得到了调动。只有当学生对某个问题感兴趣时，才会积极地去寻找解决问题的办法，也才能充分地发展自己的才智。

3. 实现交际活动的双向性

在传统的口语教学中，教师是教学的主体，交流呈现出单向性，学生没有太多的发言和交流的机会。而在任务型口语教学活动中，学生是活动的主体，学生为准备和完成任务可以进行各种交流尝试，而且小组成员之间相互询问、说明、建议等，使得他们的交流呈现出双向性。并且，相较于与成人的沟通，认知水平相似的同伴之间的对话更能刺激他们认知的发展，也更有助于他们对语言的理解和任务的完成。

4. 增强学生的自主学习能力

在任务型口语教学中，教师提供源于真实生活的话题，创设接近真实的情境，合理地设计任务，积极地调动学生的参与热情。在这样的教学模式下，学生会积极努力地完成任务，并且在合理动机的驱使下，学生会主动地发展口语能力，原来消极的口语学习心态也会有所变化，由消极被动的心理转化为积极主动的实践。而且，任务的顺利完成也会给他们带来莫大的成就感，使他们对下次任务的完成充满信心。甚至有些学生会在课后自主地去查阅相关资料，完成具有一定难度的拓展性任务，进而在这一过程中逐渐养成良好的自主学习习惯。

5. 建立了新型的师生和生生关系

在传统的口语教学中，师生之间是一种不平等的“主从关系”“上下级关系”，而在任务型口语教学中，这种师生关系发生了改变，教师变成了任务的组织者、指导者、监督者、促进者，甚至是参与者，师生之间的关系变得更加平等和融洽。同时，在这种教学模式中，学生由原来的听讲者转变为积极的参与者和研究者，原来学生之间的竞争关系也变为互助协作的友好合作关系。

五、任务型教学模式在阅读教学中的应用

在任务型阅读教学中，学生在教师的指导下以完成任务的方式参与学习不仅能感受到轻松愉悦的学习气氛，参与师生之间、生生之间的合作与交流，还可以真切地感受到语言在实际运用中的作用，可谓一举多得。

（一）高校英语阅读教学的目标与特点

1. 高校英语阅读教学的目标

《大学英语课程教学要求》针对阅读教学目标划分了一般要求、较高要求和更高要求三个层次。

一般要求：

（1）能基本读懂一般性题材的英文文章，阅读速度达到每分钟 70 词。

（2）在快速阅读篇幅较长、难度略低的材料时，阅读速度达到每分钟 100 词。

（3）能就阅读材料进行略读和寻读。

（4）能借助词典阅读本专业的英语教材和题材熟悉的英文报刊文章，掌握中心大意，理解主要事实和有关细节。

（5）能读懂工作、生活中常见的应用文体的材料。

（6）能在阅读中使用有效的阅读方法。

较高要求：

（1）能基本读懂英语国家大众性报纸杂志上一般性题材的文章，阅读速度为每分钟 70 ～ 90 词。

（2）在快速阅读篇幅较长、难度适中的材料时，阅读速度达到每分钟 120 词。

（3）能阅读所学专业的综述性文献，并能正确理解中心大意，抓住主要事实和有关细节。

更高要求：

（1）能读懂有一定难度的文章，理解其主旨大意及细节。

（2）能阅读国外英语报纸杂志上的文章。

（3）能比较顺利地阅读所学专业的英语文献和资料。

在具体的教学过程中，教师应参照相应的教学目标，把握教学宗旨，调整教学内容，并在此基础上进行一定的拓展和延伸。

2. 高校英语阅读教学的特点

阅读是获取知识、发展智力情感的重要途径和高级神经系统的心理活动，需要多个器官的分工合作。具体来说，读的活动通常都是从眼睛到文字符号，这会在大脑中产生视觉形象，并引起相应的高级神经发音动觉中枢的活动。然后，发音器官发出相应的语音，耳朵收集到这些信号后，大脑才理解或接受这些文字意义。由于英语是拼音文字，其形音之间的联系更加直接，所以阅读英语材料的过程常常是由文字到语音，再到意义，而且这种分段活动非常明显。从阅读单位来看，既可能是单词、词组，也可能是句子。为提高学生的句单位阅读技能，教师可通过口头问答和对话等句单位的言语练习来强化学生的句单位反应的意识和习惯。

在阅读过程中，除了眼睛感知文字符号所产生的视觉信息起作用外，非视觉信息也发挥着巨大的作用。所谓非视觉信息，是指在阅读过程中起潜在作用的，由大脑所提供的一些“眼球后面的东西”，如对所学语言国家的社会和文化背景知识的掌握，对所读材料内容的熟悉，个人的生活经验、生活常识，逻辑知识和语言知识修养等。换句话说，非视觉信息就是阅读者所具有的、对阅读活动有促进作用的全部知识结构的总和。人在看到文字符号时之所以能够理解其所蕴含的意义，是视觉信息与非视觉信息融会贯通的结果。科学实验告诉我们，非视觉信息越丰富，阅读单位就越大，难度也随之降低，速度因此而加快。因此，教师应辩证地处理形式与内容的关系，既有由内容到形式，由综合到分析的训练，又有由形式到内容，由分析到综合的训练。总之，教师应充分掌握阅读教学的特点，在教学过程中对各种教学方法进行灵活变通，不断提升学生的阅读理解能力。

总之，教师应充分掌握阅读教学的特点，在教学过程中对各种教学方法进行灵活变通，不断提升学生的阅读理解能力。

（二）高校英语阅读教学存在的问题

高校英语阅读教学应注重培养学生用英语获取和处理信息的能力，用英语分析和解决问题的能力，以及批判性思维能力。但是，就目前的情况来看，我国的高校英语阅读教学实践中还存在诸多问题。

1. 学生方面的问题

（1）阅读习惯欠佳。阅读习惯是影响阅读质量的一个重要因素，学生的不良阅读习惯对阅读理解会产生不容忽视的阻碍作用。下面是一些常见的不良阅读习惯。

①阅读视野狭小，不以句子为单位，习惯一个词或几个词地读。

②不能按照文章的顺序进行阅读，时常发生跳读；换行时，不能迅速定焦看清文字。

③边读边将所读内容在心里翻译成汉语，然后再继续阅读后面的内容。

④有的学生喜欢在心里默读或者唇读，有的学生喜欢用笔或手指着读，

还有的学生喜欢不断回头重复读。

这些不良的阅读习惯费时费力，不仅影响了阅读的速度，更影响着思维的连贯性以及理解能力。因此，教师应指出并帮助学生克服自身的不良阅读习惯，培养正确的阅读习惯，以便提高学生的阅读效率。

（2）背景知识欠缺。学生是教学的主体，是影响教学效果的主要因素。因此，学生方面存在的问题在很大程度上制约着英语阅读教学的顺利开展。就目前来看，学生欠缺背景知识的问题比较严重。

缺乏必要的背景知识是造成阅读困难的主要原因之一。背景知识指学生掌握的各种知识，包括语言知识本身、文化背景知识和学生已有的各种生活经历与经验。丰富的英语文化背景知识能促进学生英语阅读能力的提高；反之，背景知识的缺乏则会造成阅读理解的误解或困难。就目前来看，我国学生普遍缺乏英语文化背景知识，对英语国家的历史、地理、文化等不了解，从而制约了英语阅读教学的顺利开展。所以，学生只有进行广泛阅读，多了解英语国家的背景知识，才能提高阅读速度，保证阅读理解的准确性。

（3）受母语思维习惯的影响。受文化与思维方式的影响，英汉两种语言在遣词造句上也有很大不同。例如，英语句子中只能有一个谓语动词，动词受形态变化的约束，是句子的中心，并借助一些连接词把句子的其他各个语法成分层层搭架，呈现出由中心向外延扩展的“分岔式”结构。而汉语一般通过多个动词的连用或流水句形式，按照时间的先后顺序或事理推移的方式，把一件件事交代清楚，呈现出一线形的“排调式”结构。再如，中文习惯将次要的描述性信息放在句子的前部，而将重要的信息放在句子的后部。与之相反，英文句式的表达特点是将重要信息放在句子前部，而将次要信息置于句子的后部。学生如果对中英句式上的这种差别熟练掌握，在阅读中就可以适当分配注意力，提高阅读的速度和效率。因此，在英语阅读教学中，教师的教不应仅仅局限在语言知识的讲解上，还应注重对学生进行跨语言文化的思维训练。

2. 教师方面的问题

（1）对阅读教学的不正确认识。许多教师对阅读教学在英语教学中的作用存在不正确的认识，他们常将阅读速度等同于阅读能力。有些教师认为，阅读速度加快了就意味着阅读能力提高了，并据此来开展教学活动。事实上，阅读速度与阅读能力并没有必然关系。有些学生阅读得虽快，但理解不佳；有些学生阅读得很慢，理解也不好。所以，英语阅读教学必须更正教学观念，将阅读作为一种实用的语言技能进行教授，传授学生语篇、语言、文化等知识，提高学生的思考能力、分析能力、判断能力，拓展学生的视野，激发学生对阅读、英语，乃至英语文化的兴趣，提高他们的英语综合运用能力和人文素养。

（2）教学重点有偏差。传统的英语阅读教学理论认为，词汇、语法和语言知识是阅读教学的重点，许多教师把大部分课堂时间用于阅读材料的细节性解释上，对所有语言点不分主次、平均用力，忽视对学生进行略读、寻读以及猜测词义等能力的训练。这种方法将原本完整、流畅的语言肢解为片段进行教学，“只见树木，不见森林”，忽视了对整体篇章意义的理解，导致很多学生在认识全部单词的情况下仍然无法理解文章的意思。教师除对文章重要信息进行必要的解释外，重点应启发学生在阅读中进行积极的思维活动，并培养学生在词汇猜测、结构梳理、内容预测等方面的能力。

（3）教学方法落后。高校英语阅读教学方法的落后体现在教师在课堂上只管使劲地讲，满黑板地写，一味地讲解生词，逐句逐段分析语篇。学生则在下面拼命地记笔记，被动地模仿、记忆和进行古板的、孤立的、教条式的句型操练和单句翻译。这种教学方法的应试性比较明显，学生的主体地位得不到突出，无法激发出学生的学习兴趣，学生的阅读习惯、阅读技巧等均得不到培养，学生很难积极主动地参与到课堂教学活动中，不少学生听课时心不在焉，甚至打瞌睡，费时低效现象严重。

3. 教学条件方面的问题

我国的英语阅读教学在教学条件上的问题主要表现在课程设置和教材设计两个方面。

（1）课程设置不合理。阅读教学在课程设置上的问题集中表现在教学目标与教学计划的缺失，许多高校在安排阅读教学时没有明确的教学目标，不少英语阅读教学活动被视为英语整体教学的“附属品”，背离了提高学生阅读能力的初衷。此外，很多高校的英语阅读教学在课时、教学组织和师资力量上都得不到保证，致使英语阅读教学效果的改善与提高受到严重阻碍。

（2）教材结构设计不合理。我国的英语阅读教材缺乏内在的连续性。具体来说，小学教材注重词汇的学习，中学教材注重语法的学习与运用，大学教材则注重阅读技能的训练。这三个阶段本来各有侧重、针对性极强，也比较符合学生英语学习和认知的规律。但是，由于每个阶段的开始和末尾缺乏与前一阶段和后一阶段的承接和过渡，导致高校英语阅读教学与中小学阅读教学严重脱节，学生也难以跟上进度，阅读能力的提高更是无从谈起。此外，从教材内容上看，入选或入编的主题和篇章的结构性不足，所选社会科学主题、人文科学主题和自然科学主题在量的方面不均衡，主题筛选的角度和深度均有待提高。

（三）任务型教学模式在高校英语阅读教学中的具体应用

1. 高校英语任务型阅读教学的设计原则

（1）真实性原则。我国传统英语教学模式的一个明显弊端是讲授内容脱离真实生活。这是导致“高分低能”现象的重要原因之一。许多学生可以在英语考试中取得满意的成绩，但是在实际的英语运用中却表现欠佳。更进一步地说，学生对一些表达方式可能非常熟悉，但是却不能使用这些方式准确、恰当地表达自己的想法，即无法实现其语言功能。

在阅读教学过程中使用任务型教学模式时应当在语言形式与语言功能之间建立起联系，让学习者在使用语言形式时能感受到语言的功能以及语言与语境的关系，从而提高学习者语言表达的得体性。

（2）实用性原则。在对任务进行设计时，不仅要注重任务的形式，更要考虑它的效果，应努力避免为设计任务而设计任务，而是要使任务始终围绕着教学来展开。具体来说，践行实用性原则应从以下几个方面做起：

①任务的作用在达到满意的教学效果，因此任务既要符合学生的认知特点，又必须能帮助学生理解所学知识，使学生在完成任务的过程中体会到知识的实用性。

②为提高学习者的参与性，在设计任务时要以学生的生活经验和兴趣为出发点，要有利于学习者练习、巩固英语知识与技能，从而提高他们的语言运用能力。

③任务的设计者还应充分利用有限的时间和空间，最大限度地为每一个学习者提供互动和交流的机会。

④任务的完成过程还应成为学习者扩大知识面的机会。因此，任务的设计者应注重英语学科与其他学科间的相互渗透和联系，促进学生人文素养的提升。

（3）多样性原则。多样性原则包括两层含义：内容的多样性和形式的多样性。

①内容的多样性。在设计任务时，任务的主题不应千篇一律，而要经常变换。如预备性任务、目标性任务等。这既可以调动学习者的积极性，又可

以向学生提供语言形式的多种展现方式，从而加深他们对语言的理解力。

②形式的多样性。我国的大部分学生在课堂上参与度不高，为了使每个学习者都参与进来，在设计任务时应考虑使用多种形式。例如，在参与形式上，可以通过两人小组、四人小组或十人小组等。在任务的完成过程中可以安排图表、对话、问卷、协商等形式，在成果的展示环节可以安排口头报告、幻灯片展示、文字展示等。

（4）连贯性原则。任务型教学模式是通过一项、一组或一系列的任务来实现教学目标的。这些任务既不是孤立地穿插于教学过程中，也不是毫无联系地堆积在一起，而是具有一定的内在联系。具体来说，每一项任务都以之前的任务为基础，同时，每项任务又是后续任务的出发点。这样，每一课、每一教学单元以及每个学期的任务就形成一个“任务链”，帮助学习者循序渐进地达到预期的学习目标。可见，连贯性原则就是指任务的设计应由易到难，层层深入，并充分考虑教学上和逻辑上的连贯与流畅。

需要特别说明的是，上述各原则并不是相互孤立的，而是相互影响、相互制约的。因此，在设计任务时应对它们进行综合考虑，避免顾此失彼。

2. 高校英语任务型阅读教学模式的实施步骤

（1）准备阶段。这一阶段的主要任务是帮助学生识别新词和短语，熟悉话题并激活相关背景知识。具体来说，教师可以采取以下措施。

①搜索、阅读背景材料。教师可以要求学生以某一话题为中心进行相关的课外搜索或阅读。这不仅可以拓展学生的知识面，还能帮助学生建立起已有知识和阅读材料之间的联系，实现知识的正迁移。

②课前演讲。课前演讲就是提供一个机会让学生展示自己的搜索成果。这既是对学生的搜索、阅读活动的检验，又是锻炼学生表达能力的机会，还可以提高学生的课堂参与意识。其具体的操作过程是：演讲者围绕本课主题或与主题相关的社会热点问题进行 3 ～ 5 分钟的演讲，演讲结束后由听众对演讲者提问。演讲者必须做充分的准备，搜索大量的资料并对自己所讲的材料非常熟悉；听众不仅要听懂、理解演讲内容，还必须具备一定的判断、分析能力，否则无法提出有质量的问题。

需要特别说明的是，为了提高课前演讲的效果，教师应对演讲时间、提问时间、回答时间及提问人数进行控制。

③分析标题。一般来说，标题是对文章内涵的高度提炼和对文章主题的重要诠释。通过对标题进行分析，可以大概预测出文章的框架结构、写作思

路以及材料的大体内容。

④分析插图。随着教学的进步，越来越多的教科书都开始配插图。此外，插图的功能也逐渐发生变化，不再是可有可无的内容，而是成了教材必不可少的一部分，有的甚至承担起提供信息的重要功能。因此，对插图进行分析具有重要的意义。

⑤运用头脑风暴法。头脑风暴法先由教师确定与阅读材料主旨相关的关键词，然后让学生在短时间内列出与之相关的词语。这可以帮助学生在大脑中快速提取对某一关键词的背景知识。

⑥提问与讨论。首先由教师向学生提出与阅读材料相关的问题。教师在设计问题时要将文章内容与学生的知识、经验、兴趣有机结合起来。其次，学生可就教师的问题进行讨论。在讨论的过程中，思想的碰撞可以帮助学生深化认识。此外，讨论还可以创造活跃的课堂气氛，并激发学生的阅读兴趣。

教师可以根据阅读材料的不同对上述方法进行自由组合。

（2）实施阶段。根据阅读的过程和意义，这一阶段的活动可以分为以下三个环节：

①表层阅读。表层阅读由学生独立完成。教师的任务是通过问题来引导学生阅读，并对阅读过程进行监控、指导，以保证学生的阅读能达到预定目标。同时，教师还应通过学生的问答来对阅读成果进行检验与评价。可见，虽然表层阅读是学生的个体性活动，但这个环节仍然有师生之间的互动。

②深层阅读。深层阅读常常以小组活动的形式来展开，其重点不是词汇、语法的讲解，而是对阅读材料进行语篇分析。具体来说，教师应对阅读材料的内容与结构进行整体性的分析，帮助学生把握文章的脉络与框架。此外，勾画结构图是一种简捷有效的方法，有利于学生在大脑中建立起阅读材料的轮廓。

③课文巩固。这一环节不同于传统教学模式中的练习，并无实际的语言意义，只是为了练习语言形式。而任务型阅读教学的课文巩固环节是为了巩固语言意义而展开的活动，且多以现实场景为背景。课文巩固常常采取讨论和补全信息的方式，且多以小组活动或班级活动为主。具体来说，学生在一个真实的语言环境中将所学知识加以运用，从而可以在知识与功能之间建立起联系。

第五章 ESP 教学模式

第一节 专门用途英语概述

一、专门用途英语的概念

关于什么是专门用途英语（English for Specific purposes，ESP），不同专家学者给出了不同的定义，其中以罗宾逊、韩礼德、麦金托什和斯特雷文斯、达德利·埃文斯和圣约翰，以及哈钦生和沃特斯等几位专家的定义最具代表性。

（一）韩礼德、麦金托什和斯特雷文斯的概念

20 世纪 60 年代，著名的语言学家韩礼德、麦金托什和斯特雷文斯在他们合著出版的《语言科学与语言教学》（*The Linguistic Sciences and LanguageTeaching*）一书中就专门用途英语这一当时新兴的概念做了如下的阐述说明："English for civil servants，for policemen，for officials of the law，for dispensers and nurses，for specialists in agriculture：forengineers and fitters"（公务员英语、警察英语、法官英语、护士英语、药剂师和护士英语、农业专家英语、工程师和技术人员英语）。[①]

由此我们不难看出，上述三位专家均认为专门用途英语教授的是英语在各个职业领域中的专业表达。尽管这三位语言学家列举出了专门用途英语使用的领域，但却不足以准确说明专门用途英语究竟是什么。

1977 年，斯特雷文斯明确地给专门用途英语下了一个定义："广义上来说，专门用途英语课程的目标和内容，不完全或者完全不取决于普通教育的标准（如英语被当成学校里的科目），而取决于学习者对英语在功能和实际应用上的需求。"

① 范长征．基于多样化需求分析的 ESP 专门用途英语课程动态应用策略 [J]. 教师，2021（14）：125-126.

斯特雷文斯的定义是普遍被人们接受的一个专门用途英语的定义。他认为，专门用途英语和一般用途英语（General English，简称 GE）是截然不同的，甚至是对立的两个概念。专门用途英语教学的目标非常明确，内容十分确定，交际需要占据着主导地位；而一般用途英语教学则把英语当作一门普通课程，教授一些通用的语言知识，而不强调任何的特殊要求。1988 年，斯特雷文斯就专门用途英语提出了更加详细的定义，其中包含四个绝对特征和两个相对特征。

1. 绝对特征

绝对特征包含以下四个方面：

（1）满足学习者需求。

（2）教学内容和特定学科、职业、实践活动有关。

（3）实用语言中的语法（grammar）、词汇（lexis）、语篇（discourse）、语义（semantics）和语篇分析（analysis of the discourse）等方面是专门用途英语研究的重点。

（4）与一般用途英语区分。

2. 相对特征

相对特征包含以下两个方面：

（1）可以只培养一种语言技能，例如只提高口语技能。

（2）教学方法不受主流教学方法的限制，可以选取任何适合的教学方法。

从斯特雷文斯的定义中我们可以看到两个明显的问题。第一，绝对特征的第二条指出，专门用途英语与特定学科、职业、实践活动相关。这一点容易让教师产生一种错误的认识，即专门用途英语课的内容必须和学科内容有密切关联。然而，专门用途英语教学通常反映某项特定学科的基本概念和实践活动，即在整体上围绕某一学科开展，但非指专门用途英语教学的具体内容都必须和该学科有关。例如，在学术用途英语（English for Academic Purposes，EAP）阶段，学生常常需要学习文献阅读的技巧。即使学生的阅读材料不与本专业相关，学生同样可以通过这一课程掌握文献阅读的技巧。第二，绝对特征中的最后一条指出专门用途英语是与一般用途英语区分的两种教学概念。事实上，作为英语语言教学的分支，专门用途英语无论是在教学方法上还是在课程设计上，都与一般用途英语有着紧密的联系，两者之间共同性大于差异性。尽管与一般用途英语相比，专门用途英语在教学内容上有些特殊，但是“教”与“学”的过程是相同的，教学理论和方法也都相差不多。例如在专门用途英语教学前期，提高学习者听、说、读、写能力的教学目的和一般用途英语教学阶段是相同的，两者都旨在提高学习者的英语水平，满足学习需求。

（二）达德利·埃文斯和圣约翰的概念

达德利·埃文斯和圣约翰在专门用途英语这一概念上指出，其定义应该符合最基本的一点，即专门用途英语教学所使用的教学方法应该与一般用途英语教学区别开来。尤其是在某一特定学科领域的教学中，专门用途英语教学方法应该显示出自己的独特之处。这一定义重点强调了专门用途英语教学的两个方面：第一个方面体现在专门用途英语教师在与学生交流互动过程中所扮演的角色问题上。在专门用途英语教学的普通阶段，教师的角色和一般用途英语教学阶段时相似；但是在专门用途英语教学的高级阶段，教师充当的角色像是一个语言顾问，为具有专业知识的学习者提供语言上的帮助。第二个方面体现在专门用途英语教学上的指向性。它应该反映出其服务专业教学的相关特点，如教学方法、教学内容等。上述观点集中体现在达德利·埃文斯和圣约翰在专门用途英语定义的界定上。他们同样通过绝对特征和相对特征两个方面进行限定说明。

1. 绝对特征

绝对特征包含以下三个方面：

（1）满足学习者需求。

（2）反映所服务的某一特定学科的教学方法和实践活动。

（3）重点研究实践活动语言中的语法（grammar）、词汇（lexis）、语域（register）、技能（skills）、语篇（discourse）和体裁（genre）。

2. 相对特征

相对特征包含以下四个方面：

（1）与某一特定的专业学科有关。

（2）具体教学过程中可能和一般用途英语教学方法有所区别。

（3）课程开设对象没有严格限制。高等教育机构、在职人员，甚至是中学生，都可能成为专门用途英语的教课对象。

（4）教课对象基本上是业已掌握语言基础知识的学习者，他们大多至少已经达到中级水平。但初学者也可以参与到专门用途英语课程中。

由此可见，达德利·埃文斯和圣约翰对专门用途英语的定义与斯特雷文斯的定义有着很多的相似之处。不同点在于他们去除了“与一般用途英语形成区分”这一观念，同时增加了专门用途英语的相对特征，弥补了斯特雷文斯定义中的一些不足。另外，从达德利·埃文斯和圣约翰对专门用途英语的定义中我们可以看出，专门用途英语在本质上是一种教学方式，并不绝对地区别教授对象，限制授课内容，其教学目的在于满足学习者的特殊需求，教学内容通常是和某一特定学科相关的英语语言技能。正如达德利·埃文斯和圣约翰说的那样，专门用途英语是一种“思维态度”，这与哈钦生和沃特斯对专门用途英语定义的看法在本质上是一致的。

（三）哈钦生和沃特斯的概念

关于专门用途英语这一概念的定义，哈钦生和沃特斯的观点如下：专门用途英语应该被看作一种途径，而不是一种产品。它不是一种特殊的语言或特殊的教学方法，它也不包括特殊的教学材料……它只是一种语言教学方式，在这种教学方式下，所有教学内容及方法都是基于学习者的学习目的开展的。[①]

哈钦生和沃特斯认为，想要确切地知道专门用途英语究竟是什么，就必须首先弄清楚学习者为什么学外语。学习者学习外语的需求和动机是决定专门用途英语界限的关键问题。比如有的学习者是为了解决工作上与外国客人沟通交流的问题，有的则是为了学习外国同行先进的专业知识……无论是何种目的，当我们仔细分析并系统研究了这些需求和动机之后，什么是专门用途英语、什么不是专门用途英语就会一目了然。

上述关于专门用途英语定义的观点都各有其合理的一面以及不足之处。在此，我们认为哈钦生和沃特斯有关专门用途英语的定义较之其他人的定义更为准确合理。

第一，专门用途英语并不是一种特殊的语言种类，它是一种教学途径而不是一种产品。专门用途英语领域中的语言无论是在形式上还是在种类上，教学方法并没有与其他形式截然不同。虽然由于语言、文化的复杂性，在某些语境中会有特殊情况出现，但是这只是必然存在于各个领域之间的语言差异，并不能够否定语言的根本共性。

第二，专门用途英语教学也并不是有别于常规语言教学的特殊存在，相

---

① 单胜红 . 从语言学角度看专门用途英语教学 [J]. 黑龙江社会科学，2012（03）：132-134.

反，专门用途英语教学恰恰是英语语言教学的一个分支。它在许多教学的基本原则和教学方式上与英语语言教学是统一的，并没有专门的、只适用于专门用途英语教学的教学方法。例如，学习的有效性这一原则既适用于专门用途英语教学，也适用于其他种类的英语教学，甚至适用于其他外语的教学。

专门用途英语与其他英语教学最大的不同，在于它是根据学习者需求的不同而变换教学方法和教学内容的。因此，对专门用途英语教学来说，“需求分析”是决定专门用途英语教学如何开展的关键，能否满足学习者的需求是专门用途英语教学成败的衡量标准。

（四）罗宾逊的概念

关于专门用途英语的定义，罗宾逊与哈钦生和沃特斯有着相似的观点，即根据学习者的需求界定专门用途英语，也就是“需求理论分析”。罗宾逊对专门用途英语的定义主要立足于两个方面：第一，专门用途英语教学具有以目标为导向的特点；第二，专门用途英语课程设置需要符合学习者的需求。通过分析学习者的需求，掌握学习者的学习动机和学习目标，从而针对此展开教学。除了这两个主要立足点以外，罗宾逊还阐述了专门用途英语教学的一些特征，例如，专门用途英语学习者通常是来自相同的专业背景或者从事着共同职业的成年人，他们具有相似的英语水平、专业知识和语言学习的需求和动机。这就是罗宾逊所说的“同质班级”（homogeneous classes）。

（五）专门用途英语特点总结

在研究了上述学者对专门用途英语的定义之后，我们不难发现，虽然这些定义不尽相同，但是就专门用途英语的一些本质属性，专家们则达成了一致。

1. 专门用途英语是英语语言教学的一个分支学科

专门用途英语常常和某一特定学科或者职业有密切关系，是学习者由于专业或职业的需要而进行的提高英语技能的课程。课程具有很强的实用性和针对性。

2. 专门用途英语是一种教学途径

在语言学领域中，教学途径、教学方法和教学技术是三个不同的概念。与后两者不同，教学途径是指对语言本质和如何进行语言学习的研究。专门用途英语根据特定学生的学习需求来确定教学任务、教学内容、教学方法和教学技术。

3. 专门用途英语是一种多元化的教学理念

现实中的专门用途英语教学在教学内容、教学方式上是多种多样化。这是由两个主要因素决定的：第一，专门用途英语教学是和专业或职业相关的英语语言教学，这一点决定了专门用途英语教学除了需要涵盖语言知识以外，还要涉及大量的专业知识。因而，在不同学习者的不同需求下，专门用途英语教学内容、形式趋于多元化。第二，不同国家和地区的专门用途英语教学在教育政策、教学重点上存在很大差别，这一点使得专门用途英语教学在实施方案上也趋于多元化。

4. 专门用途英语是一个特定的语言范畴

有研究表明，在词汇上，专门用途英语有一半以上和常规英语是重叠的，并且很多所谓的科技词汇往往是由一些常规词汇通过构词法派生出来的；在语法上，专门用途英语也和常规英语保持一致。这决定了专门用途英语词汇如果离开了常规英语将不能存在的事实。因而专门用途英语不能被视作一个独立于英语之外的专门语言，而应该视作现代英语在不同领域的功能变体。

二、专门用途英语的分类

依据不同的标准，学术界对于专门用途英语的分类也不尽相同。其中以“两分法”和“三分法”最为著名。

（一）达德利·埃文斯和圣约翰两分法

以职业领域为标准出发，达德利·埃文斯和圣约翰将专门用途英语划分成两种类型：学术用途英语（English for Academic Purposes，EAP）和职业用途英语（English for Occupational Purposes，EOP）。如图5-1所示。

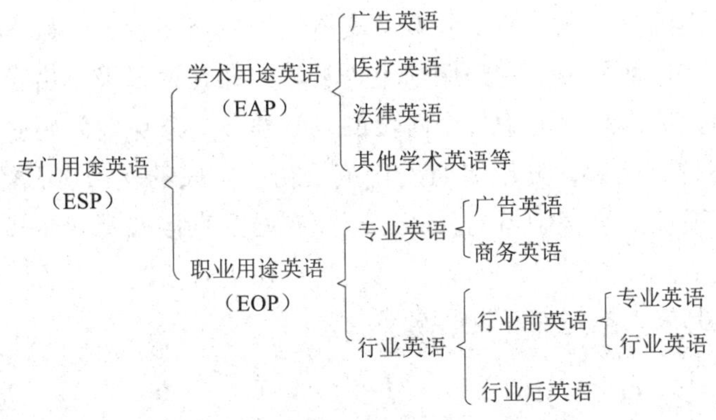

图5-1 以职业领域为出发点的分类示意图

这里，达德利·埃文斯和圣约翰把专门用途英语分成以学术研究为主要目的的学术用途英语和以满足职业需求为目的的职业用途英语。学术用途英语被分成了各个学科和领域，而职业用途英语中的行业英语有了从业前后的区分。行业前英语侧重培养学生在进入某一行业之前的面试技能，行业后英语则侧重针对这一行业的从业人员进行培训。

另外，我们发现按照达德利·埃文斯和圣约翰的分类方法，学术用途英语和职业用途英语很大程度上是相互联系的。以广告英语为例，它既可以用于广告学专业学生的学术研究，又可以适应广告设计人员的职业需要。对两者之间的关系我们将在后文中重点介绍。

（二）罗宾逊两分法

以学习者的学习经历为标准出发，罗宾逊将专门用途英语也分成了职业用途英语和学术用途英语两类。但罗宾逊在对这两者的进一步细分方面与达德利·埃文斯和圣约翰的分类有所不同。如图 5-2 所示。

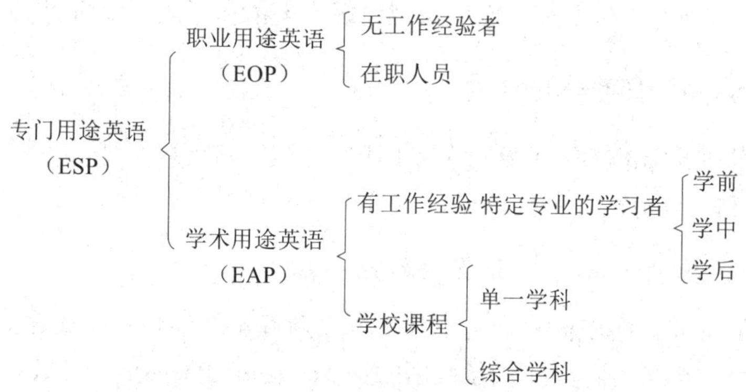

图 5-2　以学习经历为出发点的分类示意图

通过上面的分类图，我们发现罗宾逊基于专门用途英语教学的不同阶段进行了划分。这种分类对专门用途英语教学的课程设置极具指导意义。它可以使专门用途英语教学明确每个阶段的教学任务，避免专门用途英语教学混乱和教学盲目。比如，处于专门用途英语初级阶段的学习者只需打好基础，提高专门用途英语语言学习的技巧，而没有必要直接涉及专业知识；而处于专门用途英语高级阶段的学习者，可以将在初级阶段时习得的语言技巧与专业知识结合起来，提升专业英语水平。

（三）乔丹两分法

以英语语言教学为出发点，1997 年，教育学家乔丹提出一种新的两分法。如图 5-3 所示。

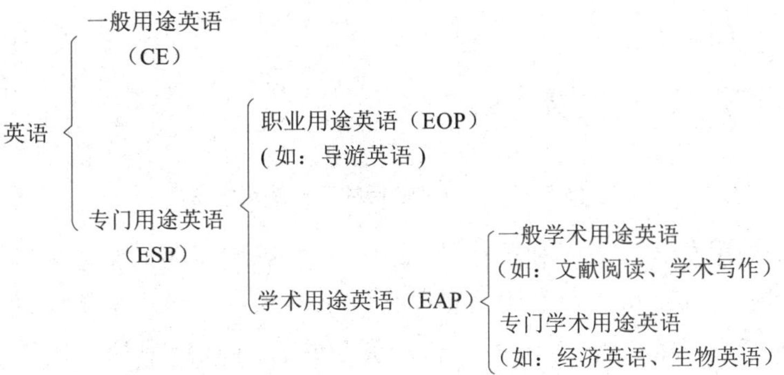

图 5-3　以英语语言教学为出发点的分类示意图

乔丹在专门用途英语的划分上与前面两种划分方法相统一。不同之处在于乔丹将更多的重点放在了专门用途英语教学在各个领域和各个阶段上。这种划分方式为以后专门用途英语教学的教学重点和课程设计都有重要影响。本书将依托乔丹的分类理论展开对专门用途英语教学理论和实践的研究。

（四）哈钦生和沃特斯三分法

以学科类别为出发点，哈钦生和沃特斯将专门用途英语划分成三类：科学技术英语（English for Science and Technology，EST）、商务贸易英语（English for Business and Economics，EBE）和社会科学英语（English for Social Science，ESS）。

（五）大卫·卡特三分法

除上述观点以外，大卫·卡特（David Carter）也把专门用途英语划分成三类，即受限英语（English as a Restricted Language）、学术和职业英语（English for Academic and Occupational Purposes），以及特定主题英语（English with Specific Topics）三类。如图 5-4 所示。

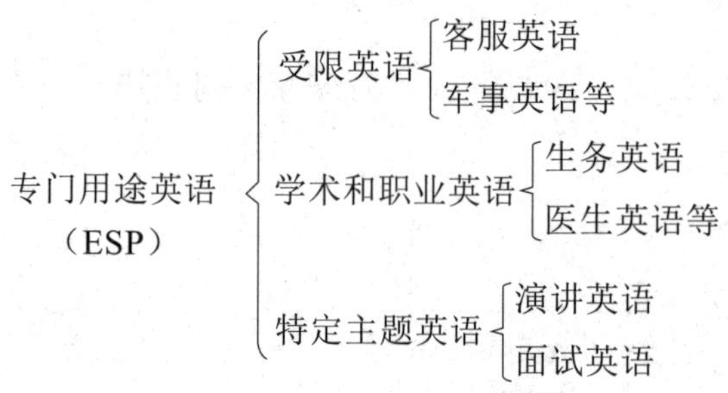

图 5-4　大卫·卡特的三分法示意图

关于受限英语，麦凯和芒福德认为，一些特定行业的服务人员通常掌握较少的词汇，语法也十分有限，但是却能够在这一领域中准确传达意思，这就是一种受限制的语言。例如，客服人员往往有套固定的、礼貌的接待话语；对于客户的问题，他们也总是有相应的、比较固定的回答。这样的语言被认为是受限制的语言。这种受限制的语言常常只适用于某一个特定行业或职业，离开了这个环境，受限制的语言将无法进行正常有效的交流。

学术和职业英语在前面的分类中基本上是以两种用途的形式出现在各位专家的专门用途英语分类上。但是卡特认为，学术用途英语和职业用途英语之间没有绝对的界限。在一定时候两者之间是可以相互转化的。例如，一位英语专业的学生在上学期间研究英美文学是出于学术目的，但是当他成为教师教授英美文学的时候，这种研究就转化成了职业目的。正因为可转化性，卡特将学术用途英语和职业用途英语归为一类，他认为一切都是为了就业这个目的。

特定主题英语是和未来的某项需求相关的。例如，面试者为了进入外企而进行面试英语方面的练习，或者专家学者为了参加一个国际性的学术交流会而进行相关的英语准备，等等。这种英语通常都会有一个主题，一切交流都围绕这个主题展开。

（六）专门用途英语分类的共性

除了上述五种主要的分类观点以外，还有其他观点。但无论哪一种分类，我们都会发现他们都将学术用途英语和职业用途英语列为必选项。在学术用途英语中，科技、法律、医学领域的英语受到极大的关注。同时，在其他领域，尤其是商业领域中的很多专业学科的学术英语，也越来越被人们重视。这一点我们从近几年报考工商管理硕士（MBA）的火爆程度中就可以感受到在职业用途英语中，英语在职业中的实用性也被放到了第一位。正是由于职业用途英语实用性的特点，专家学者们普遍认同将商务英语划入职业英语的范畴。综上所述，虽然关于专门用途英语的分类的观点很多，但我们不能说哪一种分类好，哪一种分类不好。首先，这些分类是立足于不同的出发点展开的，每一种新视角都无疑对专门用途英语教学有一定的指导意义；其次，这些分类对学术用途英语和职业用途英语基本都予以了肯定，认为这两者是专门用途英语教学不可缺少的部分。这个共识的达成也使专门用途英语教学研究向前进了一大步。

三、专门用途英语的产生和兴起

作为一个新兴的英语语言教学领域，专门用途英语的产生和发展时间并不长。国内外专家普遍认为专门用途英语产生于 20 世纪 60 年代。它的出现并非偶然，而是社会、经济、文化综合作用的结果，是历史发展的必然产物。下面就专门用途英语的起源展开研究，并从中找到当代专门用途英语教学的有关启示。

（一）社会发展的需要

英语语言的推广和使用起源于英国海外殖民的扩张。在英国对亚洲、非洲、美洲众多国家和地区长期的殖民统治期间，英语成为殖民地的官方语言，虽然许多殖民地后来从英国的殖民统治下独立了出来，但是英语在这些国家和地区的“统治”却并没有完全销声匿迹。许多国家虽然重新使用了本国语言，但是英语作为第二语言在民众中的使用率还是非常高的，例如马来西亚、印度等国。还有一些国家甚至直接把英语当作本国语言，例如美国、澳大利亚、加拿大等国。这些国家现在大多都是全球经济、科技发展的中心，想要和这些国家在各项领域中加强来往，就必须使英语的学习即专门用途英语的学习水平提升一个高度。

第二次世界大战以后，美国和西方各国经济、科技、文化等领域飞速发展，世界经济空前繁荣，各国之间的交往十分活跃。作为这一时期经济、科技的先锋，英、美等一些发达国家对经济全球一体化进程的影响重大，同时，这也促使英语成为世界各国融入经济全球化的关键。这一点激发了各国人对英语学习的强烈愿望。随着各国间经济、科技交往的日益深入，专门用途英语这个旨在满足学习者特殊需求的新的教学概念应运而生。它有效解决了专业或职业领域内的英语交流问题，满足了人们在各行各业中对英语的需求。

进入 20 世纪 70 年代，世界石油危机的产生对英语向全世界的进一步普及起到了重要的推动作用。对石油的需求使得石油输出国和英语发达国家之间的交流密切而频繁。这些盛产石油的国家为了赚取更多利润，需要迅速提高英语水平。这使得专门用途英语的学习在这些国家迅速开展起来。

到了 21 世纪，国际化的社会对外语人才的需求趋向多元化。很多企业对只有英语一项技能的人员需求减少，而对“专业 + 英语”这类复合型人才的需求大大增加。以我国为例，许多本科毕业生在经历了十几年的学习之后，英语水平依然停留在一个较低的阶段。他们仅仅能够阅读一些简单易懂的文章，却不能解决具体的、专业的问题。因此，在社会需求的压力下，专门用途英语教学正越来越受到人们的重视。

（二）语言角色的转变

全球经济一体化开展的同时，英语教学也经历了一场变革。传统的英语教学在于描述语法，教授一些普通用途英语。以往的学习者常常把学习英语看成一种身份的象征，或者是为了欣赏一些外国作品。学习者对英语并没有直接的、必需的需求，而日益紧密的经济文化交流让英语学习者感到英语在不同的领域中存在着很大的差异，以前学习的一般用途英语并不能够解决专业领域中的实际问题；那些需要通过英语来进行学术研究的学者、希望和外国进行贸易来往的商人都希望能够掌握相关领域的英语以达到目的。这为英语教学提出了新的课题：人们逐渐认识到英语不再像描述语法那么简单，而应该走向实用。这种认识和人们面对的实际需求加速了专门用途英语的产生。

（三）教育心理学的促进

教育心理学的发展对专门用途英语的兴起和发展起到了极大的推动作用。这一时期人们认识到学习者学习兴趣和学习需求的重要性。学习者对于英语的需求同样千差万别，而传统的一般用途英语教学显然不能满足学习者特殊的需求。例如，在语言教学过程中，如果对所有学习者统一教授基础英语，学习者很容易产生厌倦情绪。但如果在分析了学习者的需求和兴趣之后，针对不同学生开设与其兴趣、需求相关的课程，选择合适的教材和教学内容，则会事半功倍。学习者的这种学习动机决定了其学习态度，更决定了学习效果。因此，在 20 世纪 60 年代，西方的一些发达国家掀起了一场专门用途英语的教学和研究活动。

四、专门用途英语的发展

1987 年，哈钦生和沃特斯将专门用途英语的发展分成五个阶段：语域分析（register analysis）、修辞或语篇分析（rhetorical or discourse analysis）、目标情境分析（target situation analysis）、技巧与策略分析（skills and strategies analysis）和以学习为中心（learning-centered approach）。自 20 世纪 60 年代以来，专门用途英语已经经历了四个发展阶段，目前正处于第五阶段。

（一）语域分析阶段

语域分析阶段形成于 20 世纪 60 年代末 70 年代初。这一时期的代表人物有韩礼德、巴伯、斯特雷文斯、斯韦尔斯、尤尔、赫伯特等。最早提出这一概念的是韩礼德。他认为语言使用场合的变化导致了语域的变化，语域的变化导致了语言材料的变化，而语言材料的变化体现在词汇使用和语法上面。他还认为，专门用途语言有其专门的词汇和语法。因此，这一阶段的语言学家着重研究某一特殊领域在词汇和语法方面与其他领域的不同之处。

这一时期使用的研究方法是斯韦尔斯的“词汇统计学”（lexico statistics）。研究结果表明，科技文章中的英语语法与一般用途英语并没有什么区别。所有科技文章中的语法都可以在一般用途英语中找到。科技英语和常规英语不同的地方在，前者包含大量的科技词汇，并且某些语法或者句式使用频繁。例如，由于科技领域的特殊性，被动句、一般现在时、陈述句、形式主语和复合名词等一些能够表示所述内容客观性的语法和词汇被频繁使用，而一般疑问句和感叹句这些主观色彩比较强的句式则很少使用。除此以外，科技文章常常包含很多“半科技词汇”（semi-technical vocabulary）、“次科技词汇”（sub-technical vocabulary），如 compose，generate，enable 等。这表明，专门用途英语只是偏爱某些语法和句法，其本质并没有超越一般用途英语的框架。

科技英语的特点为编写专门用途英语教学大纲和制定教材内容提供了依据。第一本有关专门用途英语的教科书是 1965 年赫伯特出版的《科技英语的结构》（*The Structure of Technical English*）。这本书面向的人群是那些已经具备一定英语基础，但还需要掌握科技英语的相关句法和语言习惯的学习者。这本书最大的特点在针对科技领域的常用词汇、结构和语法设计了大量的练习，但由于缺乏对语篇的重视和联系而受到不少批评。斯韦尔斯认为这本教材的不足之处在：书中文章缺乏科学性；练习过于机械，不够灵活；过度强调科技英语词汇和语法，对阅读能力不够重视；不能实现语言的交际功能。

这一时期最具代表性的专门用途英语教材是尤尔和拉托雷编写的《基础科技英语教程》（*A Course in Basic Scientific English*）。这本建立在语域分析基础上的教材的目的是满足学习者需求，使教学内容更加适合学习者，从而达到良好的教学效果。尤尔和休斯·戴维斯通过研究，确定了科技英语的词汇和语法特征，明确了一些出现频率较高的句法。这些词汇、语法、句法具有以下特征：

（1）使用 ing 形式取代关系词。

（2）使用形式相似、意义不同，具有相同功能的单词。

（3）使用形式相似、功能不同的单词。

（4）使用词汇多含前后级。

（5）使用结构和限定词组。

（6）使用复合名词、不规则限定词、过去分词、前置动词。

（7）使用不定式、被动句、条件句、因果句。

由此可以看出，在语域分析影响下产生的大部分教材和研究重点都集中在特殊领域的词汇、语法及其相关的机械练习上，缺乏语言的实用性。因此，这一阶段的专门用途英语研究并不能体现专门用途英语的真实面目，也不能够满足学习者的需求。

（二）修辞或语篇分析阶段

语域分析阶段，学者们对语言的研究停留在句子内部，包括词汇、句子结构等，但这些研究并没有解释为什么某些语法模式会频繁在科技英语中使用，也没有解释句子和句子之间是怎样联系起来的。于是，英美国家的一些应用语言学家将研究重心放在了对修辞和语篇的研究上。这一时期的代表人物有英国的亨利·威多森和华盛顿学派的路易斯·特林布尔、约翰·拉克斯多姆、劳瑞·塞灵克。这一时期的研究内容在，研究如何写各种功能的句子，如论证、说明、叙述、描写、下定义；如何将一个主题句扩充成段落，再如何将段落组合成一篇文章，如何使这篇文章达到一种更好的效果等。

1. 路易斯·特林布尔的语篇分析研究

1985 年，路易斯·特林布尔的《科技英语：语篇分析法》（*English for Science and Technology*：*A Discourse Approach*）一书总结了修辞和语篇分析法。书中将“语言形式”和“语言应用”结合起来，这无疑弥补了语域分析阶段的不足，为专门用途英语教材的编写提供了更好的参考标准。特林布尔在书中还将修辞定义为“作者借以完成一篇满意之作的方法”。另外，他建议从以下四个方面组织文章：

层次 A：整个语篇的目的。

层次 B：实现层次 A 的普通修辞功能。

层次 C：由层次 B 的普通修辞功能发展而来的具体修辞功能。

层次 D：支持层次 C 中所有修辞的内部或相互之间关系的修辞技巧。

2. 威多森和艾伦的语篇分析研究

这一时期的另两位重要研究者是威多森和艾伦。他们认为语言运用比语言形式更重要的观点和对交际英语的倡导对当时的专门用途英语研究影响深远。威多森还认为，学习者的困难不在缺乏语言知识而在缺乏运用能力。机械的练习和语法描述不是学习者所需要的，他们需要的是能够满足不同交际顺利展开的语言使用技巧。因此，威多森在他的著作《焦点系列》（*The Focus Series*）中重点讲述了科技和学术写作的主要方法，例如怎样用语言进行下定义、分类、描述、提出假设以及衔接语言形式。尽管这本著作具有一定的突破意义，但是由于缺乏实践经验，因而其理论性大于可实践性。

相比之下，一本在伊朗塔布利兹大学（University of Tabriz）使用教材的基础上编写的《核心系列》（*The Nucleus Series*）更具有实用价值。该书深受“半科技词汇”和威多森观点的影响，着重描写了修辞的功能，并列举了科技领域中的半科技词汇，与路易斯 · 特林布尔组织文章的层面 D 相对应。

综合来看，修辞和语篇分析阶段的研究较上一个阶段有了重大进步，但是其研究还停留在语言本身上。然而，句子、词汇和篇章之间的关系并不是专门用途英语所特有的，常规英语也包含这些方面。因此，学习者即便掌握了篇章结构、行文技巧，仍然不能够解决情景交际中的实际问题。除了写作以外，语言能力的提升还包括许多其他方面。因此，这一阶段的研究仍然不足以完成专门用途英语所担负的使命。

（三）目标情境分析阶段

前面两个阶段探讨的都是语言形式和意义构建问题。目标情境分析阶段则是根据学习者的学习目的，对在使用外语的目标情境下进行交际的内容、方式、途径、媒介、手段等语言特点做透彻的分析，并根据这些分析设置专门用途英语课程，制定教学大纲，从而完成学习者在目标情境中能自如地运用英语进行交际的目标。这就是著名的“需求分析”（needs analysis）。

这一时期的代表人物是约翰·芒比，他在《交际大纲设计》(*Communicative Syllabus Design*)一书中对学习者的交际目的、交际环境、交际手段、语言技巧、语言作用、语言结构等一系列问题进行了深刻的阐述，并把学生的需求列成一张详细的表，以此作为编写大纲、教材，选择教学方法的依据。他还提出了一套详细发现目标需求的步骤，即“交际需求处理器”(communication needs processor)。它是由科目、参与者、媒介等一系列较集中的可变因素组成的。这些可变因素被用来确定学习者的目的语言需求。约翰·芒比在书中对目标需求进行了分析并得出了一个结论：以语言为中心的需求分析所能得到的有用信息很少，以至于看不到这种分析方法对专门用途英语教学的积极意义。

尽管在此之前也有一部分语言学家提出过确定学习者需求的理论和方法，但由于不够全面，不够科学，因此没有得到广泛的认同。而约翰·芒比的“需求分析”理论模式的特征虽然很难把握，但这一理论对专门用途英语的发展起到了很大的促进作用，因而被视作专门用途英语发展过程中的一个分水岭。

这种根据学习者的特殊需求进行特殊分析并且制定相应的教学大纲的教学新思维，使得目标情境分析在专门用途英语探索过程中有了质的飞跃。学习者的需求在这一阶段的专门用途英语研究中显示出相当的重要性，专门用途英语教学较之以往更加实用，更能够满足市场需求，同时它与一般用途英语的不同之处也逐渐显现出来。

（四）技巧与策略分析阶段

专门用途英语发展的前两个阶段均将注意力放在了语言本身上面，第三个阶段则是一定情境下的语言表层。技巧与策略分析阶段研究的不再是语言本身，而是语言表面以下的逻辑思考，其研究重点是意义产生的途径和寻找意义的方法。这一阶段语言学家们普遍认为任何语言使用都可以解释和推理，通过一定的技巧，我们能够通过任何语言的表面形式掌握其内在含义。例如，通过构词法和上下文推测词义，从行文结构推测文章的类别等。这一时期的研究著作很多，但大多只是对阅读技巧有重要贡献，而没有公认的关于技巧与策略的代表人物和代表作。

技巧与策略分析阶段的专门用途英语研究多出现在一些非英语国家中，且重心往往在阅读技巧的提高上。在世界各国与英语国家加强往来的过程中，英文文献是获得相关行业最新信息的一大重要来源，这对英文阅读能力的要求是显而易见的。于是，阅读技巧的研究和教学在这些非英语国家成为焦点。例如：马来西亚大学专门用途英语项目开设了一门阅读技巧课程，重点教授与阅读相关的技巧。辨别图书的框架结构、非线性结构、如何掌握生词、细节检索、语境检索等都是这项课程的重点传授内容。随着时代的发展，听、说、写技巧在这些非英语国家中也得到日益广泛的重视。而在这类技巧传授过程中最重要的指导思想就是：仅仅传授学习者解决问题的能力是远远不够的，还必须讲授语言使用过程中的思维发展。

尽管这一阶段对语言的把握已经深入到使用思维的探索阶段，但它并没有解决学习者如何使用专门用途英语的问题。与此同时，由于涉及的专业面广泛，普通教材往往难以满足需求，这就需要专门用途英语教师根据学习者的特殊需求自己设计教材，安排教学内容。但是专门用途英语教师在专业知识方面的欠缺为这些工作的开展带来了极大的不便。此时，专门用途英语教师是否需要掌握专业知识成为一个不容忽视的问题。

（五）以学习为中心阶段

1987 年，哈钦生和沃特斯在书中提出“以学习为中心”这一概念，并指出这正是我们目前所处的专门用途英语研究。同时他们还认为，前四个阶段都具有一定的缺陷性，都是对语言这一“产品”的描述和使用，例如分析各种讲座、教材和文章中的语言特色，却对成功实现目标情境交际的学习技能问题视而不见。而归根结底，专门用途英语的最终目的是让学习者掌握语言技能，语言特征的描述和语言的实践都是服务于这个目的的。专门用途英语真正有效的方法必须建立在语言学习过程的理解之上。

“以学习为中心”要充分考虑到学习者的学习动机和学习过程。例如，对所有学习者教授普通用途英语，学习者会感觉不能满足自身的特殊需求，因而兴趣不大。根据学习者的不同目的有针对性地选择教材和授课内容，更容易抓住他们的注意力，从而达到良好的教学效果。“以学习为中心”除了要抓住学习者学习动机以外，还要制定出一系列为达到教学目标的措施。在这一方面，约翰和戴维斯于 1983 年提供了一个行之有效的方法，即将以课文为基础的教学思路当作“一种获取信息的工具”（a vehicle for information），而非“一种语言目的”（linguistic object），而小组讨论的形式便可以实现这一教学思路。学生们通过这种方式共同探讨文章含义，这种“问题求解”的教学方法使得学生能够通过独立阅读解决问题，提升对语言的掌握程度。

可以说，在上述几个阶段当中，专门用途英语并不是孤立的。作为英语语言教学的一个分支，它与英语语言的其他领域，如应用语言学、普通用途英语教学等都有着密切的联系。应用语言学和普通用途英语教学领域里的一些教学方式和教学原则是专门用途英语得以展开的理论基础，如从语言教学中“借用”的交际法教学。一方面，专门用途英语本身就象征着交际法教学；另一方面，它也是交际法教学的一个最佳的证据。因此，专门用途英语的教学方式和内容并没有局限于某一种特定的方法，而是根据实际情况结合了很多不同的方法。这些研究和实践也将继续推动专门用途英语教学和研究进程。

在专门用途英语发展的三十几年间，专门用途英语教学研究收获了丰硕的成果：从对词汇、句法结构的重点研究到对篇章整体修辞的分析，乃至研究语言的内部规律；从单一的科技英语到涉及社会方方面面的专门用途英语的研究；从简单的教材编写到综合性教材评估、测试；等等。

专门用途英语在国内外受到越来越多的重视，不少高校都开设了专门用途英语课程，如：快速阅读、读书报告、实验报告、文献查询、学术用语等。很多英国的高等院校还建立了专门用途英语研究中心，这为不少专家学者开展专门用途英语研究提供了极其有利的条件，如利奇教授和坎德林教授所在的兰开斯特大学语言学及现代英语系、辛克莱尔教授和约翰斯所在的伯明翰大学英国文学系、威多森教授和布鲁姆菲特所在的伦敦大学教育学院等。英国的专门用途英语研究对全世界的专门用途英语研究起到了极大的影响。

五、外国专门用途英语研究现状

韩礼德的系统功能语言学激发了特殊用途英语教学理论和方法的产生，这是其对外语教学的重要贡献之一。韩礼德等语言学家在他们的著作中提出了专门用途英语教学的必要性，并提出了一系列的英语变体。他们还指出，在合适的教学材料出现前，每一种特殊需求都需要专人在大量语言样品的基础上，对受限的语言和特殊的语境认真研究和辨析。其中，作为专门用途英语的重要组成部分，科技英语的产生标志着专门用途英语的存在。

20 世纪 70 年代，社会语言学蓬勃发展，语言的社会属性和交际功能得到充分的肯定，交际教学法的兴起明确了英语教学的最终目的在于培养交际能力。80 年代初，威多森、科菲、奥尔德森和沃特斯等一些国外专家学者开始对专门用途英语的教学体系展开研究，其中包括课程设置、语言教学、教学评估等。

六、我国专门用途英语研究现状

在国际上掀起专门用途英语研究热潮的大背景下，我国的专门用途英语研究也于20世纪80年代起步。主要侧重两个方面：第一，教学理论的研究；第二，教学实践的研究。但无论是理论研究还是实践研究，相对国际专门用途英语研究发展来看，都尚处于初级阶段，研究成果很少。综观所有期刊和书籍，只能查到寥寥几篇介绍性学术文章，而且这些研究大部分是对专门用途英语的实践研究，理论研究很少。到了20世纪90年代，我国在专门用途英语的存在依据、专门用途英语阅读和写作等实践活动与相关理论的关系以及专门用途英语在学科发展中的地位方面的研究取得了一定的进步，代表人物有程世禄、张国杨、文军、陈莉萍、范谊等。另外，师资队伍和教学方法等方面的研究也取得了一定进展，代表人物有蔡基刚、秦秀白、刘法公、夏纪梅、陈明瑶等。但是，这一阶段在教学理论、师资配备、课程设置、教材编写、考试与评估标准、培养目标、授课方式、师资建设等方面都还存在着严重不足。

由此可见，我国的专门用途英语研究基础薄弱，成果不甚理想。束定芳教授指出，我国专门用途英语研究成果甚少有以下几个原因：第一，缺乏专业的研究队伍。我国国内没有一个专门从事外语教学研究的英语研究机构，对专门用途英语的研究大多是出于教师的自身兴趣，没有形成一个系统的研究体系。不仅其研究成果十分零散，少有创新和突破，他们研究所需的支持也得不到保障，研究常常和教学冲突，无法正常进行下去。第二，缺乏系统研究和对一些关键问题的重视。由于缺乏对专门用途英语研究的宏观认识，因此，一些与外语教学有着紧密联系的重要因素常常被忽视掉，如师资培养、课程设计、教材编写等。第三，理论研究和教学实践不统一。由于缺乏系统的、成熟的理论基础做指导，我国的专门用途英语教学往往实际上起不到理论中预期的效果。

因此，如何解决制约我国专门用途英语理论研究的因素，如何把握专门用途英语和普通用途英语之间的关系，如何深入开展专门用途英语的理论与教学研究，是目前我们所要解决的重要问题。

七、专门用途英语与英语作为第二语言的区别

英语作为第二外语（English as a Second Language，ESL），是指母语并非英语，但是由于种种原因，英语在日常生活中被大量使用，因此成为仅次

于母语的第二主要使用语言。英语作为第二语言的国家有很多，例如新加坡、印度等。但是ESL课程却不仅限于上述国家，它在欧美地区也很普遍，授课对象主要是新进移民和留学生，或专门过去学习的国外学者。ESL课程采取A～E级的等级教学制度，A级最低，E级最高。

（一）专门用途英语与英语作为第二语言的差异

专门用途英语和英语作为第二语言虽然都着眼于英语教学，但两者之间的差异还是十分显著的。

1. 环境差异

英语作为第二语言的发生环境往往是英语在生活中使用频率很高的国家和地区。因此，第二语言的学习者通常比专门用途英语的学习者有一个更好的语言环境，不仅周围有很多英语使用者，英语甚至会作为官方语言出现在电视、正式文件上。这种高频率的英语接触环境是专门用途英语学习者难以得到的。除了“数量”以外，第二语言环境中的英语“质量”也比专门用途英语学习者所在的环境高很多。由于高频率的英语接触，在学习过程中第二语言环境下的教师和同学的英语水平普遍比专门用途英语的教师和同学水平高很多，这十分有利于学习者的语言输入，因而第二语言学习者更加容易提高英语水平。因此，就学习成果而言，第二语言的学习者经过一段时间的训练，其在口语、听力、阅读方面最终往往能够达到与本族语（native speaker）相似的程度，但是专门用途英语的学习者则很难达到这种程度。

2. 学习目的

专门用途英语学习者往往具有一个相对具体的、特定的学习目的和学习领域，并且具有很强的目的做导向。例如，专门学习律师英语以便更好地应对国际案件，或者专门学习学术阅读以便及时了解国外相关领域的最新成果等，都是促使学生学习英语的直接原因。但是第二语言学习更着重培养学生的整体英语水平，学习者往往是为了满足整个社会环境的需求，而非只针对某一特定领域的英语。而专门用途英语的学习者往往具有不同的学习目的，以应对不同的需求。就学习目的而言，专门用途英语的学习者往往目标更明确，学习更具体，而第二语言的学习者目标比较模糊，学习范围更宽泛。同时，学习目的的差异性还会直接映射到各自不同的教学内容和教学方式上。

（二）专门用途英语与英语作为第二语言的共性

专门用途英语和英语作为第二语言之间虽然有着严格的区别，但是作为母语均不是英语这一性质，两者之间仍然有一定的共同之处。

1. 教学具有双语现象

专门用途英语的教学，尤其是高级阶段，会采用英语作为教学语言，以便使学生更加熟悉以后即将面对的学习或工作情景。而双语教学的环境本身较之普通的外语教学更有利于英语学习，这些地区由于英语的使用程度较高，其教学对英语的重视程度和使用程度也相对很高。因此，无论是专门用途英语还是英语作为第二语言，都有一定的双语现象发生。

2. 掌握时间晚于第一语言

专门用途英语的学习是由于学习者在学习、工作和生活中的需求而产生的，英语作为第二语言是英语高度的使用导致的英语学习的必然。因此，在掌握时间上，这两者的出现都比本国母语出现得晚。

3. 熟练程度相对第一语言较差

在长期的母语的背景下，第二语言和专门用途英语不仅发生时间晚于母语，其习得的程度也受到母语思维的影响。尤其是母语和英语属于不同语系的国家，或者句法规则、发音和英语有着巨大差别的语言，对英语学习的阻碍作用是非常之大的。

4. 自觉的学习

由于这两者的学习环境均发生在母语为非英语的国家和学生身上，因此，学习者不能像母语为英语的人一样从小对英语耳濡目染，经过长时间的环境熏陶，非自觉地习得一门语言。因此，专门用途英语和英语作为第二语言都必须通过自觉的学习意识才能达到英语学习的目的和效果。

第二节　大学公共英语课程定位

一、大学公共英语课程教学测评方式

（一）大学公共英语课程教学测评的现状

1. 大学公共英语课程教学测评

在传统的总结性评价中，无论是教师还是学生，都将学生的考试成绩作

为评价学生英语学习成果的重要指标，这种教学测评方式不仅不利于调动学生学习英语的积极性，还忽略了教师在教学中所做出的贡献与努力，导致教师与学生的主动性在英语课中很难被激发出来。从而使学生对英语学习失去了兴趣和信心，也影响了教师对英语课程的有效开发和探索。因此，在社会的不断发展下，高校的教育体制对大学公共英语课程提出了新的教学测评方式要求，成为大学公共英语教学中的重要组成部分，也是高校教育者有待解决的问题。

2. 高校英语教师教学测评素养的现状

在大学公共英语课程教学中，教师的教学测评素养是直接影响教学质量的关键因素。测评素养指的是不同利益相关的人士在应对各类评估问题时所需要的技能和知识。高校英语教师的教学测评素养，主要由测评意识、测评知识、测评技能和测评态度四个方面组成。一些高校英语教师在教学中比较重视测评知识，认为只有掌握并不断学习与测评相关的理论知识和应用知识，才能为教学实践中的测评奠定基础，从而忽视了测评态度，导致高校英语教师普遍对教师测评素养和开展教学测评活动的重要性认识不足。因此，学校要加强对教师语言测试相关的课程培训，也可邀请校外专家开展相关内容的讲座，以提高高校英语教师的教学测评素养。

（二）大学公共英语课程教学测评的有效方式

1. 测评学生的学

在大学公共英语课程教学测评中，对学生学习的测评，不仅有对学生最终英语考试成绩的测评，还有对学生的平时学习表现的测评，以及对学生在学习过程中所展现出的英语综合应用能力和创造力等主观能动性的表现的测评，这些都属于学生学的测评范围。在学生英语学习进入最终测评的阶段时，学校要根据办学特点设置严格、合理的测评体系，对学生进行考试成绩、平时学习时的表现等具体测评，确保在整个测评体系中与学生有关的每一项数据都清晰明了。通过严密的测评系统给学生的学习成果做一个评价，让学生和教师都能够直观地看到学习效果，这样能够使教师为学生指明正确的学习方向，避免学生为了应付考试而临时抱佛脚，死记硬背英语知识点，却不能很好地运用。由于英语是一种应用性较强的学科，学生如果只是为了在考试中取得好成绩而应付学习，不仅浪费了大好的学习时光，自己的英语水平和能力也得不到有效的提升。因此，大学公共英语课程的教学测评应该采取客观、全面的测评方式，让学生在学习过程中能充分地发挥自身的主观能动性，激发学生对英语知识学习和探究的愿望，让学生对英语真正产生浓厚的兴趣，实现大学公共英语课程教学的根本目标，从而全面培养学生的英语综合运用能力，促进学生的英语综合素养得到实质性的提高。

2. 测评教师的教

在大学公共英语课程教学活动中，学校在对学生进行教学测评的同时，也要对教师的教学成果展开有效的测评。对英语教师进行的教学测评，需要充分考虑学生的综合因素，要以学生对教师的评价为主，再结合学校对教师的测评，用最终的成绩来测评高校英语教师的教学成果。所以，学校不能仅以学生的最终考试成绩作为对教师的教学测评依据，这样不仅打击教师的教学积极性，还会对教师的英语教学产生错误的引导，导致只能培养应付考试的学生，而不是培养一个真正会应用英语的优秀人才。因此，在整个大学公共英语课程教学中，学校要全方面地引入教学测评体系，调动教师教学的积极性和主动性，使教师能够更好地对课本进行研发和探究，让更多的教师学会站在学生学习的角度思考问题，这样才有利于提高英语课程教学的质量，为培养符合时代需要的具备英语交流能力的人才打下良好的基础。

（三）大学公共英语课程教学测评方式的转变

在新课程教育改革的背景下，大学公共英语课程的测评体系改革主要体现在评价主体的多元化和形式的多样化。测评应该关注学生的英语综合运用能力的发展过程和学习效率，学校可以采用传统终结性评价与形成性评价相结合的方式，使学生的学习过程和教师教学成果的评价和谐统一。因此，大学公共英语课程教学测评体系要将传统的总结性评价改为主动测评方式，并增加形成性评价的内容，注重对教与学的多元化分析和判断，使其能够为教师和学生提供真实的诊断性信息，确保教与学双向过程的有效测评。形成性评价也就是过程的评价，通过诊断性评价发现教学中存在的问题，如在学习过程中所表现出的态度、情感等。形成性测评能够在教学过程中获取相关的教学反馈信息，帮助学生改进教学方案，使学生能够真正掌握英语知识和技能。因此，诊断性教学测评能够对学生的日常学习表现所取得的成绩和反映出的态度、方法等方面做出评价。

大学公共英语课程采用诊断性教学测评，比较重视学生的学习体验，使学生由被动的评价变为主动的积极评价，实现了学生的自评和学生之间的互评，有利于培养学生的学习主动性。并且，诊断性教学测评将测评贯穿于学生的整个学习过程中，不仅强化了学生对英语知识的掌握与记忆，还培养了学生积极向上的学习态度。同时，由于这种测评方式是在学生的学习过程中进行的，能够及时地反映学生的学习情况和学习表现，为学生提供有效的反馈，还能使教师及时了解到学生的学习效果和变化情况，以便教师对教学方法和教学内容进行有效的调整，确保大学公共英语课程的教学质量。

（四）大学公共英语课程教学测评方式需要遵循的原则

1. 动态性发展原则

大学公共英语课程教学一直都是在不断发展和变化的，学校在对教师和学生展开测评时，要充分考虑教学的动态性。因此，我们要紧跟时代发展的步伐，对教学测评方式进行适当的调整与创新，不能采用单一的测评体系和方式对大学公共英语课程进行测评，要确保测评的科学合理，注重调动教师和学生的积极性和主动性。

2. 激励原则

对大学公共英语课程进行教学测评，是为了让教师和学生面对教学活动能够拥有一个积极的心态和正确的学习态度。因此，在测评过程中，我们要充分考虑教师和学生的兴趣和愿望，采用激励机制调动教师的教学动力和学生的学习动机，促进教师的专业能力和职业素养得到有效的提升，促使教学逐渐形成一个良性循环，从而提高大学英语教学的整体水平。

3. 公平、公正和科学原则

所有的测评都要秉持公平、公正和科学的原则，大学公共英语课程也不例外。因此，在大学公共英语课程的测评中，我们不能根据自己的偏好和直觉进行测评，而要结合学生和教师的阶段性教学效果，保证有一个公平合理的测评环境，使测评结果得到教师和学生的认可和接受，促进大学公共英语教育事业的持续发展。

二、我国大学公共英语教学目标的反思

通过对我国大学英语教学培养目标的分析，不难看出针对非英语专业高校英语教学的主体的变化。如图 5–5 所示。

图 5-5 大学公共英语教学目标的反思

大学英语课程培养目标的这种变化，受社会发展和对人才需求变化的影响。我国高校英语教学目标的变化，说明我国高等教育机构一直在致力于高校英语教学质量的提高，每一次改革都是一次进步，这是毫无疑问的，这从我国高校英语教学几十年所取得的成果中也反映出来了。特别是 1999 年以后的几个高校英语教学大纲，在指导高校培养大学生语言综合应用能力上，取得了巨大的成果。但是随着经济全球化向纵深化发展，我国在国际领域的交流合作几乎渗透了各行各业，涉及各行各业的普通劳动者。这种新的形势使得英语不能仅仅是国际谈判和国际商务领域中专业的语言人才应全面掌握的语言。

此外，随着我国外语教学事业的发展，我国的基础英语教育的目标也越来越明确。我国国家课程标准、英语课程标准中对基础教育阶段英语课程的总体目标的规定是：培养学生的综合语言运用能力。综合语言运用能力的形成建立在学生语言技能、语言知识、情感态度、学习策略和文化意识等素养整体发展的基础上。语言知识和语言技能是综合语言运用能力的基础；文化意识是得体运用语言的保证；情感态度是影响学生学习和发展的重要因素；学习策略是提高学习效率、发展自主学习能力的保证。这些方面共同促进了综合语言运用能力的形成。语言技能是构成语言交际能力的重要组成部分。

语言技能包括听、说、读、写四个方面的技能以及这四种技能的综合运用能力。听和读是理解的技能，说和写是表达的技能；这四种技能在语言学习和交际中相辅相成，相互促进。学生应通过大量的专项和综合性语言实践活动，形成综合语言运用能力，为真实语言交际打下基础。基础教育阶段的学生应该学习和掌握的英语语言基础知识包括语音、词汇、语法、功能和话题等五方面的内容。知识是语言能力的有机组成部分，是发展语言技能的重要基础。在语言综合能力的培养上，分九个级别实现。学生在高中阶段要达到 6 ～ 8 级的要求。从培养目标上看，中学英语教育目标培养的语言综合运用的能力，与我国目前高校英语的主要培养目标没有太大区别。合格的大学本科新生大部分都实现了高中的英语学习目标，形成了完整的英语语言知识系统（语法知识和基础词汇），并拥有了一定的英语听、说、读、写、译的能力。这些基本的英语技能是基础教育阶段基础英语教学所围绕的目标，所以如果我国高校英语教学的主体目标还是培养学生的综合英语能力，那必定会造成教育资源的浪费。这种与中学阶段英语教育没有明显界限的教学势必难以激发学生的学习热情，尤其是那些英语语言基本功已经相当扎实的高中毕业生。

所以，在我国目前的教育和发展情境下，必须重新思考高校英语教学所应实现的培养目标。笔者认为中国的高校英语教学应建立在高中英语教学的基础上，但必须有别于高中英语教育，必须将语言教学目标与我国高等教育的目标结合起来。《中华人民共和国高等教育法》中的第四条对高等教育的教育方针做了明确规定，即“高等教育必须贯彻国家的教育方针，为社会主义现代化建设服务、为人民服务，与生产劳动和社会实践相结合，使受教育者成为德、智、体、美等方面全面发展的社会主义建设者和接班人”。从我国高等教育方针的规定中，不难推断我国的高等教育培养人才应与生产劳动相结合，也就是与他们未来的职业相结合。英语语言教育作为高等教育的组成部分，也必须与他们未来的职业相结合，具体地说，就是必须与他们的专业相结合。

二、我国高校 ESP 课程概况研究

（一）我国高校 ESP 课程历史沿革

我国对英语教学的大纲进行积极调整后，高校英语教学开始慢慢转向对学生英语听、说、读、写、译能力的全面培养。高校英语教学基本分两阶段：基础英语教学阶段和专业英语阶段。专业英语教学主要是由学科教师来承担，某种意义上专业英语课程就是专业相关材料阅读课。高校英语教学的主要任务是通用英语，甚至可以说就是通用英语，因为专业英语在大部分高校都不属于高校英语教学组的课程任务，而被归为各专业学科组。近年来，随着我国外语教学领域与国际接轨的深入，国外语言学的各种流派和各种语言教育的理论和方法不断进入我国英语教学研究者的视野。在应用语言学理论的影响下，ESP 这一语言教学方法，在我国高校英语教学改革的过程中越来越受到关注，我国各大高校也开始开设越来越多的不同类别的 ESP 课程。

（二）问题与反思

目前专门用途英语在我国高校受到了越来越多的关注，各大高校根据自

身的师资力量和教学条件，积极努力开设多样化的英语课程，以提高学生英语语言能力和在专业领域借助英语语言获取更大成就的能力，这无疑是我国高等教育英语语言教学领域的进步，也是各大高校学科建设迈向新台阶的必由之路。但是高校英语语言教学中也存在一些问题。首先，各校高校英语教学目前仍是以通用英语教学为主。针对非英语专业本科生的英语教学仍是以“高校英语”这门课程为主体，围绕着全国统一的教学大纲展开，学生按入校英语水平进行分级教学。高校英语的教学任务主要是由各高校大学外语教学部的英语教师承担。此外，各高校的大学英语教学部还开设了形式多样的英语选修课程，供学生根据个人兴趣进行选择，但是这些课程基本上都是提高语言文化修养类的课程或单项语言技能的提升课程，所以就目前的状态而言，全国高校高校英语教学大部分都还是普通英语教学。

其次，各大高校大学外语教学部所开设的 ESP 课程类别单一。目前各高校均开始关注 ESP 教学，但是高校英语教学部在专门用途英语教学只承担了少量的教学任务，主要是针对非英语专业学生开设的商务英语课程。此外，各专业开设的 ESP 课程类别多样，但课时较短。各高校大部分 ESP 课程都是各专业院系开设的专业英语课程和全英或双语课程。大部分专业性较强的学科专业都给学生提供了专业英语课程，但是文史类学科开设的专业英语课程则较少。全英或双语课程则涉及各类专业和学科。这些课程的教学任务大部分都是由各专业教师承担。

最后，在各高校开设的 ESP 课程中，专业英语和双语课多数是专业必修课程的形式，多在第五或第六学期开设，课时多为 32 学时。双语课和大外部开设的 ESP 课程则多以选修课的形式出现，一般也只是开设一个学期。通过对上述情况的分析，笔者可以推断我国高等院校针对非英语专业学生的英语教学目前还是以通用英语为主，因为各大区中一流的大学，在师资力量上比同区其他高校无疑更具优势，改革也应该走在更前列，所以它们教学的主体还都是停留在通用英语上，其他大学自然也跳不出通用英语教学的框。

国家教委在 1994 年制订了高等院校面向 21 世纪教学内容和课程体系改革计划，对 21 世纪的中国外语人才提出了新要求：基本功扎实、知识面宽广、有一定的相关专业知识、有较强的能力和较高的素质，成为“外语 + 专业”的复合型外语人才。尤其是近几年，国家教育决策部门也开始关注专门用途英语的发展，鼓励各级高校有针对性地开设社会需求比较大的 ESP 课程，但是 ESP 教学在我国高校还难以成为主流。笔者认为造成我国高校无法摆脱通用英语为主的教学，原因是多方面的。

首先，全国性的英语四、六级考试仍是全国性的检测高校英语教学的主要手段。而其测试重点仍是学生在日常生活情境中的英语听、说、读、写能力，所以学生如果要通过考试，必须将英语学习的主要精力放在通用英语上。这必定会阻碍专门用途英语纳入高校的主干英语课程中的速度。

其次，我国近些年对高校英语的改革在教学内容上触及较少，更多的是对教学形式的关注，如多媒体教学、自主学习等。所以这些改革虽然都提及专门用途英语，但却没有正式提出建设专门用途英语。人们普通视为ESP的课程——“专业英语”“双语课程”等，因为受教材内容、教学手段和学生英语水平等的限制，在学生语言能力的培养上，并没有收到很好的效果。所以这类课程目前在大学的地位比较尴尬，学校想推动，但是课程实际效果又欠佳，因为很多专业英语课程和双语课程并没有实现课程的目的，学生和教师都只是将课程看成一项教学任务。这种与通用英语能力考查类似的评估方式，难以激发学生对课程的热情和兴趣。所以相较专业英语来说，复旦大学的全英和双语课程似乎更受欢迎。当然，复旦大学作为全国顶尖的高校，其师资和生源都优于国内大部分高校，全英课程和双语课程中，学生和教师在语言方面都不会存在障碍，效果当然不错，自然受学生欢迎。但是对全国占绝大多数的普通高等院校来说，开设全英课程，无论是从学生还是从师资讲，都可能存在很大的问题。所以这类ESP课程目前在我国高等教育语言教学中，所能起到的作用也是极其有限的。我们也不能指望以开设ESP课程，来推动高校英语向实用性的转变。

（三）欧洲大学的ESP课程情况调查

在国外，很多高校和教育机构的ESP课程构成了母语非英语者的英语课程主体，课程开发也趋于丰富和立体化，还设立了ESP证书和ESP硕士学位等，这些都说明ESP本体及其课程教学在理论与实践上的地位，其重要性也是不可否认的。相比较而言，我国的ESP课程开设较晚，发展也因多方面的原因受到阻碍。在本书即将探讨的“大学ESP课程”建构中，所能承传的国内经验不多，所以笔者认为非常有必要对国外的经验进行考察，将国外经验适用于中国情境的部分，借鉴到我国的“大学ESP课程”中。在对国外ESP课程经验进行考察的过程中，笔者重点选取了欧洲八国。因为所调查的欧洲各国均为母语非英语的发达国家，他们的ESP课程实践已经有很长一段时间，所以我们应该能从他们的ESP课程建设中，发现许多对我国大学ESP建设有建设性意义的经验。

1. 欧洲大学的 ESP 课程概况

欧洲大部分大学都开设了 ESP 课程。有些大学建立了独立的部系，进行专门用途语言的教学和研究工作，开设自己的 ESP 课程，如法国和挪威。有些则建立了专业化机构，针对其所属大学的特定需求进行研究和教学，如丹麦商科学校中的语言系和西班牙科技学院的应用语言系。但是还有一种不一样的做法，在意大利和法国更常见，那就是大学中的专业部系，如信息学和园艺系聘用自己的 ESP 专家。

在多个国家，如芬兰、德国，ESP 课程教学工作由大学的语言中心承担。通常，这些教学中心作为各部系的服务中心，主要致力于承担各部系或校外公司委托的 ESP/EAP/BE 课程的开发和授课任务。在欧洲大部分大学中也存在其他的 ESP 教学单位，如英语系和语言学系。在瑞典，20 年前，英语系是 ESP 的唯一教学单位，直到后来一些技术大学建立了自己的语言中心为止。这些英语系教授的 ESP 课程都被认为是边缘化学科，相较纯语言学和语言文学类课程来说，地位较低。这也就是为什么后来要成立独立的部系进行 ESP 教学。此外，随着国际化和全球化的深入，对于 ESP 课程的需求大大增加使得英语系难以应对。

2. 师资队伍

对这几个国家教师队伍的调查结果显示，来自西班牙的 ESP 教师都是以西班牙语为母语的西班牙人，而来自意大利的教师是拥有双重国籍或以英语为母语的意大利人，来自德国的教师是以德语为母语的德国人。其他国家的 ESP 教师则既有本国人，也有英语母语者。这些 ESP 教师往往对他们的学科有很浓厚的兴趣，他们的职业生涯大部分是在这个领域中。大部分教师在大学拥有终身职位，也有少数是临时合同制员工。关于学历，有三分之二的受访者拥有语言学系授予的博士学位。其学位项目大部分都与二语教学有关，但是在 44 位被调查者中，只有 9 位的研究方向是 ESP 或 EAP，而且通常从事的是学科体裁或文本类型的基于文本的研究。西班牙所有的受访者均有博士学位，但意大利的 ESP 教师都不具备此学位。没有博士学位的教师中，那些只有学士学位的教师，其学位均为学科领域学位，如商业或心理学；而拥有硕士学位的则多是教育专业学位。实际上，也有少数教师有 ESP 教学方面的学位；但是这些人中大部分目前又都在从事 ESP 研究，开发自己的教材。实际上，不同类型机构的教师，其简历并没有明显的差异。这也就说明语言中心与语言系之间的差异在缩小。尽管这些教师拥有高学历，而且正在从事研究，但是似乎他们作为ESP教师却几乎没有晋升的机会，主要是因为预算消减、竞争和受欢迎程度。而且现在拥有博士学位是终身任期的必要条件。这一条件也使得一些没有博士学位，但是ESP教学经验丰富的以英语为母语的教师失去了获得终身任期的机会。

3. 开设ESP课程类别

从总体上来说，欧洲大学所开设的ESP课程有某些相似之处。他们的不同之处在教学范围和课程开设级别以及所使用的教学方法上。欧洲大学中的ESP课程总体上可以归为三类：学术英语、科技英语和商务英语。到目前为止，欧洲大学最常见的ESP课程是各级别的商务英语课程。这也不足为奇，因为商业学院专业化的专门用途语言部门建立的历史最为长久，其目的是满足不断经济全球化的需求。其他的语言机构也因为全球化世界对拥有专业用途英语知识的毕业生的强劲需求而受到影响，开设了独立的选修商务和专业英语课程。但是无论这些商务英语课程是由商学院授课，还是由英语系或语言中心授课，大纲却具有很多共同点。学士层次的商务英语课程通常都是通用型的，重点放在言语的形式上面。口语陈述是所有调查课程中最重要的因素，大部分的课程都是通过如陈述、角色扮演和讨论等方式，培养学生的口语技能。而硕士级别的商务英语课程则专业性更强，如意大利的旅游英语，教学的重点也转移到了书面沟通上，尽管口语仍然很重要。在法国和意大利，翻译似乎是读写类课程的重要组成部分，但是北欧日耳曼语系各国的翻译课程则被体裁写作课程取代。学士级别的通用商务语言课程通常是必修课程，而为硕士研究生提供的专业性更强的商务英语课程则通常是选修课程。

学术英语的情况并不像商务英语那样明确，这可能是因为学术英语这一术语本身就不清楚。在访谈中，受访者多用学术写作和学术口语等名称，而不是用学术英语。意大利学术英语的教学主要集中在商务英语和专业用途英语上。只有芬兰和荷兰在本科和研究生级别上开设了必修的学术写作和学术口语课程。在荷兰，有些大学的语言中心为教师和学生开设了不计学分的选修学术写作课程。这类课程被看成对那些需要提高英语水平的学习者的补救课程。而在其他国家，学术写作课程要么是选修课，要么直接被整合到特定专业课程中。总的来说，大学还没有太关注为本科生和硕士研究生开设学术写作和口语课程，在大部分国家，这类课程主要是为博士研究生开设，主要是为了让博士研究生们在会议上用英文发布和展示其研究成果。两位研究者认为实际上这类课程应该开设得更早些，因为在当今信息化、知识化的社会中，硕士研究生也应掌握其学科领域中论文体裁知识，以了解其研究领域的最新成果。

在为学生提供语言课程方面，技术大学远远落后于商学院，但是它们现在正在快速跟进。科技英语课堂教学已经从句型操练导向，以术语教学为重点的方法，转向了过程导向，以体裁为基础的教学。尽管团队教学仍很少见，但是人们越来越意识到需要将内容和特定专业领域课程整合起来。两位学者的调查中发现所开设的大部分科技英语课程都是独立于专业课程的。如西班牙和法国，语言教师与学科教师就鲜有合作，当然这可能与各学科部系有关。因为这些部系开设有专业英语课程或本身就精通专业英语。德国的情况大抵也如此。在德国，大部分教育机构的科技英语教学仍是以教授特定专业术语和翻译为导向。但是，德国在科技英语教学法上出现了一种新趋势，即以学生为中心的方法。在挪威，科技英语课程在本科层次上几乎没有，研究生层次上也很少。瑞典在语言与学科内容整合方面走在这些国家的前列。越来越多的理工科课程将语言课程包含其中，这些课程为语篇导向的课程，目的是培养学生的书面与口头交际能力。大学鼓励理工科部系以研究和教学为目的寻求与行业的合作，同样地也鼓励教授 ESP 课程的教师这样做。因此瑞典技术大学语言中心向行业和企业提供课程。这种企业与大学的交流是非常有价值的，能够让教师们将新的观点反馈到大学的课堂中。目前，大家仍认为术语最好由专业教师来教授，由语言与专业教师共同来处理也是不错的选择。

理工科还有一种类型的专门用途英语课程，即技术写作。技术写作可以等同于技术目的的学术写作课程，如规范书、说明书、技术报告和文件设计等。技术写作在英国和美国几十年来都占有重要地位，因为技术文件作者在人才市场上很抢手。这些课程通常作为辅修课程提供，但是值得一提的是，法国也有了技术沟通的硕士项目。

4. 教学方法

上述几类 ESP 课程的教学通常利用两类教学法：内容与语言整合性学习（Content and Language Integrated Learning，CLIL）或利用特别设计的 ESP 材料单独讲授的 ESP 课程。荷兰和瑞典使用最多的是内容与语言整合的方法。在所调查的大学中，所有的 ESP 课程都与学科课程紧密相连，因为 ESP 教师使用的教材和任务都是专业课程上所布置给学生的。这样的课程目的是让学生具备足够的英语水平在国际项目中通过英语这一媒介进行学习。采用 CLIL 方法的学校，往往采用团队教学的方式，即语言教师与专业教师一起批改论文，共同评分。但是被调查者认为，CLIL 在实际操作中并不像理论上设想得那么好，而且 CLIL 至今为止似乎重点都在写作上，两位教师各司其职（语言正确性和内容准确性）。在科技英语教学中，学生通常获得词汇与语法层次上的反馈或数学公式层次上的反馈。交际层次、形式与功能结合、学科规范、职场中的用途等则鲜有涉及。在许多国家，有一条不成文的假设，那就是学生已经拥有良好的英语知识，因此不需要加以特殊训练。还有一条不成文的假设，就是学科教师负责对学生作文的组织结构和语言给出评语。

瑞典的技术大学正在努力将必需的语言与沟通技能整合到新入学的本科生和硕士研究生的课程中。对于本科生，教学的语言是瑞典语，因为本科生入学时他们对将要使用的学术体裁一无所知。这些人对自己语言的语法与句法知识的掌握也是不平衡的。这种情况下 CLIL 方法的使用非常复杂，因为涉及一大批教师。而且学科教师对于处理语言问题很谨慎，部分是因为他们觉得自己水平不够，也有部分原因是太费时了。除了这两个国家外，其他国家大都是将 ESP 当成独立的学科来授课，任何一种教学都会因文化偏好、课程目标等因素，采用各种课堂教学方法。上述两位学者在调查中对欧洲情境下，当下 ESP 教学中所采用的一些方法进行了归纳。根据 ESP 理论，课堂中所使用的方法常常是根据专业学科所使用的方法进行调整。在调查中，我们发现这些 ESP 教师主要采用了两大类课堂教学方法：以学习者为中心的方法和以教师为中心的方法。前一种方法包括问题解决式的学习法、自主学习和基于信息技术的学习。法国、荷兰、瑞典和芬兰多用这些方法，而西班牙、德国、挪威、意大利则倾向于采用后一种方法。这种以教师为中心的方法在课堂上多以讲课、各项任务和讲述的形式出现。在大部分国家中，教学的评估都是书面试卷，但是小组讨论项目研究也是大部分受访者很看重的方式。奇怪的是，案例研究和角色扮演却不常见。

5. 比较与反思

我们对欧洲大学的 ESP 课程情况有了大概的了解，发现欧洲 ESP 课程其实和我国的情况有很多类似之处。首先，欧洲各国和我国一样均是英语非母语的国家，由于全球化的加剧，对 ESP 教学的需求似乎无处不在，但现实中 ESP 课程和教学者都处在较尴尬的地位上。其次，总体上讲，我国高校中目前开设的 FSP 课程也是以商务英语为主。再次，欧洲大学所开设的 ESP

课程的类别和我国差不多，包括了学术英语、商务英语和科技英语。此外，欧洲大学学术英语开设情况与我国类似，我国的学术英语在本科层次也鲜有开设。最后，ESP 课程的授课单位不统一，有的是在英语系，有的是在语言中心，有的是在各专业部系，这也与我国的情况类似。

但是我们也可以看到一些不同之处。在欧洲，ESP 教学的教师主体还是英语系或语言中心的英语或语言学的博士。而我国 ESP 课程的主体并不是外语系的语言教师，多数教师来自各专业部系。在各大类型 ESP 课程下，欧洲大学所开设的课程与我国也有差异。欧洲的科技英语教学正在摆脱句型操练导向，以术语教学为重点的方法，转向专业过程导向，体裁为基础的教法；而我国科技英语教学则是阅读导向，术语讲解为重点。此外，欧洲科技英语教学中内容与语言整合的教学方法，在我国是以双语课程或全英课程的形式出现的，授课教师为专业教师。欧洲的 CLIL 教学目前通行的做法是专业教师与语言教师合作。欧洲 ESP 课程课堂侧重的是培养学生的口语表达和书面表达能力，重在输出；我国的 ESP 课堂侧重的是学生阅读和书面翻译能力的培养。

此外，欧洲大学的 ESP 课程在课堂教学方法上要更多样化一些，我国高校的 ESP 课堂教学方法大部分还是以教师讲授为主，少有听、说方面的练习。总体上，欧洲大学的 ESP 课程建设比我国起步更早，虽然也还处在发展和摸索之中，但是同样作为母语非英语的国家，他们在 ESP 课程建设过程中还是有很多值得借鉴之处。

建立 ESP 教学部，对 ESP 课程进行统一规划管理，这是欧洲 ESP 教学发展的趋势。只有由统一的部门负责 ESP 教学，ESP 课程才能有更多的发展空间，承担课程的教师才有可能在职业上有更大的发展。在教学方法上，可以选择合作教学和单独编制的 ESP 材料的方式。在我国，这两种方法都是可能的，也是可行的发展方向。我国目前的英语教师大部分都是接受英语语言人文教育，结合教育科学知识教育培养起来的，大部分缺乏深层次的学科领域知识，要独立承担结合一定学科内容的 ESP 课程教学，还有一定差距。若有学科教师参与 ESP 教学中，帮助其准确完成语言教学的任务，课程目标的实现将更有保障。这也是我国 ESP 课程建设的初级阶段极有可能采用的方法。另外，编制单独 ESP 材料，由语言教师单独承担 ESP 课程的教学任务，也是我国 ESP 课程建设中可以借鉴的方法。在大学 ESP 课程建设逐渐成熟之时，一方面，语言教师在实践中，通过对 ESP 教材和对学科专业知识的自学，积累了越来越多的学科专业基础知识；另一方面，国家如果提供 ESP 教师培训，也使可得他们慢慢有能力单独把握ESP教材，单独在课程教学中将学科知识与语言技能准确地传授给学生。

ESP课程仍是以语言技能的培养为重心，在教学过程中不能过多地倾向于阅读技能的培养，不能如我国目前高校开设的专业英语课程一样，以阅读能力和专业词汇积累为主要目标。欧洲的ESP课程重点还是放在输出上，以写作和口语技能的培养为重点。在我国，本科教育的主要方向是为各行各业提供合格的劳动者，大学所形成的语言技能，应是帮助学生在职业领域中运用语言的能力，所以写作和口语能力应是重点。

（四）对ESP的思考

我国大学本科生教育的主要导向之一是就业，语言教育也应该有助于学生实现就业这一目标，所以，培养学生在目标岗位上利用英语办事的能力是高校英语教育必须完成的目标。具体地说，就是要培养学生在目标情境中，熟练利用听、说、读、写、译技能，完成交际事件中的各项交际任务。在我国高校英语课程的开发中，必须调查目标情境中特定的语言需求，设计各项针对目标情境的语言交际任务，帮助形成目标情境完成任务能力。但是真实生活中情境不是静态的，所以，在这个目标的具体任务中还应包含语言应变能力的培养。

二语或外语用于职场或学习时，不仅要求语言水平和知识，而且还需要了解工作相关概念以及学科概念。特殊用途语言能力来自特殊用途背景知识与语言能力间的互动。对于那些对目标职场和学科了解不多的学生，ESP教学可以从教特殊目的背景知识开始。ESP中潜在能力指的是学生学习领域的学科概念。关于ESP教学，近来有不少提议认为ESP教学应使学生熟悉目标情境思维方式。哈钦森和沃特斯提出除了学生需要用来表达这些概念的语言外，ESP课堂还适合向学生介绍学科概念，也就是说，在教授语言的同时，教授通用的概念型学科知识。比如在教授热动专业的学生关于水循环系统的知识时，教授他们描述此系统和流程的英语语言。

我国非英语专业本科生的高校英语课程，从本质上来说，是一门语言课程。但是这门课程在我国当前的教育情境中，应是职业或学术导向的课程，所以，在教授语言知识的同时必须结合学生今后就业或进行学术深造领域的知识，使语言能承担起为专业学科服务的功能。只有将语言知识与学科概念关联起来，教授语言知识才能帮助学生在特定学科职业或学术研究中使用准确的语言。所以，我国的高校英语课程应承担学科基本概念知识渗透的任务。

道格拉斯提出了一个专门用途语言能力三分模型，包含语言知识（语法、文本、功能和社会语言），背景知识和策略能力（外部情境的评估以及语篇域的使用）。他认为策略能力是外部情境与内部语言背景知识之间的“中间人”，是情境与语言知识之间的纽带，可以界定为使语言知识和内容知识得以用于交流的方式。对于有职场和专业经验的学生或那些拥有学科学习经验的学生，教授他们 ESP 时，目标可以定为发展策略能力。这样做是为了让学生原有的学科领域知识表面化，创造机会让学生在目标情境中实践这些知识。

我国高校英语教学中存在的较为普遍的现象就是学生的语言运用能力差，具体表现为“哑巴英语”，毕业生通过了大学四、六级考试，在工作中却始终无法与外籍人员顺畅地沟通。我们可以说这些学生习得了相当的语言知识，但这些知识还停留在陈述性阶段。要将这些陈述性的语言知识转化成能帮助办事的程序性知识，应发展学生语言知识向语言技能转化的策略。所以，我国高校英语教学要培养学生在目标情境中运用语言的能力，策略的培养非常重要，如培养学生主动对语言进行分析的策略。

人们通常将 ESP 的作用理解成帮助语言学习者满足目标环境的需求和期望，弥合学生当前知识与技能状态和目标环境成员所要求的水平之间的差距。这样一种想法在近来受到了挑战，取而代之的是批判的方法。ESP 的批判法对于是否 ESP 教学的功能应完全是通过教授学生适当行事的语言、行为或知识，帮助他们融入目标情境中，提出了疑问。提高学生批判意识的教学将涉及与学生讨论目标情境中的标准和交际惯例是如何建立的，鼓励学生对任何消极方面进行批判，使他们认识到改变或修改这些情境，使自己相对情境来说，更具优势的方式。目标情境的需求可以，而且有时候也应该变一下，以更好地满足非母语成员的需求。ESP 教学应努力鼓励这些未来的成员对目标情境进行变更，以更好地满足他们的需求。

在我国高校英语课堂上，目前教师和教材还是权威，学生在课堂中的主要角色是语言知识的接受者和语言技能的操练者。在这样的课堂上，学生对知识与技能缺乏主动构建，有意义的学习难以形成。今后我国高校英语课堂教学要提高学习效率，必须意识到培养学生对学科的批判意识，鼓励学生探讨目标情境中的语言标准和交际惯例的建立，甚至在课堂语言实践中，鼓励学生对不合理的目标情境进行修改，使情境更适合语言的操练。这种主动的、参与式的学习，容易激发学生对学科的热情，甚至是热爱。

第三节　高校英语 ESP 模式课程内容选择与需求分析

一、高校 ESP 课程内容选择原则

高校 ESP 课程建立在学习目的和需求分析的基础上，更注重情境中的语言，而不是教授语法和语言结构。它涉及很多学科，如会计、计算机科学、旅游和企业管理等。ESP 的焦点是教授这门学科时，不得将之与学生的真实世界（或意愿）分割开来；而是要将之与学习者重要的学科领域融为一体。对于我国大学 ESP 课程的规划来说，首先必须明确大学 ESP 课程是以满足学习者目标情境中的语言需求为目标的课程，所以，课程内容的选择必须体现下列原则。

（一）以学习者为中心的原则

哈钦森和沃特斯将专门用途英语定义为以学习者为中心的语言教学方法。所以，大学 ESP 课程内容的选择首先根据学习者的需求来选择语言教学的内容。专门用途英语中学生的语言需求是以他们将来的职业或与学科深造对语言的需求相关的。所以，专门用途英语语言内容的选择既要关系到语言知识，又要将学科知识的内容考虑进去。因为大学 ESP 课程通常是为一群目标相同或近乎相同的学生设计的，所以应当具有针对性。但是鉴于我国大学 ESP 课程的学习者是高等院校的本科生，这些本科生接受本科教育主要有两大目的：一是就业，二是学术深造，大学 ESP 课程内容要将这两大目的整合在一起，所以它是一门内容上受限的课程。

（1）限制：只有学习者的学习目的所要求的“基础技能”要选入课程内容之中。

（2）选择：只有学习者的学习目的所要求的那些词目、语法形式、语言功能要选入课程内容之中。

（3）主题与话题：只有学习者的学习目的所要求的那些主题、话题、情境等要选入课程内容中。

（4）交际需求：只有学习者的学习目的所要求的那些交际需求要选入课程之中。

因此，我国大学 ESP 课程在确定课程内容的过程中，首先必须对学习者的学习目的进行研究，因为这个课程体系就是服务于大学生学习目的的。

大学 ESP 课程分为初级阶段课程和高级阶段课程两个级别。初级阶段的课程是对高中 ECP 课程的衔接，也是为高级阶段 ESP 课程做准备的课程。笔者认为非英语专业大学生在初级阶段的学习中有双重目的，一是形成学科背景下的语言综合能力，二是习得学科的领域基础知识和概念。所以，在承载语言内容的学科内容语篇的选择上要是宽基础型的，尽可能多地涵盖学科领域中较浅显、不需要专业教师的讲解就能理解的基本知识，又要尽可能多地涉及新的与学科相关的语域和体裁。高级阶段的课程则要更多地揭示特定学生中语言的使用，不仅是要习得更专门化的语域和体裁，最重要的是培养特定专业领域听懂语篇、理解语篇、翻译语篇和学术写作的能力，以及用准确的语言交流专业相关问题的能力。这一阶段，学科知识的学习这一目的更为弱化，因为学生已经进入大学高年级，已具备了一定的专业概念，这一阶段主要为帮助学生形成将专业知识概念与语言结合起来的能力。

（二）材料真实的原则

交际法中有一个关键概念与 ESP 尤为相关，那就是教材的真实性。关于真实性，有不同的定义。纽南认为对真实材料最公认的解释应是设计用于教授语言之外目的的材料。它们可以来自不同的渠道：视频剪辑、真实互动的场景录制、电视节目节选、标志、地图、广播、报纸、照片、图片、时间表和日程安排等。这些材料一方面可供语言教师使用，另一方面又不是专门为语言教学而编制的。具体到 ESP 课程，这些材料通常是学生自己专业职场或学习情景中的材料。但是对真实性有更严格要求的研究者则认为真实的教学材料不允许以任何形式进行编辑。而现实远非如此。具体到大学 ESP 课程，我们必须考虑所设定的目标对学生真实世界的角色来讲是否是真实的，以及学习情境中所完成的任务或活动是否是真实的。最重要的是这种真实的目标、任务、材料应如何选择，在语言课堂中应如何来实现。

应用语言学家、交际法创始人之一的威多森认为科学语篇有三个层次或三种类型。“作为一门学科”的科学，用于“科学家”之间，有大量共同的知识“作为科目的科学”是科学教师与学生之间的沟通，如教材中出现的那些材料。“作为兴趣话题的科学”是记者与普通读者之间的沟通，如报纸杂志中的材料。而最后一种材料则常常被选来用作 ESP 课程的材料，但不是因为学生是“普通读者”，而是因为这种材料教师更易理解，或者是学生的专业不同。所以真实性并不是取决于材料本身，而是由读者的回应创造的。学生有足够的公约意识，能够对它们做出真实的回应前，不应让他们面对真实的材料。所以在ESP课程之初，不应使用真实的材料。那么到底该用什么材料呢？它与真实材料之间有何关系？

威多森提出了两种选择：简单的科目和简化的科目。简单的科目是专门为学生编写的，时刻想着学生的语言水平，强调学生需要学习的任何修辞惯例。简化的科目则是原始文本的改编版，简化在文学中受到很多的攻击，因为在简化过程中只照顾到了词汇与句法，而没有考虑到概念结构和修辞风格。

二、高校ESP课程需求分析

（一）需求的定义

在本书中，我们关于ESP中需求的理解分两个层面：主观和客观。客观需求源自与学习者相关的各种事实信息、他们在真实生活交际情境中对语言的使用和他们当前的语言水平与语言困难。主观需求则是学习者在学习情景中的认知和情感需求，来自与情感和认知因素相关的信息，如个性、自信心、态度，学习者的英语学习相关的需求和期望，以及他们的认知风格和学习策略。

（二）需求分析的维度

需求分析的焦点应当是学习者，在某种程度上，学习者是客户，应满足他们的需求。但同时，教师、管理者、雇主和社会，甚至是整个国家的需求也应纳入语言教学情境中加以考虑。所以，在进行学习需求分析时，还应考虑其他需求渠道及信息类型。除了语言需求，学生还应该有其他人文需求，因而需求分析的视角应更宽广，实际上是对所有满足学习者要求相关信息的收集与分析。

第六章　金课教学模式

第一节　金课概述

一、“金课”辩思的历史逻辑

就传统而言，追求“优质的教学”（“金课”一词的核心内涵）一直是大学的重要功能和目标。从古希腊的“学园”一直到中世纪的寺院学校，高水平或优质的传经讲授、散播知识以及培养人才始终是大学最重要的行动职责。如果加以深究，那么古代时期一行动职责的确立，内在地是以知识的统一性或神学的统领性为前提的。“如果说古罗马时期的七艺是以人为核心（以人的理性为统性），那么到了中世纪，人的位置就让渡给了上帝（以上帝的精神为统一性）。……（中世纪及其之前的大学形态）从来没有与知识整体、人的精神统性相悖离。”① 由此，知识的相对齐一性和有限性不仅凸显了“教学”的核心功能，也必然带来“讲授法”的荣耀地位及其作为“优质”的判定标准。

教育学家哈斯金斯在《大学的兴起》一书中引用了一段13世纪意大利博洛尼亚大学的德纳利斯对于《旧法理汇要》这门课的教法陈述。其中的话语颇为对人寻味：“关于教学方法，以下的通则一直被古代和现代的法学博士尤其是我自己的教师所逆循，我也将遵循这一方法。……所有的学生都会有所收获，因为他们将听到整本书的讲解，任何内容都不会被省略掉。学生可以从案例的陈述和课本的讲解中获益。”② 德纳利斯在教学陈述中详细说明了“讲授式教学”的完整课堂流程，即“概述标题—讲解内容通读课文—重复内容—揭示问题”，这几乎是通行于中世纪大学讲堂之中的“优质教学的

① 阎光才．大学的人文之旅——大学本科教育中人文社会科学的价值重估 [M.] 北京：教育科学出版社，2005：8.

② 查尔斯·霍默·哈斯金斯．大学的兴起 [M]. 王建妮，译．上海：上海人民出版社，2007：26.

经典范例”。[①] 但值得强调的是，这种“教学范例”普遍通行且被公认为“优质”的根本仍然在于中世纪知识的有限性与相对统一性，以及由此所追求的对于“人的共同性之塑造”。

近代欧洲知识围的转变是从神学知识的统性被打破开始的。源于大学之外的知识生产，特别是各种科学院和学会的蓬勃发展，极大地冲击了大学的知识组织特性。知识的分化产生了“专业”，高校教师从传统上的“人文知识分子”变成“专家”，大学从以研习典籍名章的“文人之邦”变成生产各科知识的“教授共同体”。以德国柏林大学的建立为标志，教学的功能被极大地融入了研究的要素，甚至在某种意义上，类似“由科学达至修养”的教学主张已经暗示了教学的价值式微。科学进入了大学，“科学甚至成了一种信仰”，大学成为师生“为科学而共处”的精神家园。由此，对于“忠诚于教授、忠诚于专业教育、忠诚于知识发现”的现代大学而言，“知识的统一性”被打破，知识的分化日益加速，科研的地位日益高涨，符合“中世纪知识统一性特质”的“讲授法”显然已经和现代大学的知识氛围颇有些不相融合了。伴随着基础教育新课程改革的日益深入，对话、探究、合作渐趋成为主导性的理念和主流性话语，这不可避免地对高等教育中本科教学的研究和实践产生了影响。“双一流”建设的步伐日趋加快，一流本科教育建设的价值日益凸显，“打造金课”“消灭水课”成为当前我国一流本科教育建设的关键议题。

“优质课堂”或“金课”本质上意味着更多的学生获得学业成功，这就进一步推得，课堂上是否有更多（理想意义上是全部）的学生采用了“深度学习”法就自然成为衡量“金课”的关键标尺。由此可见，在“学”的意义特别是“深度学习”的意义上，“金课”不是一个终极化的、确定性的标尺，它更是种理想性的、程序化的标准，它追求更多的学生走向学习的“深度化”，追求更多的学生获得“学业成功”。简言之，“金课”之“金”，本质在于“学习”之“深”及“学业”之“成”。

二、“金课”的概念

2018 年 6 月 21 日，陈宝生部长在新时代全国高等学校本科教育工作会议上第一次提出对大学生要有效“增负”，要提升大学生的学业挑战度，合理增加课程难度，拓展课程深度，扩大课程的可选择性，真正把“水课”转变成有

① 刘海峰，史静寰．高等教育史 [M]. 北京：高等教育出版社，2010：291.

深度、有难度、有挑战度的“金课”。随即在8月，教育部专门印发了《关于狠抓新时代全国高等学校本科教育工作会议精神落实的通知》（教高函〔2018〕8号），提出“各高校要全面梳理各门课程的教学内容，淘汰‘水课’、打造‘金课’，合理提升学业挑战度、增加课程难度、拓展课程深度，切实提高课程教学质量”。这是教育部文件中第一次正式使用“金课”这个概念。整顿高等学校的教学秩序，“淘汰水课、打造金课”首次正式写入教育部的文件。①

什么是“金课”？可以归结为“两性一度”：高阶性、创新性和挑战度。其一，高阶性，就是知识、能力、素质有机融合，培养学生解决复杂问题的综合能力和高级思维。课程教学不是简单的知识传授，是知识、能力、素质的结合，且不只是简单的知识、能力、素质的结合。对本科生毕业认证的一个关键要求，就是毕业生解决复杂问题的综合能力和高级思维，没有标准答案，更多的是能力和思维的训练。其二，创新性。创新性体现在三个方面，一是课程内容有前沿性和时代性；二是教学形式体现先进性和互动性，不是“满堂灌”，不是“我讲你听”；三是学习结果具有探究性和个性化，不是简单告诉你什么是对的，什么是错的，而是培养学生去探究，能够把学生的个性特点发挥出来。挑战度是指课程一定要有一定难度，需要学生和教师一起，跳一跳才能够得着，教师要认真花时间花精力花情感备课讲课，学生课上课下要有较多的学习时间和思考做保障。②

三、“金课”价值导向与建设标准

（一）“金课”价值导向

课程是人才培养的核心要素。我们清晰地认识到，解决当前高校教学的现实困境，迫切呼唤“金课”；促进高校的专业建设与学科发展，确实需要“金课”；提升我国高等教育的国际竞争力，必须依靠“金课”。“金课”应体现“两性一度”，即高阶性、创新性和挑战度。即要求课程能有机融合知识、能力和素质，培养学生解决复杂问题的综合能力和高阶思维；能紧跟社会发展的前沿，在目标、内容、过程和评价方式上具备先进性和互动性，达到具有探究性和个性化的学习结果；能具备定难度，体现教师备课质量和学生课下的学习与思考。因此，“金课”的建设需要遵循以下价值导向：

第一，重视课程思政，彰显育人目标。“金课”的建设应重视课程思政，

---

① 吴岩．建设中国“金课”[J] 中国大学教学，2018，（12）：4–9.

② 同①。

贯彻落实立德树人的根本任务；要以育人为根本目的，从侧重“教书”转为“育人”，强调从课程目标、内容、组织评价等多方面全过程融入育人价值。

第二，重构课程内容，创新课程模式。“金课”应依据学科前沿动态更新知识体系，重构课程内容；以信息技术促进课程内容与方法的融合创新，改革固有的课程活动程序，创新课程模式，打破传统高等教育的束缚与限制。

第三，强调能力导向，符合社会需求。依据新时代对教育提出的新要求，“金课”的建设应综合考虑未来社会及市场对人的知识、能力和素养的多元要求，以能力为导向，勇于突破传统学科知识的局限，侧重核心素养与关键能力的发展，培养符合社会需求的创新型人才。

（二）“金课”建设标准

明晰“金课”建设标准，有利于引领“金课”建设方向，保障“金课”建设质量，助力落实教育部一流课程建设“双万计划”。基于此，根据新时代高校课程建设与发展的趋势参考教育部办公厅《关于开展 2018 年国家精品在线开放课程认定工作的通知》（教高函〔2018〕44 号）和《关于开展 2018 年度国家虚拟仿真实验教学项目认定工作的通知》（教高函〔2018〕45 号），从教学目标、教学内容与策略、教学组织与实施、信息技术应用、特色与创新五个方面提出“金课”建设标准，具体如下表所示。

表 6-1 “金课”建设标准表

建设标准	标准内涵
教学目标	体现新时代人才培养要求，贯彻党的教育方针，落实立德树人根本任务；符合国家教学标准、学校专业人才培养方案的有关要求；注重培养学生解决复杂问题的综合能力与高阶思维
教学内容与策略	教学内容科学严谨，具有前沿性和时代性，容量适中，结构清晰，能结合实际有效融入思想政治教育；教学设计合理，教学重难点精准，教案完整规范 遵循学生认知规律和教学实际，采用恰当的教学手段与方法
教学组织与实施	体现以学生为中心的理念，突出学生主体地位，因材施教；教学情境创设合理，教学活动开展有序，教学互动深入流畅，教学反馈及时有效；教学考核与评价手段多元科学、方式多样有效，育人与教学效果显著
信息技术应用	合理有效运用人工智能、云计算、大数据、物联网、拟增强现实等信息技术；体现师生良好的信息素养

续　表

建设标准	标准内涵
特色与创新	理念先进，立意新颖，方法独特；具有较高的思想性、科学性与艺术性，有较大的借鉴和推广价值

四、“金课”融合创新建设方法

融合创新是“互联网 +”时代最重要、最显著的特征。根据“金课”的价值导向与建设标准，为了打造“金课”，排“水”添“金”须采用融合创新的建设方法。

（一）目标融合创新

课程目标是开展课程内容设计、课程组织实施、课程教学评价的重要依据，也是国家教育总方针与学校培养目标的具体化。一般来说，课程目标的设计需要以人的培养作为出发点，以社会需求为重要背景，以专业知识为主要载体。目前，高等教育课程目标的设计与实施存在脱节问题，课程目标关注学生能力培养，但轻视学生思想价值观的形成，课程实施注重知识讲授，而忽视学生中心位置。因此，需将立德树人根本任务与专业人才培养目标有机融入“金课”课程目标中，更加关注学生思想品质、注重学生能力培养、突出学生的主体地位，以培养德智体美劳全面发展的社会主义建设者和接班人。

（二）内容融合创新

课程内容是课程的核心，它指的是学习课程里包含的具体事实、观点、原则问题等。目前，关于课程内容的设计一定程度上体现了知识和经验的系统性，但存在着更新速度慢、理论与实践脱节、难以培养学生能力、难以满足社会现实需要等问题。“金课”建设要求各高校在系统分析社会发展的现实需要和人才培养基本要求的基础上，重组和优化课程的基本内容，持续推进课程迭代更新。同时，紧扣国家发展需求，依托学科研究新动态、实践发展新经验、社会需求新变化以及人才培养新要求，积极推进“新工科、新医科、新农科、新文科”建设，从而切实提升国家硬实力、文化软实力与生态成长力。

（三）技术融合创新

随着信息技术与教育教学的深度融合，信息技术本身也逐渐成为教学过程中的重要元素，并在营造智能化学习环境、创新教育教学模式、变革教学评价方法等多方面发挥着不可替代的作用。在“金课”建设与实施的过程中，可借助智能手机、平板、便携式电脑等移动终端进行线上教学；可通过人工智能技术、物联网、学习分析等技术，打造智慧课堂、智慧实验室并利用思维导图、几何画板等学习工具，开展线下教学与混合教学；可利用虚拟现实技术等打造虚拟仿真实验室等系统平台，开展教学实践；同时还可将多种信息技术手段相结合，运用到社会实践教学的全过程，从而提升教学效果。由此可见，通过信息技术与教育教学各要素融合创新的方式建设“金课”，不仅可以形成智能化的学习环境，改变传统的教学形态，也能够直接服务于课堂教学，切实提升教学效果。

（四）模式融合创新

教学模式是在一定教学思想或理论指导下所形成的教学过程实施方案，是联系理论与实践的纽带。强调融合创新，构建线下“金课”、线上“金课”、线上线下混合式“金课”、虚拟仿真“金课”和社会实践“金课”，促进以教为中心的教学模式转变为以学为中心的教学模式。

1. 线下“金课”

课堂教学是“金课”的主阵地，也是目前最主要、最基本的课程组织形式。随着新时代教育教学改革的推进，“齐步走，满堂灌”的填鸭式课堂已不再适用于培养创新型人才，个性化、真实性的对话式课堂更能满足信息化社会需求。例如，在情境教学模式中，教师通过创设教学情境，讲授知识并提出问题，引发学生思考讨论，最后进行归纳总结。在主题探究模式中，学生在教师的要求下确定研究主题，制订研究计划，搜集网络资源并进行协商研讨，最后完成研究报告并展示汇报研究成果。在协作学习模式中，教师先确定学习内容，明确小组成员分工，引导学生浏览网络资源，组织小组协商讨论、共同完成作品并展示作品，最后师生评价总结。在案例教学模式中，教师利用多媒体呈现案例并引出问题，引导学生分析案例、解决问题，学生通过网上浏览、分析其他相关案例，最后师生共同归纳总结。在技能训练模式中，教师讲解技能要点并示范操作，然后提出训练任务，学生实践练习，完成任务形成作品，最后展示汇报作品，师生共同评价。

2. 线上“金课”

线上“金课”，即国家精品在线开放课程，它是“互联网＋教育”的新形态课程，是实施一流课程“双万计划”的重要内容，更是实现中国高等教育质量“变轨超车”的关键一招。线上“金课”应顺应信息化社会的人才培养需求，采用基于任务驱动、问题解决、学习产出等理念重整教学内容，并通过视频、文档、图片等多种形式展现，突出个性化、泛在化的特点。打造线上“金课”的关键在于以教学内容为“王”、优质视频为“核”、创新生动为“引”，具体体现在目标、内容、结构、资源、学习支持服务与评价等六个方面的设计。

（1）目标的设计应考虑社会现实需要和学生群体的差异，从而确定学生需要掌握的知识与技能。

（2）内容的设计应考虑线上学习的特点，一次只针对单且完整的点状知识进行讲解，最终实现教学内容系统化。

（3）结构的设计应依据不同在线课程平台的要求合理规划，如在中国大学慕课平台上可呈现课程信息、课程资源、讨论区、测验作业、评分标准和考试等模块的内容。

（4）资源的设计应突出多样化、碎片化和互动性，并配备讨论、作业、测验、文本、网址等丰富课程资源。

（5）学习支持服务的设计主要分为导学、督学、助学三类服务，具体来说又可分为课程介绍、学习指南、常见问题、信息提醒、线上讨论等十项内容。

（6）评价的设计则更应注重大数据背景下的过程性评价，评价的核心内容包括学习态度相关数据、学习方法相关数据、学习过程相关数据、资源环境的交互而产生的数据以及自评他评数据等内容。

3. 线上线下混合式“金课”

线上线下混合式“金课”是借助网络平台，将在线教育与课堂教学有机结合的精品课程。线上线下混合式“金课”的形式多样，如翻转课堂等。在线上线下混合式“金课”模式中，中国大学慕课、学堂在线等平台，微课、动画等资源，实训操作、直播互动等工具能够为线上线下混合式“金课”提供重要支撑。在此基础上，要求教学目标不仅注重学生知识的掌握、能力的提升，还要重点关注学生思想道德品质的塑造。

教学过程分为课前“前置预学”“学情诊断”，课中“明确目标”“探究学习”“解决问题”“成果展示”“深化巩固”，课后“反思分享”“拓展提升”三个环节九个步骤。教学活动充分体现线上线下混合特征，具体来说线上活动主要包括“发布任务，推送资源”“课前预学、诊断学情”“可视调查，确定问题”等，线下活动主要包括“联系实际，回忆旧知”“创设情境，明确目标”“小组交流，协作探究”等。此外，还可以采用平时作业、阶段测试、综合实践等线上评价与小组汇报、章节测试、课程考试等线下评价相结合的评价方式，最终落实根本任务。

4. 虚拟仿真“金课”

虚拟仿真“金课”，即国家虚拟仿真实验教学项目，它是“智能 + 教育”的必然产物，也是一种新的教育形态。建设虚拟仿真“金课”，就是推进智能技术、虚拟技术与实验教改项目深度融合，从而破解高校实验实训教学老大难问题，使原来“做不到”“做不好”“做不了”“做不上”的实验实训教学成为可能。同时，建设虚拟仿真“金课”能够有效拓展实验教学内容的广度和深度、延伸实验教学的时间和空间、提升实验教学的质量和水平。建设虚拟仿真“金课”，应重点关注以学生为本的理念，突出学生的主体地位，根据学生的实际需求，设计基础型、综合设计型、综合探究型等实验项目，同时注重校企协同，合作建设等方面的问题，以提升知识传授、能力培养和品质塑造的效率。

（五）评价融合创新

课程评价就是对课程进行价值性判断，它是为了检验课程是否恰当有效地实现了学校教育目标，然后采取改进对策的一种活动。传统教学的评价主要是过现场听课、观看课堂实录等方式进行评课，这种依靠经验和观察的评价方法在一定程度上能够反映教学的实际问题，但不能客观、全面地映射出存在于教学问题背后的深层原因。新时代背景下，强调融合创新，使“金课”的教学评价采用教师、学生、家长等多主体，自评、互评、教师评价等多方式，从教学目标达成、师生交流互动、课堂教学容量等多视角进行评价。如运用新型信息技术，对教师教学过程、教师日常活动数据、学生学习过程和学习行为进行记录、分析，从而更为科学、准确地反映教学的真实情况。

五、教师“金课”胜任力

探索教师“金课”胜任力，既符合目前高等教育内涵式发展的现实需求，也可为高校教师发展中心开展培训活动的顶层设计提供重要依据。胜任力是指在某一组织中，表现卓越者与表现一般者区分开的个人潜在特征。教师“金课”胜任力是指教师在“金课”建设过程中区别于一般教师的内在特质和潜在因素。本研究对标“金课”建设评价标准，构建了高校教师“金课”胜任力框架，包括道德情操、专业水平、教学能力、信息素养与教学创新五个方面。

（一）道德情操

道德情操是教师“金课”胜任力的灵魂所在，道德情操是塑造“金课”教师形象，提高“金课”教学效果的关键，主要包括思想道德修养、教师职业素养与社会服务意识三个方面：

（1）思想道德修养是教师做好学生引导者的重要基础。“金课”教师须将教书育人与自我修养相结合，充分发挥其在学生品德提升方面的作用对学生的世界观、价值观、人生观进行教育引导而有效落实立德树人根本任务。

（2）教师职业素养是教师从事教育工作应遵循的行为规范和准则。“金课”教师须具备过硬的职业素养、强烈的个人职业认同感和坚定的职业信念，坚持用正确的观点影响学生、正确的理论指导学生、正确的行为引导学生。

（3）社会服务意识是社会主义核心价值观的基本要求。“金课”教师除了教书育人，传播先进思想和知识之外，还应该承担起直接将这些知识和文化转化成生产力和社会效益的责任，切实利用自己的知识文化投身社会实践，服务社会生活。

（二）专业水平

专业水平是教师“金课”胜任力的关键内容专业水平是教师专业素质的外在表现，是教师从事专业工作时所应具备的知识与技能，是参与专业科研活动过程中发展形成的能力，主要包括专业知识、专业能力与科研能力三个方面：

（1）专业知识是特定专业领域中相对稳定的系统化知识。“金课”教师须具备扎实的专业知识功底，理解所教专业的知识体系、基本思想与方法，掌握所教课程的基本知识、基本原理与技能，并结合学生的认知特点组织教学内容。

（2）专业能力即要求“金课”教师在了解相关行业现状趋势与人才需求、世界学科专业前沿水平等基本情况的基础上，利用所掌握的专业知识体系和基本规律对学生开展个性化指导。

（3）科研能力是高等学校的生命，教育科研是教育发展的第一生产力。“金课”教师应积极开展研究工作并将研究成果引入课堂，有效促进教学内容更新。

（三）教学能力

教学能力是教师“金课”胜任力的核心要素。教师教学能力是支持教师在各种教学情境中有效开展教学活动所必需的个性特征、知识、技能、态度的综合。新时代背景下，信息手段与课堂教学走向融合创新，促使教师教学能力发生了新的转变具体表现在教学设计、教学实施、教学评价、教学反思四个方面：

（1）教学设计能力是教师专业标准与专业发展的重要组成部分。“金课”教师应能够借助信息化教学工具分析诊断学情，并能根据教学目标的要求合理规划教学内容，设计教学实施流程，突出教学重难点，从而保证“金课”教学效果。

（2）教学实施能力体现在教学实践的过程中“金课”教师在进行教学实施的过程中，应充分体现“以学习者为中心”的理念，充分考虑教学环境的适切性、教学活动创设的合理性、教学手段的多样性、教学方式的有效性、教学互动的深入性、教学效果的显著性以及教学评价的多元性。

（3）教学评价能力是指教师按照一定的评价标准，对教学的情况进行价值性评判的一种能力。“金课”教师应具备使用多类型的评价方式评价学生，以全方位地发现学生的真实情况。如“金课”教师可借助信息化手段，将定性评价与定量评价形成性评价与总结性评价、自评和互评等多种方式结合，实现教学手段多种、教学方式多样、教学主体多元。

（4）教学反思能力是教师批判性地考察自己行动及情境的能力。“金课”教师应具备较强反思能力，能够根据教学的实际情况，针对性地做出改进措施，从而优化教学。

（四）信息素养

信息素养是教师“金课”胜任力的内在要求，是教师成功适应信息社会的时代需求，也是其实现自主发展的重要支撑。“金课”教师信息素养主要包括信息意识、信息知识、信息能力与信息伦理四个方面：

（1）信息意识表现为对信息的感受程度。“金课”教师应具备对信息的高主动关注度与高查找自觉度，能够基于自身实际需求，主动查找、搜索相关信息并能够用于“金课”教学实践中。

（2）信息知识是指与信息有关的理论、知识和方法，是进行信息获取与鉴别的前提。“金课”教师应具备一定的信息理论与知识，能够根据不同的教学要求选择出合适的信息获取方法，筛选恰当的信息资源，从而满足学生需要。

（3）信息能力是信息素养的关键内容。“金课”教师应具备快速收集信息、有效判断信息、准确表达信息、灵活处理信息、快速创造信息并及时发布与传递信息的能力。如“金课”教师应能够熟练使用办公编辑、搜索引擎等应用工具，也能够利用通信软件进行信息的发布与传递，还能够使用相关APP进行信息的创新等。

（4）信息伦理是指在进行信息的收集、加工、传播与创新的过程中所应遵循的基本准则与要求。作为“金课”教师，应做到自觉遵守道德准则，规范使用信息化工具，拥护信息化约定，以不断提升自我信息道德修养。

（五）教学创新

教学创新是教师“金课”胜任力的动力源泉。教学创新是提高课堂教学质量，推进教学改革的不懈动力。教学创新主要体现在教学理念、教学研究与教学风格三个方面：

（1）教学理念是人们对教学活动的看法和持有的基本态度和观念，是人们从事教学活动的信念，教学理念对教学活动安排有着极其重要的指导意义。“金课”教师应具备终身学习的能力，不断完善自身的知识体系，并以创新的理念指导教学活动与过程。

（2）教学研究主要是以教学过程中出现的问题为对象，通过科学的研究方法，借助课堂教学实践探索教学规律的创造性活动。作为“金课”教师，应具有敏锐的教学研究意识，能够采用科学的研究方法解决教学过程中存在的现实问题，并将研究结果指导实践教学，从而有效改善课堂教学效果。

（3）教学风格是教师内在特征的个性彰显。作为“金课”教师，不仅需要高度自信、自律，具有较强灵活性与坚定不移的毅力，还能够自觉使用信息化教学工具，相信自我能够成功开展教学活动，并能够灵活地调整教学手段与方法，以形成稳定的教学风格。

第二节　金课背景下的高校英语教学

“金课”是我国推进现代化教育强国和“双一流”建设的重要保障，是推动全国教育工作“以本为本”“四个回归”“两个基本点”的重要途径，其根本目的在提高人才培养质量，突破传统教育桎梏，实现教育创新，使学生回归读书学习，教师回归教学本位。自2018年6月“金课”概念首次提出后，打造“金课”的行动在全国高校广泛开展。教育部推出“双万计划”，旨在打造国家级和省级“金课”各10 000门，分为线上、线下、线上线下混合、虚拟仿真和社会实践等五大类型优质课程。

纵观当前全国各高校相应的行动方案以及建设动态，“金课”建设存在“轻软重硬”和“重建设、轻应用”等现象，忽视质量标准和教学内涵的“软件”建设，将大量资金和资源投入高科技的网络教学环境和教学软件等“硬件条件”建设上，教师的信息化水平达不到要求，导致资源浪费，使教师更疲于应对新环境，影响教学效果。忽视了对课程推广应用的过程管理，使课程无法与课堂教学对接，课程内容不能得到实时更新。因此，有必要厘清“金课”的内涵、建设初衷和质量标准。鉴于此，本节将阐述新时代背景下“金课”的深刻内涵和建设初衷，基于课程论视角，探讨高校英语“金课”的质量评价标准。

一、金课质量标准

“金课”体现了国家对高质量、高规格课程的教学要求和顶层设计，其核心价值在于课程和人才培养的质量，其落脚点在于课堂，内涵建设和质量建设是“金课”建设的根本任务。要使“金课”建设目标落实到不同类型的高校、课程以至课堂，必须从国家到地方以及高校自上而下建立分层、分类的质量标准体系，使质量和内涵标准贯穿三个维度的各类课程，包括以课程模式为标准的线下、线上、线上线下混合式、虚拟仿真以及社会实践等五类国家“双万计划”课程，以课程属性为标准的“通识课”“专业课”以及以学科属性为标准的分类课程，更要使质量标准和内涵标准贯彻落实到课堂教学的每个环节。因此，从宏观上看，“金课”的内涵标准是贯通学科知识体系、现代教育技术、先进教育理念的质量保障体系，也是促进课堂与课程、学校以及社会联通的质量保障体系，更是促进教学目标、教学内涵、教学模式、教学方法以及评估方法有机统一的质量保障体系。

从微观上看，一门“金课”的质量标准要涵盖课程和课堂两个层面，课程质量标准和课堂教学评价标准的结合将推进“金课”质量落实到位，前者重在教学内涵、教学模式、教学目标的质量标准，是对课程资源质量的静态评估，也是课程建设的指南。后者重在教学过程、教学效果的评估，是对教和学的动态的、过程的评估，是课程质量的保障。通过课程质量标准的建设，可以促进教学设计在教学目标、教学内涵、教学模式的协调发展。通过课堂教学质量体系的构建，可以促使一流课程通过教师有效的教学投入、教学方法、教学评价等教学活动落实到课堂。换言之，微观上看“金课”的质量标准体系，只有通过静态的课程质量标准与动态的课堂教学质量评估标准的事前事后的作用，才能确保一流课程资源能链接到课堂，落脚到课堂，实现其“回归”的建设初衷。总而言之，“金课”的质量标准体系是一个静态评估和动态评价相结合的综合评估系统。

如何构建一个微观的“金课”质量标准和评价标准体系？笔者认为，质量标准体系可以体现为一个从基本原则到基本要求，再到指标体系的层级系统，从普适性原则具体落实到基于学科和专业的课程基本要求，根据课程要求，细化具体的课程质量标准指标体系。首先，总体原则的依据来自教育部的系列文件对人才培养目标的描述以及“金课”建设的相关要求，遵循“两性一度”基本原则；其次，将普适性原则体现在分类的课程标准体系中。目前，教育部于2013年发布了《各专业的本科教学质量国家标准》(简称“国标”)，以规范、监管学校教学和人才培养。“金课”的分类质量标准基本要求，可以在此基础上，结合基本原则进行修改完善，要重点推进学科知识、能力和素质的有机融合，侧重推动综合能力、高级思维、创新能力的培养。最后，要将构建的质量标准细化为课程建设标准和课堂教学评估标准，从教和学的维度，从教师、教学过程、学生三个视角对教学过程和教学效果实行有效评估，这涉及教学目标定位、教学内涵、教学模式及其与专业建设、人才培养目标以及社会需要的契合度。总之，课程质量标准体系可以体现为三个层级的综合评估系统。“金课”的评价体系，即“金课堂”的评价体系，主要在于检验动态的教学过程，其目标在于促进已经按照质量标准建设的“金课”落实到课堂和人才培养上，是检验教师教学投入、教学水平以及教学效果的综合评估体系，也是评估教学内容、教学方法、教学模式是否达到课程质量标准体系的指标系统。这个体系需要从具体课程的教学目标出发，可以分别以教师、教学以及学生为主体，构建多维度的评价体系和方法，以求达到客观公平的评价。

金课是实现“两性一度”基本原则的一流课程和一流课堂的综合体，体现在以质量标准体系为核心的“金课程”和“金课堂”，唯有反映一流质量标准体系的课程，并落实在课堂上，才算得上真正意义的“金课”。“金课”内涵结构如图6-1所示，是以“金课程”和“金课堂”质量标准体系为核心、以“金课程”为支架、以“金课堂”为途径的有机综合体。“金课”质量标准包含静态的、多层次的质量标准体系和动态的、多维度的课堂教学评价体系。前者用于指导“金课”课程建设，为教师进行优质课程资源建设提供指引。可建立三层质量标准体系，以“两性一度”为基本原则，以国家课程标准为基本要求，落实到具体的课程要素中。后者用以保障教师将一流课程落实到课堂教学，促使课程的教学目标落实到每一堂课。因此，需要建立教学过程的动态评估，从教师、学生和教学三个维度加以考核。只有建立“金课程”和“金课堂”的联通机制，才能确保“金课”实现“回归”的建设目标。

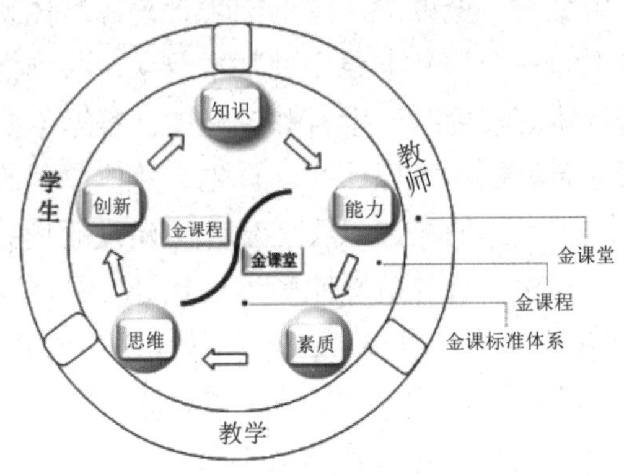

图 6-1　金课内涵结构图

二、高校英语“金课”

（一）高校英语“金课”设计的原则

金课大体可以归结为“两性一度”，即高阶性、创新性和挑战度，其摒弃了“水课”的低阶性、落后性和随意性。同时，在具体的课堂表现形式上，“金课”也坚持以高阶课堂、对话课堂、开放课堂为建设目标，坚持知行合一、学习与思考相结合，这突破了以往部分大学课堂灌输教学、低阶课堂、重学轻思、重成绩轻实践的缺点。高校英语“金课”的设计可遵循以下几个原则：一是教师要学会激发并保持学生的学习兴趣和学习激情，保证学生有效参与课堂，能够进行更深入的思考和学习；二是要坚持以教学目标为指导，对学习内容进行重点划分，同时要能够针对不同层次的学习目标对教学活动进行动态的调整；三是坚持顺应学生的大脑认知规律，探索不同的、新的教学方法和学习方式，能够使学生吸收多渠道的信息。这些原则可以使教师及时地对自己的教学风格、教学方式、教学内容的侧重点等进行科学的调整，以满足学生日益增加的学习要求。

（二）打造高校英语“金课”的必要性

1. 高校英语课程内容脱离实际需求，教学目标与教学定位相对滞后

高校英语顺应我国教育事业发展的趋势，已经进行了多次改革，但在此背景下，大学英语教学仍存在许多问题。而“金课”建设目标的出现对高校英语教学提出了更多的新要求，这使得金课建设有其现实的必要性。

目前，由于不同地区的经济发展和开放程度差别较大，学生的层次也存在一定的差异，有些高校的英语教材内容与其当地的现实生活不相符合，这就造成了教学内容与实际脱节的问题，从而难以满足学生对个性化教材的需求，学生的学习动力下降，从事专业学习和科研的英语能力不强。同时，大学阶段的教育仍然存在应试教育的问题，大部分非英语专业的学生学习英语这一公共基础课程仍是为了期末考试，教师也只是单纯地向学生进行语言知识的讲解，并未对学生进行深度的语言能力培养。另外，教师在教学模式上缺乏创新，难以跟上时代发展的步伐，这使得学生学习英语只是为了通过考试，其实践能力与语言表达能力未能获得很好的发展。以考试为重点的教学定位早已脱离了时代发展的需求，当今时代迫切需要的是针对性更强的学术性英语或更专业化的英语课堂。

2. 教师教学手段、模式单一，课堂效果很不理想

大学阶段的英语教学普遍采用的是大班授课的模式，线上教学的模式则是处于缺失状态，学生人数过多，造成了教师的教学活动只能针对大部分学生，而难以对个人进行知识上的启发。同时，由于近年来英语课时被大幅度地减少，因此学生的英语学习时间也越来越少，受班型的限制，师生之间也缺乏有效的互动，这使得教师难以开展更有效、更深入的教学活动，教师往往只是简单地讲解课件上的知识，单向地向学生灌输知识。而学生在这种情况下，只能被动地吸收、理解和记忆知识，缺乏表达自我和需求的机会，这就导致课堂效果很不理想。

3. 教学评价机制不够健全

合理的教学评价机制是检验教师教学成果，推动课堂发展进步的重要支撑，对英语教学活动进行评价与测试对高校英语教学的发展意义重大。但目前，我国大部分高校的英语教学评价机制都不够健全，其主要还是沿用传统的评价体系，如期末考评和以大学英语四、六级的通过率为考评标准，而在学生的语言运用能力和表达能力方面考核很少，这就导致学校缺少对学生英

语学习的实际情况的深入了解，考评浮于表面，水分多，存在众多缺漏。

三、高校英语“金课”的质量评估

高校英语是面向不同专业学生的公共英语课程体系，其跨学科、跨文化以及多元化的课程教学要求决定其质量标准体系具有开放性、动态性的特征，为了保障“金课”的基本原则和基本要求能贯彻落实到课堂教学的每个环节，实现高校英语“金课”的建设目标，有必要进一步深入探讨质量评估的基本原则、标准尺度及其评价主体，以确保质量评估的合理性、科学性和有效性。高校英语“金课”的质量评估，第一要坚持整体性原则，以保证课程与人才培养、课程与专业、课程与课堂在目标、内容、方法、模式等方面的有机结合。第二要坚持静态与动态的评估原则，使课程内容在主题、话题、题材和体裁等方面得到实时更新，使“金课程”得到持续的更新、推广和应用，使“金课堂”教学能对接“金课程”教学，实现课堂的有效性。第三要坚持终结性和过程性评价结合的原则，构建合理的教学效果评价体系，从学生的学习效果以及教师的教学投入、课堂管理和教学水平进行综合评估。第四要坚持多元化质量评估原则，从管理层面、学生层面、教师层面，以自评、互评交叉的形式，设立多维度的评估机制，使评估更为客观、科学和全面。第五要坚持分类评价原则，以确保各类课程能显示其优势和特色。

高校英语开放性和动态性的评价标准，使质量评估的指标具有很多不确定性因素，具体体现在主题、题材、体裁与语言材料的难度，主题内容的专业性与通识性的融合度、教学模式的创新度以及课程的挑战度等尺度上，反映对学术英语和基础英语等课程设置的抉择，时文与经典文章的取舍等教学内容的选择，以及教学侧重点的把握上。“金课”质量的评估不能一概而论，只要明确课程的目标定位和教学对象，在质量标准体系的逻辑体系中，坚持以上“金课”评估原则，保障学生的关注度、参与度、认可度和获得感，就能实现“金课”的评估目标。

表 6-2　大学英语“金课程”质量标准指标体系（静态评估）

一级指标	二级指标	主要观测点
课程目标	目标设计	与社会、专业、就业需求的契合度，知识、能力与素质的融合度
	目标达成	人文情怀、科学素养、创新思维、沟通表达

续 表

一级指标	二级指标	主要观测点
课程内容	人文性	有利于学生了解人类最基本的知识领域和思维方法，着力培养学生完备的理性、健康的人格、高尚的道德和良好的审美情趣
	文化性	融合语言与不同国别和文化背景知识，培养跨文化交际意识
	学科性	对语言与不同学科领域的内容融会贯通，促进整合认知知识
	社会性	体现语言系统与语言功能、语用策略、社会角色的关系，培养沟通能力
	饱满度	主题丰富，信息含量高，题材和体裁多样
教学方法	问题探究	问题主导、有挑战性，提问适度，有利于激发兴趣
	情景化，任务型	小组合作
	教育技术	多模态选择与内容契合度高，线上线下结合密切，效果好
学习评价	过程评价	线上线下学习过程管理，引导，督促结合，促进自主学习
	学习反馈	考核形式多样，信度和效度高，反馈学生情况
教学效果	有效性	学生关注度、参与度、认可度、获得感；教师反思效果好；同行评价好
	教学成果	教师教案、课件示范性强，学生学习成果丰富，同行评价好

表 6-3 大学英语“金课堂”质量评估指标体系（动态评价）

一级指标	二级指标	主要观测点
课程目标	目标设计	与课程目标契合度高，知识、能力与素质融合度高
	目标达成	知识能力素养达成性高，激发学生思维，师生获得感高
课程内容	适应度	与教学目标相吻合，语言难度略高于学生水平
	饱满度	语篇题材、体裁丰富，涵盖人文性、学科融合性、社会性、交互性内涵，有利于博雅教育
	融合度	人文、科学、经济领域，经典、时文融合，选题覆盖面广

续　表

一级指标	二级指标	主要观测点
教学方法	问题探究	问题主导、有挑战性，提问适度，有利于激发兴趣
	情景化，任务型	小组合作
	教育技术	多模态选择与内容契合度高，线上线下结合密切，效果好
课堂管理	教师话语	发音准确，指令清晰，话语有亲和力、指导性
	教学环节	安排紧，每个环节目标明确，促进目标达成
	课堂气氛	考核形式多样，信度和效度高，反馈学生情况
教学效果	有效性	互动性强，学生关注度、参与度、认可度、获得感；教师反思效果好；同行评价好
	教学成果	教师教案、课件示范性强，学生学习成果丰富，同行评价

为了使质量标准落实到课程教学和课堂教学的全过程，本书在英语通识课的视野中，融合以上高校英语“金课”的基本要求和评估原则，尝试构建高校英语“金课程”的质量标准指标体系，力图对“金课”观测点进行系统描述（详见表 6–2）。表 6–2 中的高校英语评估质量标准体系基本对应上文提出的高校英语“金课”“融合度”“适应度”“饱满度”“有效性”的基本要求，适用于对课程建设以及课程教学设计的指引，同时适用于各类高校英语“金课”质量的评估。“金课堂”需要落实到课堂，体现为教学有效性，因此，本文在以上基本原则和基本要求的基础上，设计了动态的“金课堂”评价指标体系（详见表 6–3）。相比“金课程”指标体系，“金课堂”教学评价重点考核教师、学生以及包括内容、管理和效果的教学过程，可根据具体课程的要求，在考核项设置分值。该体系用于动态评估，是指在一门课程教学中，对每次课堂加以评价，用数据计算其得分。

四、高校英语教师“金课”建设路径

（一）线下“外语金课”

线下“外语金课”是指传统外语课堂教学，是外语教学的主阵地和主战场。线下“外语金课”的含义就是教师在三尺讲台上给予学生的好课、优质课、有效课。打造线下“外语金课”，其实是在进行一场外语教学的课堂革命，既要变革传统外语课堂教学中存在的各种问题，同时也要改变学生厌学逃学、教师倦怠教学、“水课”泛滥的现象，真正面对教育信息技术革命对外语教学带来的挑战。

我国高校自1999年开始扩招以来，外语课堂教学质量并不乐观。一是由于工作和生活压力，有相当一部分外语教师承担的工作量很大，他们对教学产生了倦怠，时常有一种厌教的情绪。二是外语教学方法传统单一，教师依然主宰着课堂，学生被动地接受知识。三是知识陈旧，教材更新不快，滞后于学科发展，与时代脱节。四是部分学生学习目的不明确，学习态度不端正，主动性和积极性不够。有的学生在课堂上玩微信、玩游戏，不专心听讲，不积极思考。还有一部分学生晚上休息很晚，上课呼呼大睡，课堂成了他们补休的时间。而且，“水课”泛滥的现象，不仅通识课存在，专业课也同样存在。基于种种原因，建设线下“外语金课”已成为我们当下的紧迫任务，这项工作关系到高水平大学的建设，更关系到民族的复兴大业。

关于线下“金课”的评价标准，教育部高等教育司司长吴岩在《建设中国“金课”》中提出了大学课堂教学的五重境界。第一重境界，silence（学生课堂沉默）。整个课堂很安静，只有教师一个声音，学生沉默不语。第二重境界，answer（回答简单问题）。教师提一些类似Yes or No的简单问题让学生回答，学生不需要深入思考即可作答。第三重境界，dialogue（师生对话交流）。课堂上师生间有情感和内容交流。第四重境界，critical（学生批判性思维）。课堂上学生对教师讲授的内容进行批评质疑，也可以提出自己的观点，师生之间互动讨论。第五重境界，debate（师生相互争论）。对学习的课程内容和观点，师生在课堂上相互争论、争辩，甚至可以争吵，教学相长。正如苏格拉底所说：“Education is the kindling of a flame，but not the filling of avessel.”（教育是燃起火焰，而不是灌输容器）。依据课堂教学的五重境界，一堂课如果能够达到第四或第五境界，总体上就可以评价为达到了金课标准。

外语课堂由于具有自己的学科专业特点，当评价课堂教学质量时，我们需要考虑诸多因素。我们既要考虑到语言的工具性，更要看到语言的人文性；既要注重学生学科知识能力的培养，更要重视学生思辨能力和创新能力的养成；既要传承千百年来传统课堂的精华，又要加强现代信息技术与课堂教学的深度融合。总之，构建新时代线下“中国外语金课”的科学评价体系，既是一项艰巨的工作任务，又是一项光荣的历史使命。

（二）线上“外语金课”

线上“外语金课”指的是“互联网＋教育”催生的一种新课——慕课（MOOC）。慕课的历史虽然很短，但慕课对教育产生的影响前所未有。在慕课革命的浪潮中，教育部高度重视，各高校积极作为。经过几年的精心建设，我国目前上线慕课数量已经有 8 000 余门，学习慕课的人数已经突破 1.4 亿人次，其中有 4 300 万人次的大学生获得了慕课学分。为了提升慕课建设质量，让更多的学生，尤其是西部学生受益，真正实现教育公平，2017 年教育部推出了首批 490 门国家精品在线开放课程，2018 年推出了第二批 800 门“金课”，到 2020 年，一共推出了 3 000 门国家级线上“金课”。

根据教育部公布的课程名称进行统计，我们发现在 2017 年和 2018 年推出的 1 290 门国家精品在线开放课程中，外语课程一共只有 40 门，占比为 3.1%，其中外语通识课程占比为 75%，专业基础课和核心课程为 25%。从外语资源和人才培养的角度来看，外语专业基础课和核心课程的比例太低，不利于通过线上“外语金课”来提升本科外语人才的培养质量。我们需要抢夺机遇，加速线上“外语金课”建设，实现高校外语人才培养质量的“变轨超车”。

毫无疑问，今天的中国是世界教育大国，也是世界慕课大国，中国慕课正在走向世界，并将主导和影响国际慕课的建设和实施。更为有意义的是，伴随着中国慕课走向世界，中国文化和中国故事也将走向慕课学习者的心中。用历史的眼光来审视，线上“中国外语金课”建设有助于构建中国的国际话语权，讲好中国故事，从而助力中国实现强国梦。

（三）线上线下混合式“外语金课”

线上线下混合式“外语金课”指的是课堂教学与网络教学相结合而产生的混合课。比如：翻转课堂就是线上线下的混合课。该教学模式出现于 20 世纪 90 年代末，以学生为中心，以教师为主导，结合线下传统课堂教学和线上网络学习的优势，在教师的启发、引导和监控下，充分调动学生在学习过程中的主动性、积极性和创造性，是一种有效的教学模式，彻底颠覆了一支粉笔一块黑板、教师讲学生听的传统课堂。

与传统的外语课堂教学相比，线上线下混合课统合了线上线下教学的优势，既重视传统课堂对知识的传授，又注重解决学生“学什么”“如何学”“何处学”等问题。美国教育部的调查结果显示，与单一的传统学习和线上学习方式相比，混合式教学模式效果最优。这可能是因为在现代信息技术支持下的教与学，在知识传授与知识内化两个认知环节方面都进行了优化。其学习环境、学习内容、学习方式等都发生了很大的变化，教师与学生、学生与学生之间能够开展深度学习和深层次的互动探索，创建网络学习共同体，为在线学习者提供互相协作交流、分享学习资源和经验的学习场景，能够有效支撑知识传递及内化，促进知识建构。

虽然线上线下混合课被学界和教师认为是一种有效的教学模式，但目前国内高校还没有广泛推广和应用，有关该模式的高水平的理论研究和实证研究也不多。聚焦如何设计线上线下混合式“外语金课”，我们需要对该教学模式进行多维的系统研究。比如：该教学模式的理论基础是什么？实际教学中如何统合线上线下教学的优势？如何设计该模式的教学目标、教学内容、教学方法和教学评价？如何挖掘和统合线上线下的教学资源？如何有效开展线下师生之间和学生同伴间的互动？线上线下混合“金课”的评价标准是什么？针对这一系列的问题，我们需要高校每一位一线教师认真研究和实践混合教学模式，设计越来越多的优质翻转课堂，真正打造出具有中国特色的符合学生需求的一流线上线下混合式“外语金课”，让中国高校外语人才培养质量实现一个质的飞跃。

（四）虚拟仿真“外语金课”

虚拟仿真“外语金课”指的是“互联网＋教育”之后“智能＋教育”催生的一种新型优质课。或者说，虚拟仿真课是在教育信息化背景下出现的一种新型教学模式。如果说“互联网＋教育”深刻地影响了今天的课堂教学，那么“智能＋教育”的教学模式有可能开启教育的未来。

建设虚拟仿真课之所以重要，是因为现代网络信息技术、智能技术与外语教学的深度融合可以破解高校外语专业实习实训中的老大难问题，解决长期以来“做不到”“做不好”“做不了”等问题。在传统的外语人才培养过程中，我们常常感到棘手的问题之一是：学生毕业实习实训的教学安排面临许多困难，多年来一直得不到很好的解决。一是缺少长期稳定的外语教学实习基地；二是教学实习模式单一，不能满足学生的多元化需求；三是实习单位的配合意愿较低，学生达不到实习的目的；四是外语课堂教学与实践实习脱节，学生很难进行有效的训练；五是实习基地建设成本高，数量远远不够，很多学校都是实施分散实习。例如通过虚拟仿真课，旅游外语专业的学生就可以进行虚拟景点讲解，可以漫游全世界；商贸外语专业的学生可以进行虚拟仿真国际商务谈判；翻译专业的学生可以虚拟仿真联合国大会，进行同传或交传工作。总之，虚拟仿真课让教师和学生坐在教室里就可以做各种仿真训练，就如同在真实的生活和工作环境里，其实际应用价值在于让书本理论知识与实践高度融合。

尽管虚拟仿真“外语金课”对外语人才的培养具有很高的应用价值，但目前我国高校还没有很好地建设和利用该教学模式。2014 年教育部公布了首批 100 个“国家虚拟仿真实验教学中心”，2015 年又增加了 100 个；2018 年教育部公布了首批 296 个“国家虚拟仿真实验教学项目”。笔者认真统计后发现，外语类的国家虚拟仿真实验教学中心或项目一个席位都没有，外语类省级和校级虚拟仿真实验教学中心或项目也是寥寥无几。所以，未来我们需要倍加努力，更新外语教育理念，投入足够的人力物力，加快虚拟仿真“外语金课”建设。

（五）社会实践“外语金课”

社会实践“外语金课”指的是大学生将书本上的理论知识应用于实践的优质课。它依托于地方资源，通过大学生自身的体验和认知，真正实现由知识到能力、由理论到实际、由接收到创造、由学习到生活的沟通，使学生在实践中体验和丰富理论，加深对理论的深刻认识。依据课程性质，社会实践课可以分为专业实践课、德育实践课和应用性实践课；根据课程结构，社会实践课又可以分为单一性、复合型和综合性实践课。大学设置此类课程具有多重目的和意义：一是让在校大学生加深对专业的了解，锻炼专业实践能力；二是培养大学生独立解决实际问题的能力：三是增强大学生的就业竞争力，为走入职场做好准备；四是让大学生充分认知世界，享受世界，进而改造世界；五是增强大学生的历史使命感和社会责任感。

建设中国“外语金课”是一个复杂而又艰巨的系统工程。在“外语金课”建设过程中，教育部门和学校管理者、学术界和一线教师都是建设者和责任人，各有各的任务，各有各的使命。打造“一流课程”是新时代背景下国家对高等教育在专业设置和课程建设上的实实在在的新要求，“金课”建设工作必将面临许多挑战和困难。

第七章　慕课教学模式

第一节　慕课的衍生与思考

一、慕课的特点与必要性

（一）慕课及其优势

1. 慕课的定义

慕课（Massive Open Online Courses，MOOC），即“大规模开放在线课程”。慕课的引入是一种课程教学模式的改变，也是对传统课堂的一种冲击。引入慕课后的课堂不受单一的课堂地域限制，对人数的要求也没有限制，开放式的教学模式给用户的体验感更好。慕课本身就是大规模开放式教学的意思，和传统的教学模式对学生的学习时间要求较为严格相比，慕课对学生的学习时间和方式就比较灵活，同时学生的兴趣爱好也可以纳入教学中，学生可以在注册平台后自主选择喜欢的课程进行学习，而且不需要交费，这对一些有兴趣但是没有时间或者没有条件的同学来说具有非常大的吸引力。完成课程后，学生可以根据平台要求进行考核，最后会得到相应的证书。这种在线的教学模式给学生提供了很好的学习平台。慕课这种类型的课程不只是互联网的一种教学分享，也是一种课程设计过程，也囊括了教师线上线下教学引入的经验和教学方式。

2. 慕课的特点和优势

（1）慕课的特点。慕课和传统的线上线下教学还是有一定区别的，其主要的特点是：既提供教学资源，也对学生的学习情况进行考核，而且为学生提供在线的教师、学生间的互动。这种互动可以让学生有更好的体验感，使其更有兴趣进行课程学习。大规模的学习与沟通提高了学生的参与度，互联网的教学模式又给学生带来了更便捷的学习方式，使大部分学生都能更好地进入慕课的学习体验中。

（2）慕课的优势。

慕课的教学优势主要体现在以下几个方面：首先，慕课的规模更大。慕课具有大规模的学生群体、平台资源和教师团队，这是课堂教学没有办法完成的。慕课的学生群体数量庞大，这些学生群体可以是学生也可以是自主学习者，这对一些没有办法走入课堂学习的人来说就是优势。其次，慕课的建设相对较为广泛。慕课的建设过程涉及大量的重点高校，它们为平台提供了十分优质的学习资源，教师根据自身的经验和实践进行授课，提升了总体教学质量，同时提供的授课方向也更广泛。从目前的情况看，慕课的课程涉及所有的学科门类，资源总量极其丰富。再次，开放性的教学模式有更广阔的受众群体，这很好地践行了有教无类的思想，教师将自身具有优势的课程以视频教学的方式放入网络平台，学生可以通过平台对课程进行访问，学生的自主意识就会产生作用，而网站需要不断监控教师上传的教学视频的质量，保证学生学习过程的有效性。最后，时空教学的便捷。便捷性是慕课重要的特性之一，慕课很好地解决了学生学习地点的问题，同时学生对一些有兴趣的课程可以进行反复学习，也解决了一些上班族的学习问题，冲破了课堂地域的限制，这就对教师的教学方式和教学水平提出了更高的要求，以便以更高质量的内容吸引更多的学生学习。

（二）高效的慕课引入课程实践

1. 课程理论教学改革

高效的慕课引入并不是完全引入视频资源，而是结合课程开展的教学质量提升活动，发挥慕课教学平台与课程结合的优势，将教育资源带入慕课的教学环节中。其中重点是对某一特别重要的课程进行重点关注，不断探索和解决学生课堂中发现的问题。慕课的引入不仅可以发挥教师授课的主动性，也可以提升学生主动学习的能力，高效的慕课引入可以从以下几个方面开展：第一，从教学目标入手。在教学内容的把握上教师要将慕课融入教学框架中，细化教学的每一个小目标，通过不断引导学生学习，从而实现总体教学效果的提升。第二，设计好课程中的重点和难点。在引入慕课后教师要认真对课程进行梳理，把握课程的重点、难点，注意课程的前后关系，尽量使视频教学和讲解的时间控制在课程总量的 20% 左右，这样既起到了效果，又避免了学生反感。第三，慕课的引入要充分考虑学生的需要。教师要对学生的情况进行必要的分析，了解学生的总体素质，根据学生不同的学习状态、学习需要、学习能力进行慕课的教学。第四,一定要将课程和慕课有机融合。教师要利用慕课的同时需要更好地使用多媒体等课堂资源，充分发挥线上线下教学的总体优势。第五，根据学生的能力分配慕课的比例。教师可以引导学生通过慕课自学，有能力的学生可以多学，能力稍微弱一些的学生可以少学，只要对重点内容进行学习即可。教师还可以引导学生关注其他相关课程。

2. 课程教学改革成果

过去满堂灌的教学方式显然已经不适应当代大学教育的需要，慕课的引入可以大大拓展学生的学习空间和提升学生的学习兴趣。学生可以在任何时间通过任何方式进行学习，教师作为知识的传播者和课堂的主导者，要始终重视教学效果的达成，现代的教学已经转变为以学生为中心的教学模式，这也是时代的需要，所以，教师需要更好地提升认识，加快慕课的引入。教学中引入慕课的效果有：首先，慕课可以提升学生的总体学习效率。学生可以不占用课堂，同时在课堂上没有明白的知识点，可通过视频慕课学习。其次，慕课可以起到更好的引导作用。学生在学习过程中可以利用视频进行独立的思考和学习，从而可以培养独立的性格，这对问题的解决十分重要。最后，慕课的学习方式十分方便。学生可以通过慕课不断学习课堂内容，也可以寻找相关领域的知识填补知识盲区，这对某些专业的学习十分重要，不需要教师不断地进行重复示范，一次就可以解决未来学生学习过程中的所有问题。

二、关于慕课的思考

（一）网络“高辍学率”是不是慕课的致命伤

美国宾夕法尼亚大学教育研究生院针对100万名MOOC用户进行了调查。结果显示，只有4%的学习者完成了全部课程，大约一半学习者只听过一堂课。该结果一经发布，立即引起广泛关注。在线教育的高辍学率很快就被认定为慕课的“阿喀琉斯之踵”，并逐渐演变成为一种影响颇广的“科学论断”。但是，认真思考之后就会发现，在线教育的辍学率与传统教育的辍学率不是等同概念。

在传统教育中，辍学往往意味着学生丧失了学习的全部机会。但在网络教育中，很多学生的学习是碎片化的、非连续性的，如果这部分内容是学生已经掌握的，他们就会主动放弃，并选择适合自己水平的新的学习内容。所以这种“辍学”更多的是学生主动意识的体现。在网络学习中，学生掌握着学习过程的全部权利，学生可以自己安排学习进度，选择学习内容，学生是学习的真正主人。这与传统教学有着本质区别。在现实课堂中，学生即便对教师讲授的内容毫无兴趣，也很难逃离学习现场，最多只能通过上课睡觉、玩手机、打游戏等消极行为进行反抗。实际上，上述调查中 4% 的完成率往往意味着这部分学生是全程深度参与课程学习的。而在传统课堂中，如果排除“身在曹营心在汉”的学生，在一门课程教学中能够持续地深度参与学习的学生比率能否真正超过 4%，恐怕很难做出判断。

此外，在线教育的受众数量是传统教育的上万倍，这也导致在计算辍学率时容易得出一个极低的数值。无论如何，在线教育的高辍学率都不应成为反对慕课的借口或托词。但不容置疑的是，这种高辍学率仍然是一个值得深入研究的大问题，高校如何利用网络更好地进行教学，真正提高学生在网络学习中的参与程度，将会成为影响慕课健康发展的关键因素之一。

（二）传统大学消亡会不会因为慕课而发生

一些在线教育的拥护者认为，慕课将会打破传统大学的“围墙”，任何人都可以在任何时间、任何地点通过网络来“进入课堂”，享受全球最好的教学服务。2014 年 4 月，上海交通大学研发的慕课平台“好大学在线”正式上线，面向全球提供中文在线课程。上海的 19 所高校还签订了慕课共建共享合作协议，建立学分互认机制，学生不出校门就能跨校修读外校优质课程，并获得学分。这更进一步提升了人们的预期，并使“慕课将导致传统大学的消亡”观点甚嚣尘上，获得了更多人的接受和认可。

毫无疑问，慕课对于传统高等教育转型具有重要的价值，但它是否会成为导致传统大学消亡的直接原因，至少目前还看不出任何端倪。教育家梅贻琦说：“大学之大，乃大师之大，非大楼之大。”进一步讲，大师之大不是指大师的盛名，而是指大师的思想和品德。以文化人、以德育人是大学精神的核心，也是大学存在的价值体现。慕课可以轻易将显性知识以数字化的形式传递给成千上万名学生，但是，将隐性文化原汁原味地呈现给学生并对学生的情感发展产生影响，将是一个难以完成的任务。

众所周知，课程包括隐性课程和显性课程两种。其中，隐性课程是指学生在学校情景中无意识地获得经验、价值观、理想等意识形态内容和文化影响。在信息技术的支撑下，明确的、事先编制的显性课程可以较完整地转化为在线课程。但是，如何将那些非预期的、潜在性的隐性课程转化为慕课仍然是个未解的难题。毫无疑问，大学培养人才不仅要注重知识和技能的学习，更要重视情感、态度和价值观的渗透，最终落实到健全人格的养成上。这些方面的培养显然不是靠一两门课程就能完成的，它往往需要长时间的榜样引领和文化感染，脱离大学的真实情景将很难完成。所以慕课导致大学消亡至少在较短时间内不会发生。

（三）“大干快上”慕课一哄而上有何必要

随着慕课的快速发展，很多高校都陆续启动了慕课建设计划。目前，北京大学、清华大学、上海交通大学等高校因为起步早、动作快，已经形成了较强的领先优势。而那些刚刚开始筹建慕课的高校受形势所迫，不断加大资金投入力度，组织庞大的研发团队，试图尽快登上“最后班车”。于是，“大干快上”几乎成为当前国内 MOOC 建设的一种常态。

然而数字教育资源建设一不小心就会陷入重复建设的怪圈。比如，一些学校前些年建成的网络精品课程大多是孤立的、重复的、无法及时更新的，最终变成了一个又一个的“信息孤岛”。慕课作为一种新型的在线课程，也依然面临类似的挑战。在现有的本科高校中，有相当比例的学校属于综合性大学，学校之间的专业设置和课程计划有较高程度的交叉。可是，对于任何一门学科，在理想情况下，我们都只需要一个最好的在线课程，其他学校的学生在网上选修这门课程就可以了，这样就能极大地降低边际成本，实现慕课的规模效益。如果每一所高校都针对每门学科建设一门在线课程，不仅会导致教育资源的浪费，而且会影响慕课的整体质量。所以慕课建设一定要避免运动式的“大干快上”，盲目追求高速度、大数量，这慕课的发展将会产生致命性的打击。“一哄而上”很可能会变成“一哄而散”。

从根本上讲，慕课建设与高校特色发展联系密切。如果高校发展只是追求建设千篇一律的“综合型”，将会导致严重的低水平重复。每一所高校都应根据自身情况，不断优化内涵，办出个性特色，形成差别化的发展优势，这样才能营造出良性发展的教育生态。慕课建设也是一样，与其一味地追求慕课热潮，倒不如静下心来思考学校的特色发展。如果把这个问题想清楚了，那么建成高质量的特色慕课就是一件水到渠成的事情了。总之，慕课的发展是飞速的，甚至是超乎想象的，人们的思考几乎无法跟上实践的脚步，这也导致当前研究中存在一些认识的误区。面对未来，我们必须保持清醒的头脑，对发展中出现的新问题和新特点进行客观理性的分析，既要“低头拉车”，又要“抬头看路”，积极稳妥地推动慕课建设，促进信息技术与高等教育的深度融合，努力为学习者提供最优质的在线课程和个性化的学习服务。

第二节　慕课对学生学习模式的影响

一、从 OCW 到慕课

说到互联网技术改变学习，不得不提慕课的前辈，几年前红极一时的“网络公开课”。2002 年，美国麻省理工学院率先开设了“Open Course Ware”（OCW）。当时，大多数学校认为麻省理工学院在网络上完全公开课程内容和课件的方式太过激进，因此仅有少数学校跟进；而且由于技术局限，很多课程的课件还是以音频和文字为主。

但这一开创性的公益分享行为并没有销声匿迹，特别是在 2007 年苹果的 itunesU 上线之后，OCW 运动带来了惊人的传播效果。到 2013 年，itunesU 所有的开放课件资源累积下载量达到 10 亿次。在 OCW 取得一定成功后，就有人在思考如何运用技术，使在线课程真正能够运转起来。2011 年 10 月，有 OCW 制作经验的斯坦福计算机教授吴恩达在网络上开设了一门叫“机器学习”的慕课课程，有超过 10 万人报名学习。

几乎同时，斯坦福大学的另一名教授塞巴斯蒂安·特伦开设了“人工智能”的慕课课程，也得到了很好的响应。这两门课程奠定了慕课教学模式的基础。此后，两位教授分别创建了两大慕课平台 Courser 和 audacity。2012 年 4 月，麻省理工学院和哈佛大学成立了非营利性质的 edX 平台，也加入慕课行列。到 2013 年底，Courser 独揽近 600 万注册用户，平台上聚集了来自 107 所大学的 58 门课程，cdX、audacity 也都有超过百万的用户。世界各地还出现了很多非英语平台，例如，法国的 FUN、德国的 Iversity、日本的 JMOOC。清华大学在 2013 年 10 月加入 edX 联盟后也发布了中文“学堂在线”慕课平台。2013 年 10 月某慕课平台发布的调研表明，至少有 20 万中文用户在慕课平台上学习。毫无疑问，未来将会有更多的中国大学推出自己的慕课课程。

二、慕课创新应用五大技术

催生慕课的技术并不新鲜，只是慕课在整合这些技术时做到了“因地制宜”，为达到“打破教育资源不平等，制作世界上最好的课程”这一目的做了很多优化。

第一，慕课改进了网络视频技术。早在2004年，Youtube就将广泛的视频应用带到互联网上，早期公开课视频也随着itunesU等平台得到了很广泛的传播，但很少有人能真正坚持学习下来。为此，慕课在技术上做了很大的调整，不再是简单地录制线下的实体课程，而是直接为网络课程准备内容。每节课程都由几分钟的视频片段组成，每个视频之间还穿插了很多小测验，用户可以随堂检验自己的知识掌握情况。最重要的是，当视频出现在慕课上时，不再只是单向地播放，而是被安插了大量的统计代码，以研究每个用户的使用情况。根据Courser在2013年10月的统计，虽然Courser平台上的视频平均长度在12分钟左右，但最适合学习者集中注意力的视频长度为21分钟。

第二，慕课优化了论坛讨论。课后的网络论坛已经司空见惯，但慕课将网络论坛运用到了每节课。比如，在edX平台上，每个视频都有一个对应的讨论区，结合了Quoral的顶踩机制，通过同学投票，可以方便找出优质问题和优质答案。并且，标签机制使讨论区的内容更结构化、模块化，使很多教师采用第三方论坛作为讨论工具。

例如，在2013年初Courser的Computational Investing Part中，教师运用了种独特的论坛讨论工具Pia，每个问题都采用了Wiki机制，可以不断更新版本，记录每个帖子的每一次编辑。据统计，问题的平均回应时间是34分钟，而99%的问题都得到了回复。整个论坛犹如一个巨大的知识库，大大拓展了课程知识的边界，丰富的论坛也成为慕课探索盈利模式的一种方向。

第三，慕课结合运用机器判分和同学互评。机器判分在理工科类课程中得到大量运用，机器甚至能够指出编程类作业中编码的不当之处。而在人文社科类的课程中，学生之间需要遵守一定的规则来互相评价。虽然互评者是系统随机匹配的，但每次评价都会从3～5个人的评分中取一个平均的分数来保证评分公正性，甚至会有其他人对你的评分做出评价。

第四，机器学习跟踪分析慕课数据。由于慕课课程参与人数极多，机器学习机制能够对大量数据进行分析，从一个人看过多少次视频，到一个题目有多少人答对。对于教师而言，通过这些反馈，能分析出课程设置的问题。整个网络课程成了一个可以反复修正的“电子课本”。而对学生而言，通过这些数据，能分析自己的知识薄弱环节，更有针对性地进行学习。

第五，借力社交网络。社交网络作为课程传播的渠道和师生交流的辅助平台，也在慕课学习中起到了不小的作用。在传统的线下课程中，师生关系很难在学生数量和接触机会上得到很好的平衡，教师也很难真正和学生“打成一片”，但社交网络和社会化学习有助于达到这一目标。生活化的教育方式比课堂更轻松，传播效果更好……除了在文化上和学生贴近之外，在授课过程中，当学生提出一些较尖锐的评价时，教师也能马上予以回复。这样的教学相长，即使在线下也未必常见。

第三节　慕课背景下高校学生学习方式的转变

一、慕课改变高校学生学习方式的优势

慕课以其独有的特点和优势给学生的学习生活带来显著变化，这一系列变化深刻地影响着学生学习方式的转变。

（一）学习时空界限被打破

传统学习在时间上是有限的，是有固定的上课时间的；在空间上又是狭小的，局限在学校教室内。慕课打破了学习时空的界限，在全球任何一个角落，无论白天还是深夜，只要大学生拥有互联网和电脑，并有学习意愿，就可以根据个人情况进行学习，而且这种学习“还是移动的，可以走到哪儿学到哪儿，甚至可以反复学，十年二十年后再学”。慕课使学生的学习内容由高校所规定的固定内容扩展到大学生感兴趣的灵活学习内容，进一步拓展了学生学习的时间和空间，有利于学生主动学习，促进学生全面发展。

（二）学习成为乐趣

传统课堂学习以教师讲授为主，所有学生面对的都是统一的学习内容和固定的学习进度，因此导致有部分学生对学习不感兴趣，不爱学习。慕课打破了传统课堂学习的局限性，通过动画、图形、影像、声音等多种信息媒体呈现教学资源，为学生提供思考、探究、合作和交流的平台。学生可以根据个人的兴趣、能力、需要选择学习内容，按照自己擅长的方式学习，慕课学习能充分调动学生兴趣，挖掘学生潜能，活跃学生思维，使学生的学习成为一种乐趣。只有学习成为乐趣，学生才会以一种轻松、快乐、享受的心态主动投入学习中，掌握的知识才能牢固，其学习能力才能不断提高。

（三）自主学习成为主流

自主性是影响学生学习效果的重要因素。在传统的课堂中，教师是绝对的权威，学生是被动的听课者和课程进度的跟随者。慕课学习中，学生可以

真正成为学习的主人，他们掌握着学习目标、学习内容、学习方法和学习材料的选择权和支配权。学生可以自主设计符合个人需要的学习目标；可以按照学习目标以及各自的情况自主设计、合理安排学习活动；可以自由决定学习的时间和内容；可以选择灵活、多样、合作的学习方式；可以在学习中对自己的学习结果进行反思和评估；可以根据反思和评估的结果不断调整、控制学习活动的进程。慕课学习不仅能提高大学生的自我约束、时间管理、独立学习、合作学习等能力，而且能使学生真正成为学习主体，变被动学习为主动学习，使自主学习成为学习主流。

（四）合作学习成为必然

在传统的课堂学习中，并不是所有学生都能与教师进行充分的交流，与同学进行良好的合作学习。慕课为学生合作学习提供了机会，在慕课平台上，学生不仅能听到最优秀教师的讲课，而且可以邀请教师和学习伙伴对课堂上学习的知识进行讨论。另外，学生可以在平台上直接提出自己在学习中遇到的困难，寻求他人的帮助。这种完全平等的网上合作学习与交流，增强了师生互动、生生互动，真正体现了以“学生为中心”的学习理念，使合作学习成为必然趋势。

（五）学生参与学习成为可能

以往的广播大学、视频公开课等在线开放课程一节课长达四五十分钟，整堂课没有任何师生之间的互动交流，学生只能被动地听课。而慕课平台上都是 10 分钟左右的微课程，甚至有些微课程时间更短，这样能使学生的注意力高度集中。慕课在课程之间设置了进阶作业或小测验，学生只有全部通过进阶测试才能继续学习。如果没有通过进阶小测试，就要重新学习前面的内容，直到全部通过为止。慕课学习需要学生全程参与，学生直接与教师和学习伙伴进行讨论和交流，能充分调动学生学习的积极性和主动性。

二、基于慕课视角下高校英语混合教学模式的构建路径探索

（一）高校英语混合教学模式的优势

1. 互为补充，增强教学活动的带入性

在慕课教学模式中，微视频是重要的构成部分，它具有短小精悍的特点，能够很好地吸引学生的注意力，实现知识的高效传递。在传统教学模式下，教师会将英语教材作为主线，逐渐对教学内容进行深化，坚持难度螺旋上升的原

则来实现对学生能力的系统化培养。而混合教学模式可以吸收上述这两种教学方法的优势，能够实现二者的有效结合，教师可以帮助学生在利用短视频完成预习与自主学习的同时突出思维训练。在视频学习的过程中，学生可以掌握基本的知识点；而在线下教学的过程中，师生可以在相互交流的过程中实现知识的拓展与应用。由此可见，在混合教学模式下，学生的知识来源由教材转移到教学视频与网络资源。教师的教学工作也由备课与讲解转移到微视频制作与网络教学服务。教师将该模式运用到高校英语教学中可以增强教学活动的带入性，使学生持续保持学习兴趣。

2. 开拓视野，实现优质教学资源的高效利用

慕课教学模式的背后是庞大的网络教学体系，在大数据的支持下，学生可以及时搜索到自己需要的学习材料，这为自主探索与主动思考创造了便利的条件。而在传统模式下的高校英语课堂上，教师可以通过面对面的方式向学生展示相应的语言情境，通过讲解与演示等方法引导学生进行认知与内容探索。混合教学模式可以将这两种教学模式结合起来，实现在教学资源方面的融合，通过二者的互补性实现语言情境的联合处理，这就使得课前引入变得更为有趣，同时为课中讲解提供丰富的案例，并为学生的课后自主学习提供充足的材料。在学习的过程中，学生可以运用自己熟悉的模式消化与吸收英语知识，并在线上教学中运用新的语言情境实现思维的训练，提高资源的利用效果，并运用其中丰富的内容来拓宽视野，这在英语综合课程教学中展现出了明显的效果。

3. 师生互动，提高教与学的实效性

在慕课教学模式下，师生虽然可以基于慕课平台的讨论区与互动区进行互动与交流，但是师生在线的时间存在一定的差异，通常教师在将微视频上传到平台后就会下线，而学生在学习时间的选择方面具有较强的自由性，对于学习中遇到的问题无法实时向教师求助。与此同时，师生基于慕课平台的互动往往局限于文字沟通，互动的效果受到了影响，经常会陷入“答非所问”的困境中。而传统的课堂模式下师生的互动往往是由教师主导的，学生的参与性不足。混合教学模式的运用可以实现师生关系的重塑，通过“双主体”的方式为师生的交流创造了条件。学生在观看视频时进行独立思考，将问题记录下来，并在课堂上向教师提出，教师也可以基于学生在慕课平台上的反馈对线下教学内容进行调整。在这样的背景下师生之间互动的有效性增强，学生对知识学习的广度与深度都有所增加，而教师也会基于自己的专业

知识进行更深层次的学习，主动提高专业素养。

（二）基于慕课视角下高校英语混合教学模式的构建

1. 课前设计

慕课视角下，高校英语课程的学习顺序得到了重构，由过去的从教到学过程转变为当前的从学到教过程。学生需要先基于教师提供的微视频进行自主学习，教师则基于学生的反馈开展线下教学，通过课程实践的方式实现知识的巩固与线上学习内容的延伸。由此可见，混合教学模式的课前设计是重要的环节。在该环节，教师需要制作微视频，并基于慕课平台进行发布，引导学生在平台上下载视频进行自主预习，与此同时，教师还可以组织学生在平台当中展开互动与讨论，积极接收学生的反馈，这可以为线下的教学做好铺垫。

2. 课中设计

在教学过程中，教师要帮助学生解决在线上学习过程中遇到的问题，并通过面对面的交流帮助学生完成知识的内化。在这个环节，学生可能会对新型的学习模式感到不适应，无法从过去以教师为中心的被动学习模式中脱离出来，在这样的情况下，教师要在与学生面对面交流时帮助他们明确自主学习的重要性，使学生了解混合教学模式中线上与线下学习的相关性与连贯性，避免出现抵触的情绪。

3. 课后设计

在完成教学之后，学生还需要通过课后作业的方式对课前与课中学习的成果进行巩固，并将自己的学习成果在线上展示出来。这一过程是学生实现英语知识由输入到内化再到输出的重要途径。在课后设计的过程中，教师需要充分了解学生的英语水平，基于分层教学的原则在线上设置不同水平的任务，鼓励学生通过循序渐进的方式进行深入学习，并完成成果展示。在这个过程中，教师要扮演好监督者的角色，积极组织线上分享活动，为学生分享心得创造条件。除此之外，教师也可以定时发布课后小测，对学生的学习效果进行检测，或者收集与学习内容相关的文章分享给学生，帮助学生拓宽知识面。

4. 评价设计

在混合教学模式下，教师除了要对学生在线上与线下学习活动的开展进行指导与监督之外，还要对学生的课堂表现进行评价。为了将混合教学模式的特点展示出来，课堂评价要坚持综合性的原则，教师在关注学生最终学习效果的同时也要关注他们在学习过程中的表现，实现总结性评价与形成性评价的相互融合。除了日常评价之外，教师还要进行定期评价，使学生了解自己在本阶段学习的状态。在评价内容上，教师还要进行拓展，对学生在线上与线下各个阶段的学习效果进行充分考量，充分调动学生的积极性，帮助他们实现由被动学习向主动学习的转化。

（三）基于慕课视角下大学英语混合教学模式的实施

1. 创造混合教学模式实施的良好环境

在高校英语教学中，慕课的应用十分广泛，但是混合教学模式的运用还处于初始阶段，相关的理论与经验都不够成熟，为了实现该模式的普及，社会与学校要相互配合，营造良好的实施环境。当前，各地的教育部门都在积极倡导混合教学模式的应用，主张使用该模式代替传统教学模式，并鼓励教师更新教育理念，发挥线上与线下教学的优势提高高校英语教学效果。在这样的背景下，高校也要积极配合，加强信息化校园的建设，提高校园网络的覆盖率，从软件与硬件的角度出发为慕课的开展创造条件，为混合教学模式的开展提供保障。除此之外，高校英语教师也要不断学习，在不断提高个人专业技能的同时提高信息化素养，主动学习微视频的制作方法，掌握更多的信息化教学手段。除此之外，教师还可以开发大学英语的在线课程群，将慕课深入学生英语学习的各个环节当中，使慕课能够为课程教学提供更加宽广的平台。

2. 基于“慕课 + 课堂”的混合教学模式

混合教学模式包含线上与线下两个部分，只有实现二者的有效配合才能提高大学英语教学的质量。在应用这一新型教学模式时，教师也要基于线上与线下，基于多维度、多环节来进行完善，构建起“慕课 + 课堂”的混合教学模式，更好地实现慕课与传统课堂教学之间的有效整合。在课前设计环节，教师要结合教学目标来制订教学计划，划分好课时，并在这个基础上做到线上与线下教学时间的合理分配。同时，教师还要通过制作慕课视频的方式实现慕课与传统课堂在资源上的整合。在慕课视频制作的时候，教师除了要选取教材当中的重点内容外，还需要从网络平台上收集相关的资源作为补充，这样不仅可以使教学的内容变得更为充实，还可以使微视频变得更为有趣。在视频中，教师要对学生进行有效引导，帮助他们对重点知识进行预习，同时了解教学活动的主要流程和内容。在课中设计环节，教师要注重学生主体地位的发挥，改变过去按顺序讲解所有知识点的教学方式，根据学生的反馈为他们讲解重点和难点等知识点。在完成讲解之后，教师还要在课后组织学生进行线上交流，并通过课后测验的方式了解学生的学习情况，进而对后续的教学内容进行调整，提高实效性。

第八章　英语教育多元化教学的评价与展望

第一节　英语语言测试体系

一、英语语言测试概述

测试是主要是用来了解、检查和鉴定学习者掌握英语的实际水平的一种手段。英语测试是英语教学的重要组成部分。通过测试，不仅可以评定学生的学习成绩，而且可以了解学生掌握英语的实际水平。借此检查教师讲授和学生学习的效果，从而改进教学，以提高教学质量。教学进度的快慢，教学重点的确定，练习方式、方法的选择，不仅要根据教学目的，而且还要依据学生掌握英语的实际情况来决定。只有这样，才能使教学取得良好的结果。借助测试，不仅可以了解学生的英语水平，还可以让学生了解自己学习上的不足，以便调动学生学习上的主动性和积极性，促使学生系统地复习所学的语言材料，改进学习方法，从而使学生的英语水平能得到进一步提高。测试不仅被用于评定教学效果，而且可以通过评定教学效果来评价制约和决定教学效果的各种因素和各项措施。因此，正确地运用测试这一手段可以向教育部门提供可靠的信息，以评价学制、教学计划和教学大纲的制定和贯彻的情况，以及教材和教法是否得当。

当前，很多国家已经把外语测试作为一门科学来研究，我国近年来也加强了外语测试工作的进程。如果能对测试的目的、性质、内容、方式以及拟定试题的原则和方法等各个方面进行分析和研究，并能结合我国目前的实际，拟定出各种外语考试大纲和试题，那么必然会大大提高我国外语测试工作的水平，对提高教学质量起到良好的作用。

（一）英语语言测试的内容

英语语言测试内容的确定至少应包括教材分析、教学内容的分解、测试目标的设定以及测试内容的筛选等几方面。从理论上讲，英语语言测试内容可分为语言知识和语言能力两大部分。语言知识主要包括语音、词汇、语法等方面的知识；语言能力主要指听、说、读、写、译等技能。而在现行的英语测试中，语言能力的测试在许多场合却受到了冷遇，大多数考试主要考查知识方面。这种语言知识和能力严重失衡的状况显然与我们长期的教学模式以及测试的导向密切相关。这种英语测试的不足在于无法直接反映学生的语言能力，尤其是说和写的能力，再者测试的语言取样与生活中真实的语言相差甚远。语言是一种交际媒体，语言的测试内容自然要体现其真实性和实用性。随着语言学、心理测试学等方面的研究和发展，人们早已不满足于传统的以语言知识结构为中心的测试模式，并且为新的交际英语测试模式开辟了新的视角。

（二）英语语言测试的目的

每一种测试都应有一个明确的目的，而语言测试的目的直接影响着语言测试的信度和效度。目前的英语语言测试可以分成以下几种：水平测试、成绩测试（也称学业测试）、分班测试和诊断测试。效度指的是考试达到预定目的的程度。比如旨在测试学生口语能力的考试让学生开口说英语，或测试英语书面表达能力的考试让学生写一篇作文，就可以说这样的考试具有较高的效度。又比如，从测试目的来看，高校英语四、六级考试是为了检查教学大纲实施的情况，它应该属于成绩测试类型，但从大规模标准化考试形式来看，社会上却认定它是像 TOEFI、IELTS 之类的水平测试，因而许多用人单位把通过考试作为录用条件，而实际上却对通过四、六级考试的被录用者的英语能力不满意。值得注意的是，成绩测试的目的是测量学生应该学到的知识和掌握的技能，而不一定是学生实际上的英语水平。

二、语言测试的成绩分析科学统计法

在保证试卷质量的前提下，借助数理统计的方法科学解释和分析测试成绩。测试成绩出来后并不意味着测试过程的结束，教师进行测试的目的往往是想依据测试的成绩作出某种决策。所以，试卷分析是测试工作一个重要的组成部分，只有对测试结果进行科学的分析，才能获取教学反馈信息，及时改进教学方法。试卷分析包括学生成绩分析和试题质量分析两个方面。

（一）学生成绩分析

一个班成绩的分布情况可通过以下数据反映出来。

1. 平均数

全班分数的总和被总人数相除所得的分数。

2. 中位数

将所有分数依次排列，处于最中间位置的分数。总人数中位数是最中间两个分数的平均数。

3. 众数

出现次数最多的分数。

4. 全距

最高分和最低分之间的距离。

（二）试题质量分析

试题质量分析主要分析测试的效度、信度以及试题的难度等。

1. 效度（有效性）

效度是指测试的内容及其方式是否符合测试的目的要求。如果符合测试的目的要求，测试的结果也达到了既定的测试目的，那么，就可以说这个测试是有效的，即具有高效度。

检查效度一般采用以下四种方法：

（1）根据卷面效度来检查。卷面效度是指主考人、教师和考生对卷面表面的一般评价。如果他们认为试题的类型和形式适合大多数考生的实际，卷面印刷也很清楚，用这样的试卷进行测试会达到预期的目的，那么便可以认为这样的测试是有效度的。卷面效度虽然不属于科学意义上的范围，但对学生发挥正常水平会有影响。

（2）根据内容效度来检查。内容效度是指测试内容是否符合既定的测试目的。如果测试目的是侧重检查学生的言语能力，那么，试题内容就应侧重考查言语能力；假如试题内容侧重考查语言知识，那么这个测试的效度是很低的，或者是一次无效的测试。因此，拟定试题时应注意测试内容与测试目的的一致性。

（3）根据经验效度来检查。经验效度是指把这次测试和某一相同目的的、被公认为具有效度的测试相比较，以后者来检查前者的效度。它以统计两个成绩的相关度来检查效度的高或低。如果统计后的结果是高度相关，则说明这次测试的效度高。

此外，还可以根据考生平时的成绩来衡量这次测试的效度。如果平时成绩好的学生这次测试成绩也好，平时成绩差的学生这次测试成绩也差，则可以说明这次测试具有较高的效度。

（4）根据观念效度来检查。观念效度是指测试的目的和内容是否符合某种语言学理论的观念。例如，持结构语言学观念的人认为英语水平表现为听、说、读、写的技能。如果某一测试以这种观念为依据，并体现这一观念，则这一测试具有观念效度。如果单凭命题者的经验或模糊的语言学观念来命题，那么测试的效度可能会很低。

观念效度对整个测试来说很重要，命题者一定要有明确的语言学观念，以便把命题工作做好。

2. 信度（可靠性）

信度是指测试成绩的稳定性和一致性。如果测试成绩能如实地反映考生的实际英语水平，那么，这种测试的信度就高；反之，信度就低。信度是效度的前提，如果测试所得成绩不能反映考生的实际水平，则测试的效度就没有可靠的前提；同样，测试的内容不符合测试的目的要求，所得成绩虽可靠，但测试效度低，测试就失去了意义。

检查测试的信度，有下面两种方法：

（1）重测法。重测法是指用同一试卷在短期内对同批学生先后进行两次测试，然后计算所得的两次分数的相关系数，看其相关程度的高低，以此来评估信度的高低。但学生对第一次测试的印象和两次测试之间学习上的某些进步，往往使第二次测试成绩比第一次测试成绩好，因而会对相关系数的计算产生影响。

（2）对等试卷法。对等试卷法是指用对等的两份试卷对同批考生进行测试，计算两次分数的相关系数，看相关程度的高低，以检查试题的信度。对等试卷所取的语言材料不同，但题型、题数、难易度等方面应保持一致。这样才能得到较为准确的相关系数。

3. 可行性

可行性是指测试的实施是否可行，会不会遇到困难，是否契合测试时的实际条件等。包括测试时间不宜过长，一般不超过两个小时；需要的设备容易解决等。

4. 区别度

区别度是表示试题对学生语言水平鉴别能力的指标。区别度高的试题能区别出学习好的学生和学习差的学生的语言水平。

第二节　英语教学评价体系

一、形成性评价

形成性评价（Formative Assessment）是1967年由美国的评价学专家斯克里芬提出的，后被美国的教育学家布卢姆引进教学领域。形成性评价是通过诊断教育方案或计划教育过程与活动中存在的问题，为正在进行的教育活动提供反馈信息，以提高实践中正在进行的教育活动质量的评价。形成性评价采取课堂和课外活动的记录、学习档案记录、访谈和座谈、问卷调查等形式对学生的学习进展进行持续评价，它除了评价知识、技能等可以量化的方面外，更适合评价兴趣、态度、策略、合作精神等不易量化的品质，评价结果多以等级加评语的形式来表达。

（一）形成性评价的方法

在进行形成性评价时可使用不同的手段和方法，如测试型评价和非测试型评价。使用测试型评价的方法，教师可设计应用型、综合型的语言应用任务，以观察学生获取信息和处理信息的能力、分析问题和解决问题的能力、用英语思维和表达的能力以及与他人合作的能力。教师还可以设计恰当的评价标准，全面、具体、细致地观察学生能力的变化。

形成性评价还可以使用非测试型评价手段进行。非测试型评价指在教学中使用信息收集工具，系统地收集相关的教学信息，然后进行分析，再作决策。非测试型评价可使用的工具有观察、问卷、访谈、检测表、学生成长记录袋等。

（二）形成性评价的原则

教学评价是高校英语教学的一个重要组成部分。全面、客观、科学、准确的评价体系对于实现课程目标是十分重要的。形成性评价可以弥补终结性评价的不足，通过形成性评价的评价方式，教师不仅可以及时获取有益的反馈信息，了解教学效果，改进教学方法，提高教学质量，还可以帮助学生了解自身的学习状况，调整学习策略，提高学习效率。形成性评价应遵循以下原则：

（1）形成性评价应该是高校教学规划的组成部分。

（2）形成性评价应该以学生如何学习为核心。

（3）形成性评价应该以课堂活动为中心。

（4）形成性评价应该被认为是教师的重要专业技能。

（5）形成性评价应该是敏感的且有建设性的，因为如何评价会对被评价者产生情感影响。

（6）形成性评价应该考虑学习动机的重要性。

（7）形成性评价应该促进学生实现学习目标，促进教师和学生对评价标准达成共识。

（8）形成性评价应该得到教师关于如何改进教学方面的建设性指导。

（9）形成性评价应该开发学生的自我评价能力，以利于他们具备反思和自我管理能力。

（10）形成性评价应该认可所有学生各方面的成绩。

（三）形成性评价对英语教学的作用

1. 有利于学生自主学习能力和创新意识的培养

自主学习能力是学生在学习过程中表现出来的一种综合能力，具有这种能力的学生有强烈的求知欲，善于利用科学的学习方法合理安排自己的学习时间，善于积极思考，敢于质疑问题和难点，在学习过程中表现出强烈的探索和进取精神。而在实施形成性评价的准备过程中，学生可根据自己的兴趣、专长来自己选题，变被动学习为主动学习，提高自主学习意识和自主学习能力。此外，在实施学生自评或互评的课堂评价时，学生成了课堂教学活动的主体，教师只是课堂教学活动的组织者和管理者，这也实现了真正意义上的“以学生为中心”的教学模式。

2. 形成性评价对教师起到激励作用

形成性评价体系要求教师在整个教学过程中组织、实施形式多样的第一课堂及第二课堂活动，建立和完善平时成绩册、学生档案、学生自评互评记录等材料，对学生的表现实行动态管理。这样才能使教师深入地接触学生，了解学生平时的教学信息反馈才能便于教师反思教学行为、调控教学策略，提高课堂教学效率。所以，这种评价体系可以激励教师建立一套完整规范的管理制度，使教师的教学和管理更加规范和具体，避免随意性。

3. 预测和调整英语教学活动

形成性评价直接指向正在进行的英语教学活动，贯穿整个教学过程。所以，形成性评价可以及时发现教学过程中出现的问题并予以纠正，同时对下一个教学任务做出正确的预测和调整。所以它具有评价行为的长效性和全面性。

4. 有利于提升准确性

传统的评价借助一次纸笔测验所收集到的信息，不可能收集评价对象在有效活动中的方方面面的信息，也不能收集到整个学习过程中所表现出来的整体信息；而形成性评价是持续的、多方面的，可以保证信息的全面性、持续性和可靠性。同时，语言学习的评价是多维度的评价行为，从语言本身来看，听、说、读、写、译、交际能力；从学习者来说，学习策略、学习者实际水平、个人进步、个体差异；从学习过程来看，教学目标、教学方法、教学模式与学习者知识储备、认知能力、学习策略的契合度，这些都是通过形成性评价才可以实现的，终结性评价与这些要求是脱节的。

由此可见，进行形成性评价，教师可以在英语教学中通过多种途径及时发现学生的学习需求和学习困难，及时调整和改进英语教学活动。同时，学生在课上表现的及时反馈也有利于学生反思和调控自己的学习进程，增强其学习自信心，从而更加积极地参与教师在课堂上组织的教学活动，形成教与学的良性循环。

第三节　现代英语教学的改革与发展

一、高校英语教学改革内容

（一）教学性质和目标

高校英语课程是大学生的一门必修基础课程。高校英语是以外语教学理论为指导，以英语语言知识和应用技能、跨文化交际和学习策略为主要内容，并集多种教学模式和教学手段为一体的教学体系。高校英语的教学目标是培养学生的英语综合应用能力，特别是听说能力，使他们在今后的学习、工作和社会交往中能用英语有效地进行交际，同时增强其自主学习能力，提高综合文化素养，以适应我国社会发展和国际交流的需要。

（二）教学要求

我国幅员辽阔，各地区、各高校之间情况差异较大，高校英语教学应贯彻分类指导、因材施教的原则，以适应个性化教学的实际需要。大学阶段的英语教学要求分为三个层次，即一般要求、较高要求和更高要求。这是我国高等学校非英语专业本科生经过大学阶段的英语学习与实践应当选择达到的标准。一般要求是高等学校非英语专业本科毕业生应达到的基本要求；较高要求或更高要求是为有条件的学校根据自己的办学定位、类型和人才培养目标所提供的标准。各高校应根据本校实际情况确定教学目标，并创造条件，使那些英语起点水平较高、学有余力的学生能够达到较高要求或更高要求。

（三）课程设置

各高校应根据实际情况，按照《大学英语课程教学要求》和本校的高校英语教学目标设计出各自的高校英语课程体系，将综合英语类、语言技能类、语言应用类、语言文化类和专业英语类等必修课程和选修课程有机结合，确保不同英语水平的学生在英语应用能力方面得到充分训练和提升。高校英语课程的设置应充分考虑听、说能力的培养要求，并给予足够的学时和学分，应大量使用先进的信息技术，开发和建设各种基于计算机和网络的课程，为学生提供良好的语言学习环境和条件。高校英语课程不仅是一门语言基础课程，也是拓宽知识、了解世界文化的素质教育课程，兼有工具性和人文性。因此，设置高校英语课程时应当充分考虑对学生的文化素质的培养和对国际文化知识的传授。

无论是主要基于计算机的课程，还是主要基于课堂教学的课程，其设置都要充分体现个性化，考虑不同起点的学生。既要照顾起点低的学生，又要为基础好的学生创造发展的空间；既能帮助学生打下扎实的语言基础，又能培养他们较强的实际应用能力，尤其是听、说能力；既要保证学生在整个大学期间的英语语言水平稳步提高，又要有利于学生个性化的学习，以满足他们各自不同专业的发展需要。

（四）教学模式

各高校应充分利用现代信息技术，采用基于计算机和课堂的英语教学模式，改进以教师讲授为主的单一教学模式。新的教学模式应以现代信息技术，特别是网络技术为支撑，使英语的教与学可以在一定程度上不受时间和地点的限制，朝着个性化和自主学习的方向发展。新的教学模式应体现英语教学实用性、知识性和趣味性相结合的原则，有利于调动教师和学生两个方面的积极性，尤其要体现学生在教学过程中的主体地位和教师在教学过程中的主导作用。在充分利用现代信息技术的同时，要合理继承传统教学模式中的优秀部分，发挥传统课堂教学的优势。各高等学校应根据本校的条件和学生的英语水平，探索建立网络环境下的听、说教学模式，例如，可以直接在局域网或校园网上进行听、说教学和训练。读、写、译课程的教学既可在课堂进行，也可在计算机网络环境下进行。使用计算机网络教学的课程应有相应的面授辅导课时，以保证学习的效果。

为实施新教学模式而研制的网上教学系统应涵盖教学、学习、反馈、管理的完整过程，包括学生学习和自评、教师授课、教师在线辅导、对学生学习和教师辅导的监控管理等模块，能随时记录、了解、检测学生的学习情况以及教师的教学与辅导情况，体现交互性和多媒体性，易于操作。各高校应选用优秀的教学软件，鼓励教师有效地使用网络、多媒体及其他教学资源。

教学模式改革的目的之一是促进学生个性化学习方法的形成和学生自主学习能力的发展。新教学模式应能使学生选择适合自己需要的材料和方法进行学习，获得学习策略的指导，逐步提高其自主学习的能力。教学模式的改变不仅是教学方法和教学手段的变化，而且是教学理念的转变，是实现从以教师为中心、单纯传授语言知识和技能的教学思想和实践向以学生为中心，既传授语言知识与技能，更注重培养语言实际应用能力和自主学习能力为向导的终身教育的转变。

（五）教学评价

教学评价是高校英语课程教学的一个重要环节。全面、客观、科学、准确的评价体系对实现教学目标至关重要。教学评价既是教师获取教学反馈信息、改进教学管理、保证教学质量的重要依据，又是学生调整学习策略、改进学习方法、提高学习效率和取得良好学习效果的有效手段。

对学生学习的评价分为形成性评价和终结性评价两种。形成性评价是教学过程中进行的过程性和发展性评价，即根据教学目标，采用多种评价手段和形式，跟踪教学过程，反馈教学信息，促进学生全面发展。形成性评价特别有利于对学生自主学习的过程进行有效监控，在实施基于计算机和课堂的教学模式中尤为重要。形成性评价包括学生自我评价、学生相互间的评价、教师对学生的评价、教务部门对学生的评价等。形成性评价可以采用课堂活动和课外活动记录、网上自学记录、学习档案记录、访谈和座谈等多种形式，以便对学生学习过程进行观察、评价和监督，促进学生有效地学习。终结性评价是在一个教学阶段结束时进行的总结性评价。终结性评价主要包括期末考试和水平考试。这种考试应以评价学生的英语综合应用能力为主，不仅要对学生的读、写、译能力进行考核，而且要加强对学生听、说能力的考核。教学评价还包括对教师的评价，即对其教学过程和教学效果的评价。对教师的评价不能仅仅依据学生的考试成绩，而应全面考核教师的教学态度、教学手段、教学方法、教学内容、教学组织和教学效果等。各级教育行政部门和各高校应将高校英语课程教学评价作为学校本科教学工作水平评价的一项重要内容。

二、英语教学的发展方向

（一）从“以教师为中心”到“以学生为中心”

传统的外语教学注重语言结构，认为语言是一套自治的语法系统，学会了语法规则，就学会了语言，就获得了使用语言的能力，在此基础上所形成的是“以教师为中心”的教学原则。随着语言教学理论的发展，尤其是随着交际语言教学法的兴起，“以学生为中心”教学原则的提出促进了外语教学的发展，提高了学生学习的主动性、积极性，在很大程度上弥补了传统教学法的不足。

以学生为中心这一概念源于19世纪美国教育学家杜威所提出的以儿童为中心的理念。杜威反对在教学中以教师为中心，反对在课堂教学中采用填鸭式、灌输式教学，而应该以儿童为中心组织教学，发挥儿童学习主体的主观能动性。而后，人本主义代表人物罗杰斯在20世纪五六十年代提出“以学生为中心”的教育理念，认为学习者天生就拥有学习的潜力，如果学习的内容与学习者的个人需求相关，而且学习者又积极参与，这样的学习就是有效的学习。在这一教学观点的影响下，教师们意识到教学要从以往的以教师为主过渡到以学生为主；教师从以往的居高临下的指挥者和知识的灌输者，变为学生学习的参与者、组织者、合作者、指导者和推动者。对教师们来说，如何在以学生为中心的教学中发挥自己的作用，而避免出现以往的“一言堂”的局面，同时保证良好的教学效果，是迫在眉睫的需要解决的实际问题。

目前的“以学生为中心”的教学强调学生的自主性、自发性，但不意味着教师作用的减少，也绝不意味着教师的任务会变轻松。以学生为中心的教学非常重视课堂活动的开展。教师无疑要参与到活动中去，并与学生合作完成整个教学活动，当然，在活动开展的同时要给予学生指导，最后对学习活动的开展情况和学习效果做出评估，促进教学的良好运行。从广义上来讲，教师类似于一种“学生顾问”的角色，教师要帮助学生做好学习准备，分析学生的需求，充分地了解学习的相关内容等。相比于传统的教学，教师要做的工作更多了，难度也加大了。

（二）以学科为依托的高校英语教学模式

在全球多元化的今天，国际交流与合作日益增加，各行各业对复合型外语人才的需求越来越大，由此，企业对学生的与专业有关的专门用途英语水平的要求也越来越高。复合型英语人才的培养大致可分为两类：一类是“专业＋英语”，另一类是“英语＋专业”。“专业＋英语”的人才以英语为工具从事专业工作，学生可以根据自身需要选择两个学科或多个学科的课程。例如：经贸＋英语、机械＋英语、化工＋英语等，利用英语知识来指导自己的专业方向的发展。而“英语＋专业”的人才主要作为信息交流的媒介。从事各种口译、笔译工作。在日常实践过程中，这两类人才的培养都是以英语基础和多学科知识的交融为出发点，力求培养出具有综合性、创新性而又对本学科、本专业的问题能融会贯通的高科技人才。

因此，大学毕业生不仅要具备一般的英语听、说、读、写能力，更要具备能用英语为工具获取各自专业领域内的信息的能力，尤其要具备能使用英语参与各自学术领域的国际学术交流等方面的能力。而目前的高校英语教学仍停留在传统的以讲解语言点为主的“记忆型教学”，还没有完全摆脱应试作用的负面影响。这样的教学模式使学生的学习动机不高，课堂气氛沉闷，教学效果不佳，这与英语教学的目的和语言作为交际工具的本质背道而驰。这样的语言学习脱离学生各自专业学科特点以及学术需求，势必使学生的实际运用外语水平无法适应未来工作岗位的要求，显然，传统的教学模式已无法满足社会发展的需要，在某种程度上也制约了学生的发展。

结束语

人类社会的科技越来越发达，以往各个国家进行文化上的沟通还需要在实体环境中完成，而在当下，实体环境已经成为第二途径，人们利用互联网等虚拟信息传送技术便可以实现高效的信息输送。在这种情势下，各个国家的文化便不断进行沟通与交融，继而形成了多元化局面。多元文化属于一种必然的文化交流形式，其可以说是世界发展过程中的必然现象，因此，高校的英语学生作为未来的“国际性”人才，其便有必要在学习环境中掌握更多的知识，相应地，高校的英语教育教学手段也应有所改善。故本书所选择的研究方向，从提升高校英语教学多样性的角度来看，具有切实的研究价值。

多元文化时代的到来使世界各国的交流日益频繁，很多人处在跨文化交际的语境中，不同国家的人以多种不同的方式和渠道借助语言进行交流，不同国家的文化在交流中既互相碰撞、互相冲突，又互相渗透、互相融合。对于外语学习者而言，他们习得语言的方式应该更加多元化。本书探索了多元化背景下高校英语教学模式的方法策略，希望能对广大读者有所帮助，有所借鉴。

参考文献

[1] 暴晓光．多媒体网络化高校英语教学管理研究 [J]. 教育信息化论坛，2021（01）：33-34.

[2] 陈春华．高校英语教学形成性评估探究 [J]. 武汉：湖北函授大学学报，2016，29（20）：150-151.

[3] 陈映红．“互联网 +”背景下我国英语教学改革与发展 [J]. 文理导航（上旬），2019（02）：29-30.

[4] 董燕．多元文化交融对当代高校英语教学的影响研究 [J]. 食品研究与开发，2020，41（20）：249-250.

[5] 窦莹．微课在高校英语教学中的有效运用 [J]. 校园英语，2020（46）：8-9.

[6] 杜娟 .MOOC 的混合式大学英语教学的应用研究 [J]. 赤峰：赤峰学院学报（哲学社会科学版），2019，40（10）：114-116.

[7] 高立．慕课时代高校英语教学的机遇与挑战 [J]. 文教资料，2020（28）：228-229.

[8] 郭铭，孙蕊．信息化环境下大学英语 ESP 教学模式构建研究 [J]. 长春：长春师范大学学报，2021，40（01）：164-167.

[9] 郭庆华．慕课背景下高校外语翻转课堂教学模式研究 [J]. 哈尔滨：黑龙江教育学院学报，2018，37（11）：136-138.

[10] 郭英剑．“双一流”建设之于外语学科的意义 [J]. 当代外语研究，2018（4）：1-2.

[11] 郭英剑．论外语专业的核心素养与未来走向 [J]. 中国外语，2019，16（1）：15-19.

[12] 黄宏．“互联网 +”时代高校英语教学模式重构分析 [J]. 农家参谋，2020（23）：205+237.

[13] 黄娜娜．基于 MOOC 的高校英语阅读教学模式研究 [J]. 哈尔滨：黑龙江教育学院学报，2017，36（10）：139-141.

[14] 黎倩．多维互动教学模式在高校英语教学中的实践与应用研究 [J]. 校园英语，

2020（44）：39–40.

[15] 李思元 . 基于信息技术的高校英语教学创新 [J]. 绿色科技，2020（23）：258–260.

[16] 李文博 . 人体呼出气体中氧气、二氧化碳含量测定的探究 [J]. 中学化学教学参考，2016（08）：60–61.

[17] 李雯 . 高校英语教师对任务型教学的理解与实施探究 [J]. 海外英语，2019（19）：78–79.

[18] 李雪 ."一带一路"的云计算视角下 ESP 教学初探 [J]. 教书育人（高教论坛），2020（33）：82–83.

[19] 李永才 . 高校英语教学团队建设理论与策略研究 [J]. 校园英语，2015（07）：6–7.

[20] 李雨晨 . 基于翻转课堂的 ESP 教学模式设计研究 [J]. 教书育人（高教论坛），2020（36）：87–89.

[21] 李元元 . 慕课背景下大学 ESP 教学模式解析 [J]. 佳木斯: 佳木斯职业学院学报，2019（12）：153–154.

[22] 梁瑞芳 . 高校英语教育教学实践中的学生问题反馈研究 [J]. 长春：吉林广播电视大学学报，2014（04）：131–132.

[23] 刘红莉 ."翻转课堂"模式在大学英语教学中的应用 [J]. 课程教育研究，2020（44）：47+49.

[24] 路岱玲 . 慕课背景下高校英语翻转课堂教学模式应用研究 [J]. 才智，2019（07）：50.

[25] 齐月琳 . 探讨分层教学在高校英语教学中的应用 [J]. 科技资讯，2020，18（30）：135–137.

[26] 钱一 . 翻转课堂在高校英语口语教学中的应用前景 [J]. 珠江论丛，2019（C1）：227–240.

[27] 石军辉 . 浅析大数据时代高校英语教学创新与发展 [J]. 教育教学论坛，2020（21）：171–172.

[28] 孙卓夫 . 分析翻转课堂教学模式在高校英语教学中的运用 [J]. 长江丛刊，2020（35）：58+91.

[29] 田心 . 基于慕课背景下的高校英语翻转课堂教学模式创新研究 [J]. 中国多媒体与网络教学学报（上旬刊），2020（05）：145–147.

[30] 涂尔干著，李康译 . 教育思想的演进 [M] 上海：上海人民出版社，2006:

126.

[31] 王泊洲 . 从慕课的发展看其对高校英语教学的影响 [J]. 科学咨询（教育科研），2018（12）：67.

[32] 王烽力，聂红 . 从“图式理论”看高职英语专业阅读教学改进 [J]. 校园英语，2017（37）：60–61.

[33] 王敬策 . 基于慕课的翻转课堂模式在高校英语专业教学中的应用研究 [J]. 校园英语，2020（46）：36–37.

[34] 王立秋 . 浅谈高校英语课堂教学改革 [J]. 佳木斯：佳木斯教育学院学报，2013（12）：407–408.

[35] 王蕊 . 翻转课堂下高校英语翻译教学实践研究 [J]. 高教学刊，2020（36）：122–125.

[36] 王晓晓 . 慕课教学模式在高校英语口译教学中的应用 [J]. 文学教育（下），2020（09）：148–149.

[37] 王耀伟 . 浅析“互联网 +”背景下的高校英语专业教学改革 [J]. 佳木斯：佳木斯职业学院学报，2019（05）：104–105.

[38] 吴岩 . 建设中国“金课”[J]. 中国大学教学，2018（12）：4–9.

[39] 吴艳花 . 任务型教学法在高校英语口语教学中的运用 [J]. 休闲，2019（09）：225.

[40] 辛积庆 . 高校英语教师对任务型教学模式的理解与实施探究 [J]. 校园英语，2020（10）：99–100.

[41] 徐熙君 . 高校英语翻转课堂教学探索 [J]. 产业与科技论坛，2020，19（24）：132–133.

[42] 杨頔 . 翻转课堂在高校英语教学中的有效运用 [J]. 现代交际，2020（24）：177–179.

[43] 杨君 . 高校英语教学中的文化渗透策略探究 [J]. 海外英语，2020（20）：219–220.

[44] 杨喻程 . 基于任务型教学模式下的英语听说课程课堂教学有效性研究 [J]. 校园英语，2020（27）：27–28.

[45] 余悦 . 多媒体辅助教学在高校英语教学中的应用 [J]. 科学中国人，2017（03）：226.

[46] 詹茜华 . 支架式教学法在高校英语教学中的应用 [J]. 校园英语，2017（35）：38.

[47] 张传伟 . 浅谈跨文化交际在高校英语教学中的有效渗透 [J]. 科技视界，2020（29）：102-103.

[48] 张金钰 . 在高校英语教学中应用翻转课堂教学模式研究 [J]. 海外英语，2019（16）：257-258.

[49] 张静 . 基于 ESP 的大学英语后续课程体系范式研究与改革实践 [J]. 哈尔滨：黑龙江教师发展学院学报，2020，39（11）：144-146.

[50] 张丽超，郑平坪 . 慕课背景下高校英语教学模式创新研究 [J]. 科技风，2019（16）：31.

[51] 张小伟 . 新时期高校英语隐性分层教学策略研究 [J]. 明日风尚，2017（05）：151.

[52] 张再勇 . 核心素养下的高校英语教学实践 [J]. 食品研究与开发，2021，42（01）：234-235.

[53] 赵飞鹰 . 高校英语教学中应用语料库语言学理论的实际意义刍议 [J]. 现代职业教育，2017（19）：86-87.

[54] 赵晓岚 . 翻转课堂模式下大学英语教学创新对策研究 [J]. 佳木斯：佳木斯职业学院学报，2020，36（05）：184-185.

[55] 赵征，段文静 . 网络环境下大学英语阅读任务驱动型教学模式初探 [J]. 英语广场，2019（09）：104-105.

[56] 郑长明 . 金课背景下的 ESP 课程教学模式改革研究 [J]. 英语广场，2020（32）：74-78.

[57] 中华人民共和国教育部高等教育司 . 普通高等学校本科专业目录和专业介绍 [M]. 北京：高等教育出版社，2012.

[58] 周娟 . 以需求分析理论为基础的高校英语 ESP 教学 [J]. 牡丹江：牡丹江大学学报，2014，23（10）：176-177+180.